B

21世纪工商管理系列教材

企 业 定 价

（第二版）

吴振球　倪叠玖　编著

PRICING

Second Edition

WUHAN UNIVERSITY PRESS

武汉大学出版社

图书在版编目(CIP)数据

企业定价/吴振球,倪叠玖编著.—2版.—武汉:武汉大学出版社,
2010.8(2022.1重印)
21世纪工商管理系列教材
ISBN 978-7-307-07720-1

Ⅰ.企⋯　Ⅱ.①吴⋯　②倪⋯　Ⅲ.企业管理:物价管理—高等学校—
教材　Ⅳ.F274

中国版本图书馆CIP数据核字(2010)第066677号

责任编辑:范绪泉　　责任校对:刘　欣　　版式设计:支　笛

出版发行:**武汉大学出版社**　(430072　武昌　珞珈山)
　　　　(电子邮箱:cbs22@whu.edu.cn　网址:www.wdp.com.cn)
印刷:湖北金海印务有限公司
开本:720×1000　1/16　印张:18.25　字数:363千字　插页:1
版次:2005年4月第1版　　2010年8月第2版
　　2022年1月第2版第8次印刷
ISBN 978-7-307-07720-1/F·1359　　定价:39.00元

目　录

第二版前言

本书第一版自 2005 年问世以来，受到了广大读者的厚爱，使本书编著者备受鼓舞。然而，随着我国社会主义市场经济体制的逐步健全，我国价格管理体制改革的不断深化，以及某些行业定价方法的调整，本书某些内容已经不能适应教学与科学研究的需要，需要对其进行修改、补充和完善。

在本书的修订过程中，我们试图在马克思主义价格理论的基础上，借鉴当前西方经济学中有关价格的前沿理论，来阐明社会主义市场经济条件下价格的形成以及企业的定价方法，并且力图反映我国价格理论研究的最新成果和发展方向。

参与本书修订的同志，长期在价格理论与教学研究一线工作，理论功底较为深厚，教学经验较为丰富。本书修订工作是在反复讨论的基础上分工协作完成的。各章的执笔人是：倪叠玖（第一章、第二章、第四章、第十章、第十一章、第十二章、第十三章、第十四章）；唐仕宽（第三章、第六章、第七章）；吴振球（第五章）；黄漫宇（第八章、第九章）。全书由吴振球、倪叠玖主编。

为方便教师教学，本版配有 PPT。参与 PPT 制作的有中南财经政法大学产业经济学硕士研究生李华磊、马琴、李金彪、党盼攀等同学。

本书在修订过程中参考了国内外已出版的有关价格方面的研究成果，书中未能列出，在此表示诚挚的谢意。由于编著者水平有限，加上社会主义市场经济条件下价格问题十分复杂，许多问题在进一步的研究与探索之中，书中难免存在错误，恳请各位方家与读者批评指正。

编著者
2010 年春于思园

前　　言

　　市场经济的理论和实践表明，价格是市场经济的核心和基础，是市场经济中最重要、最敏感、最灵活的经济杠杆，从某种意义上来说，市场经济就是价格经济。为适应我国社会主义市场经济体制的要求和国家实行并逐步完善宏观经济调控下主要由市场形成价格机制格局的要求，我们编写了这本《企业定价》。

　　在本书的构思和编写过程中，我们力图从发展社会主义市场经济的要求出发，借鉴和吸收当代西方经济学中有关价格的科学理论和合理方法，结合我国经济生活的实际，在阐明价格基本原理的同时，注意联系我国社会主义市场经济体制的现实情况，反映我国价格理论研究的最新成果和本学科的发展方向，在照顾知识系统性的前提下，尽可能满足不同专业学生学习和实际工作者的需要，既突出价格理论与实务的应用性和可操作性，又配合经济学科，特别是贸易经济、市场营销、工商管理、国际贸易以及会计、财政、税收、金融等专业相关课程的教学需要，达到理论性与实务性、科学性与操作性的有机统一。力求读者通过本书学习，掌握基本的价格理论、明确基本的价格知识、学会基本的计价技巧。

　　本书可作为经济类各专业本科、专科、函授、夜大、职大以及高等教育自学考试经济管理专业的教材使用，也可作为实际工作者的参考读物。各专业可根据课时情况，讲授全书或其中的主要章节。

　　本书是在反复讨论的基础上由集体完成的。各章的执笔人是：倪叠玖（第一章、第二章、第四章、第十章、第十一章、第十二章、第十三章、第十四章）；唐仕宽（第三章、第五章、第六章、第七章）；黄漫宇（第八章、第九章）。全书由倪叠玖主编。

　　本书在编写过程中参考了国内外已出版的有关价格方面的书刊和研究成果。由于我们的水平有限，加上社会主义市场经济条件下市场价格理论与实践尚在探索之中，许多问题有待进一步研究，书中难免存在着错误，恳请读者批评指正。

编　者

二〇〇四年五月

第一章　价格概论

学习目的和要求　价格是人们常见甚至天天都要与之打交道的一种经济现象。通过本章的学习，了解价格的产生，明确价格的定义，搞清社会必要劳动时间的两重含义与价值决定的关系以及价格与价值的辩证关系及其运动形式。在掌握价格的职能和特征的基础上，发挥价格在市场经济中的作用，学会利用价格杠杆为社会主义经济建设服务。

第一节　价格是商品经济特有的历史范畴

展现在人们面前的价格是一个既简单又复杂，既朴实无华又神秘莫测的经济现象，说它简单，是因为商品虽然有千千万万种，但每一件具体商品在特定时间、地点、条件下都只能有一个，简简单单，明明白白，说它复杂，是因为价格有微观、中观、宏观等不同层次，又受到多种不同的因素影响而变化莫测。人类对价格的产生、发展、特点、职能、特征、作用、变化原因的认识，经历了一个漫长而又艰苦的探索过程。几千年来，价格已经成为人类经济思想史上的永恒话题，而且只要商品生产、商品交换和市场经济继续存在，这个话题也将无休止地探讨下去。中国在社会主义市场经济体制确立以后，要形成新的社会主义市场经济体制的一个重要内容就是市场价格主体的相应转换。价格行为主要是企业行为，企业如何定价和怎样定价，应当作为本课程的主要内容。

一、价格的产生

价格如同商品一样，并不是人类社会一开始就有的。它是商品经济特有的历史范畴，是随着货币的产生而产生的，将来人类社会发展到商品、货币消亡的时候，价格也将随之消亡。

自从原始社会后期产生第一次社会大分工，即畜牧业同农业的分工开始，便产生了商品交换。第二次社会大分工，即手工业同农业的分工之后，便产生了直接以交换为目的的商品生产。随着产品转化为商品和商品交换规模的扩大，货币逐步产生，价格也就逐步产生，这个过程经历了四个阶段：

第一阶段，简单的价值形式。商品交换最初是直接的物物交换，交换的价值量表现在被交换品的实物数量上。例如，1只羊换1担小米，羊的价值量用小米的实物数量表现出来，1只羊=1担小米，在这个价值形式里，1只羊的价值量表现为1担小米。小米则是羊的价值的表现形式或表现材料，起着等价物的作用。

第二阶段，扩大的价值形式。交换品的价值量可以由许多不同商品的实物数量来表现。例如，1只羊=1担小米，或=10斤茶叶，或=20斤盐，或=30尺布等。

第三阶段，一般的价值形式。交换品的价值量相对固定地表现在某种特殊商品上，这种特殊商品成为普遍的价值表现材料。假定羊成为特殊商品，1担小米=1只羊，10斤茶叶=1只羊，20斤盐=1只羊，30尺布=1只羊等。

第四阶段，货币形式。当一般等价物固定在某一种商品上的时候，这种商品事实上就成了货币。在人类历史上，牲畜、毛皮、布帛、玉石、贝壳、铜等都曾充当过货币。当金或银固定地充当一般等价物的时候，其他一切商品的价值量都表现在金或银的重量上，这就产生了价格。例如，1担小米=1钱黄金，那么1钱黄金就是1担小米的价格。

在现实生活中，各国市场上流通的是纸币。纸币是国家强制发行的价值符号，它代替金或银执行流通手段的职能，所以，现实生活中的各种商品都用纸币来标价。

二、价格的定义

价格一般的科学含义是什么呢？价格一般通称价钱，价即价值，是指某种商品值多少钱。价格是商品价值的货币表现形式，它是一种社会经济现象。人们对价格有着不同的表述，即使是马克思本人在《资本论》这部名著中也给予价格多种定义和不同表述。但是长期以来，我们把马克思从质和量两方面，用最精辟的语言对价格所作的概述，作为价格的经典定义，马克思指出："价格是价值的货币表现。"[1] 这是价格的质的规定性。他又指出："价格作为商品价值量的指数，是商品同货币的交换比例的指数。"[2] 简单地说，价格就是商品与货币交换的比例。例如，1担小米=1钱黄金，交换比例就是1：1，这是价格的量的规定性，从而使抽象的不可捉摸的商品价值得以量化。把质和量两个方面统一起来，价格的定义就是：价格是商品价值的货币表现，是商品与货币交换的比例。这个定义是从货币、价格产生的历史过程及商品与货币的等价关系的现实中抽象概括得来的，因而它科学地反映了价格的本质。在世界各国的商品和劳务交易场所，人们能见到各种各样的商品和劳务价格。从表象来看，价格是一个数值，数值后面是货币单位的名称。例如，1尺布卖2元人民币，1个玩具卖5美元，1辆汽车卖10万日元，理发1次收50卢布等。当然，各个国家在不同时期由于货币及其名称不同，价格数值

① 《马克思恩格斯全集》第25卷，人民出版社1974年版，第397页。
② 《马克思恩格斯全集》第23卷，人民出版社1972年版，第119~120页。

后面的货币名称也是随之变化的。例如，在中国历史上就曾用黄金、白银、银元、法币、金元券、人民币等形式来标明商品和劳务的价格。随着经济的发展和科技的进步，今后，人们不仅用货币，而且会使用各种电子货币进行商品和劳务的交易。

三、价格与价值的关系及其运动形式

在市场上，价格或稳定、或缓变、或剧变，这种运动状况是价格机制对经济生活发生作用的表现，是价格与价值矛盾运动的结果。为此，需要进一步研究价格与价值的关系及其运动形式。

（一）价格与价值的关系

价格与价值是对立统一的关系。在价值规律的制约下，价格与价值的矛盾运动一般有两种方式：一是价格随着价值的运动而运动，两者相一致；二是价格偏离价值上下波动，两者相背离。

1. 价格与价值的一致

价格是商品价值的货币形态。价值决定价格，价格表现价值。价格与价值两者之间具有统一性，表现在：

第一，价格的本质是价值，是价值在交换过程中的物化形态，表现商品体内耗费有一定的人类抽象劳动。

第二，货币产生后，价值必须通过一定数量的货币——价格来表现自己，离开价格形态，价值不能自我表现。

第三，从价格变动的长期平均趋势来看，价格与价值会趋于一致，价格符合价值。价值规律要求商品按照价值量等价交换，要求价格随价值变动而变动，价格符合价值。这种"符合"、"相等"是价格机制运行的结果，它是有条件的：

首先，商品交换已经排除了偶然的性质，而是大量的经常的交换，并成为一种经常的有规则的社会经济现象。

其次，商品销售没有任何自然的或人为的垄断，不会使交换的一方高于价值出售，也不会使交换的另一方低于价值出售。

最后，商品的总产量符合社会需要，总供给与总需求平衡。

不过，在社会化大生产中，由于个别劳动与社会劳动的矛盾，社会需求的多样性、多变性与生产的稳定性、周期性的矛盾，表现为市场供给与需求之间的矛盾。价格等于价值只是偶然现象。但是价格机制的作用过程，使价格围绕价值上下波动，趋向价值，市场长期地交换，价格上涨和下跌可以相互抵消，不仅从总体来看，总价格与总价值是相等的，而且从单位商品平均数来看，价格趋向价值。所以，价格与价值的一致又是事物发展的必然。

2. 价格与价值的背离

　　价格是价值的外在表现。价格运动除受到内在的价值规律支配之外，还要受竞争规律，供求规律等其他经济规律的作用，所以价格运动的轨道和价值运动的轨道并不是同一条曲线。价格与价值不是直接同一的，而是价格经常脱离价值。价格与价值的矛盾性表现在：

　　第一，价格与价值量的不一致。价格是价值的相对表现形态，是商品同货币交换的比例，这种交换比例受多种因素影响，既可以表现为商品价值量，也可以表现为比它大或小的量。价格以价值为中心偏离，正是价值规律起作用的表现形态。

　　第二，价格与价值包含质的矛盾。本身不是商品、没有价值的东西也可以获得一个价格形态。例如，在资本主义社会，良心、名誉、选票等，并不是商品，但可以出卖换取金钱，又如农民自产自用的粮食并不是商品，在核算成本收益时被赋予了一个价格形态。一种东西尽管没有价值，但它能在形式上有一个价格。

　　第三，价格包含着价值不能实现的可能性。商品要通过交换才能证明它的劳动耗费是适合社会需要的，并得到社会承认。如果生产的产品，社会不需要，卖不出去，劳动耗费就得不到社会承认，就不能形成价值，在价值形态上想象得到的货币量就不能变为现实。

　　价格背离价值也是合乎逻辑现象的，是价格机制作用的一种表现。正因为价格与价值既矛盾又统一的运动，使价格机制在商品生产和商品交换中，具有一种不可抗拒的魔力，调节着商品交换的比例和人们的经济关系，使价值规律的内在必然要求得以实现。

　　(二) 价格与价值的矛盾运动

　　价格与价值的矛盾运动是通过价格围绕价值上下波动的形式来贯彻的。因为在商品经济条件下，生产与需要之间的联系是通过市场机制来间接调节的，因而不可避免地带有盲目性。由此引起社会生产与需要之间，调节商品的供给与需求之间，总是处在平衡与不平衡相互交替的状态。商品供不应求，价格上涨，但价格上涨会刺激生产，限制需求。因此当价格上涨到一定程度时，供不应求会向反方向转化，变成供过于求。商品供过于求，价格开始下落，而价格下落会限制生产，刺激需求。当价格下落到一定程度时，供过于求又会向反方向转化。在这种由供不应求到供过于求，又由供过于求到供不应求的连续不断的运动过程中，价格就围绕着价值上下波动，价值规律的客观要求与它的运动形式也是对立统一的关系。价值规律要求按照社会必要劳动时间决定商品价值量，要求价格符合价值。但这个要求不是直接得到贯彻实现的。从每个具体场合来说，价格与价值往往是不一致的，不是高于价值就是低于价值，两者恰好相等的现象是极其偶然的。但从长期平均趋势来看，供求不平衡会互相抵消，价格的涨落也会互相抵消，所以价格又是符合价值的，商品交换是按照等价交换原则进行的。商品价格量由生产它所耗费的社会必要劳动时间决定，商品交换要按照等价交换原则进行，就是对于这种长期的平均趋势而言。

第二节 价格的职能和特性

一、价格的基本职能

价格之所以在商品经济社会中占有极其重要的地位，成为市场机制自发运动的核心要素，是由价格本身的内在职能所决定的。所谓价格职能也叫价格机能，是指价格在形成和运动过程中所具有的内在功能。它是在价格形成时就包涵在其中的一种内在素质，不论价格的种类、形式如何变化，也不论是哪种商品经济社会形态下的价格，它的基本职能都是一样的。价格职能具有客观性和普遍性。只要具备发生作用的市场和商品交换等条件，价格职能就必然存在并发挥作用。当条件发生变化后，价格基本职能并不改变，改变的只是其作用的范围、变化频率和程序。正因为如此，人们可以通过改变价格作用的条件，达到某种预期的目的，这就是价格职能的自觉运用。

价格职能可以列出许多种，但其基本职能主要是表价职能、调节职能、信息职能。

（一）表价职能

商品价值不能在商品自身上表现出来。价格的首要职能是把商品价值量表现为一定数量的货币，使商品交换得以进行和实现。这里要注意区别两点：第一，价格定义和价格职能的区别，在价格定义中，价格是被动，价值是主动，价格是价值表现的结果；在价格职能中，价格是主动，价值是被动，价格把价值表现出来。第二，货币职能与价格职能的区别，在货币职能中，货币是测量价值的尺度；在价格职能中，货币是价格的计量单位，价格通过货币把价值量表现出来。在社会主义条件下，价格的首要职能仍然是通过货币表现商品价值，实现商品等价交换，难以想象，不通过货币、价格而倒退回物物交换关系中去的情形。

由表价职能可以派生出核算职能和计量职能。核算职能是指价格核算劳动的功能。价格作为价值的货币表现，反映了各种商品的社会必要劳动消耗，它是国民经济各个部门、各个企业核算劳动耗费的平均尺度，是评价生产经营效益的客观标准。在现阶段，各个部门、各个企业的劳动消耗、占用、效益指标的计算、比较和考核等，都必须借助价格，离开了价格，经济核算就无法进行。计量职能是指价格作为综合计量的工具。各种商品的使用价值不同，相互之间无法进行综合比较，也不能采用实物形态来计量，只有通过价格乘实物量变成价值的货币形态（产值）才能综合计量。例如，国民经济活动中社会总产值、财政收入、国民收入、国民生产总值等指标都是通过价格来计量的。

（二）调节职能

价格对商品经济中社会再生产各个环节都具有调节功能。在市场经济中，价格是一个通过供求、竞争等机制相互制约、相互作用的过程，这是商品经济运行的基本方式。价格调节职能是通过调节生产和消费、调节市场供求关系来实现的。高价厚利能刺激生产、增加供给、起到抑制需求、减少消费的作用，从而促使商品生产由供不应求向供求平衡、供过于求的方面转化，生产者、经营者、消费者对价格的高低涨落，都会作出各自的反应，因而价格成为调节国民经济极其灵敏和有效的手段。

从调节职能出发，价格又派生出分配职能。分配职能是指由于价格涉及交换双方的经济利益，价格基础偏离平均价值，或者说市场价格偏离它的基础，都会引起生产者、经营者、消费者之间经济利益的转移，引起国家、集体、个人之间利益的再分配，而且这种利益再分配是此消彼长的关系。

（三）信息职能

价格信息是市场经济中最重要的经济消息和经济行情。人们对它的反应最敏感，传导速度也最快。价格信息职能是指价格变动信息的发放、传递和反馈运行的全过程。价格是市场的晴雨表，价格状况及其运动可以综合反映出国民经济各个部门、社会再生产各个环节的变化。它从不同角度传递经济信息，是市场经济运行的指示器，对企业生产经营活动起导向作用，对国家宏观经济运行提供重要参数。在市场机制有规则运行的条件下，价格信息职能主要表现为：

1. 充当市场供求关系的"晴雨表"。价格的涨落波动将市场供求状况的信息发放和传递给生产者和消费者，同时生产者和消费者又会将所接收到的价格信息反馈到市场中去。他们在接收到价格信息后，从各自的利益出发，分别调整生产结构和消费结构，从而形成新的供求关系。

2. 向生产者散发商品价值量升降的信息。这是通过价格涨落来传导的。当商品供不应求时，价格上涨，意味着社会承认和补偿的商品价格量上升；反之，则情况相反。于是，生产者根据接收到的信息来决定自己生产与否、生产多少、怎样生产。企业据此来调整生产规模、产品结构、投资方向、资源配置。

3. 价格信息是企业预期和选择价格策略与方法的重要数据，也是国家调整价格政策的重要参数。从宏观上来说，物价状况是整个国民经济状况的综合反映；从微观上来说，价格变动可以提供商品价值和供求关系变化的信息。价格状况概括地反映了一定时期内的社会经济动态，国家可以据此调整价格政策，各个经济主体则可根据价格预期及其变动趋势，选择不同的决策手段和方法。

价格职能是客观存在的，但其具体实现和发挥作用却受到外部条件的影响和制约。一般来说，商品经济的充分发展、完善开放和有序的统一市场、规范化的交易及公平的竞争，是价格职能顺利实现的最佳经济环境。

二、价格的特性

价格特性是指价格自身特有的习性。价格从本质上反映的是社会经济关系，这些经济关系都会通过商品交换表现出来，也就是通过价格变动表现出来。在商品经济发展的不同阶段，支配和影响价格运动的条件和规律不尽相同，这就使价格运动表现出不同的特点。但是，支配价格运动的最基本规律——价值规律始终在发生作用，这就使价格运动表现出共同的习性。价格的特性是在长期的商品交换环境中形成的，在商品经济形态下，只要存在着商品交换、市场交易、商品价格，价格的特性就会体现出来。一般来说，价格的特性主要表现在以下几个方面：

（一）反映性

无论是在哪种社会制度的商品经济条件下，价格作为商品价值的货币表现和商品与货币交换的比例，都能够综合地反映出社会经济活动的状况。价格水平及其运动，既包括单个商品价格水平及其运动，也包括价格总水平及其运动。价格对国民经济的综合反映性是由价格形成和运动受多种因素影响而决定的。价格作为价值的现实运动形式不仅要反映价值的生产条件，更要反映价值的实现条件。在价值实现的过程中，价格运动既受外部因素的影响，也受内部因素的影响；既有基础性因素的作用，也有派生性因素的作用；既有影响价格总水平因素的作用，也有影响单项价格方面因素的作用。价格作为反映国民经济运动状况的一面镜子，其运行状况和发展趋势成为国民经济运行状况的综合反映。价格的动态变化，取决于影响其变化的多种因素的变化及其相互作用，所以，价格本身综合反映着这些因素的变化及其作用过程。

（二）相关性

相关性又叫传导性，是指各种商品价格之间存在相互关联的关系。各种商品价格的变动，按照一定的系列运动，并发生连锁的反应。社会再生产的各个环节、国民经济各个部门、各个企业之间通过相互提供各自的产品而紧密地联系着，它们之间存在统一性和依附性。不同部门和企业都是独立的经济实体，都有自身的经济利益，只能通过平等的商品与货币的交换，以价格为中介才能实现，并紧密地联系在一起。价格之间的系列衔接性使一个部门的产品价格或一种重要商品价格的变动，会引起其他商品价格随之变动的连锁反应。价格间的连锁反应，既有横向的连锁反应，又有纵向的连锁反应。前者是指前一个环节，作为基础产品的价格发生变动，会使以它为原料的后续产品生产成本和销售价格也发生变动的价格运动现象。价格变动序列表现为：生产要素涨价——加工产品成本上升——生产者价格上涨——批发价格上涨——零售价格上升，水涨船高；反之，则情况相反。当然，价格的这种相关性或传导性有时可能因其他因素的影响（如多个加工环节的迂回性等因素）而表现得不是很充分。但价格的这种相关性是客观存在的，终究会或多或少、或直接或间接地体现出来。由于现代科学技术的进步，促进了生产力水平的不断发展，生产社会化是一种历史发展趋势，进入市场交换的产品序列将不断增加，经济生活社会化、全球经济一体化越来越明显，价格系列相关运动也越来越明显，进而形成价格多层次的整体运动体系。

（三）运动性

价格的运动性是指价格是运动和变化着的。在市场交换活动中，买卖商品的价格时涨时跌、此起彼伏、不断地运动和变化的过程就是价格运动。价格的本性是运动的，价格的历史就是运动的历史。只有在涨跌运动中，价格才能实现其职能，发挥调节利益分配，指导生产、交换和消费。价格之所以有运动性，是因为价格形成的基础以及影响价格的各个因素都是在不断变化之中。首先，作为价格形成的基础价值，不断地随着生产力水平、所有制关系以及竞争的范围和强度变化而变化，因而价格自然也会随价值变化而变化。其次，影响价格的货币价值、供求关系、国家政策、国际市场价格也都在不断变化之中，也影响着价格的变化。诸多的经济的、政治的、宗教的、心理的、国内的、国外的因素都是变量，它们相互作用、相互影响，每一个因素的变动对价格都是一种冲击力量，推动着价格运动，从而使价格成为一个非常灵敏、易变的经济元素。不论在哪种社会形态的商品经济和市场机制中，价格都是一个动态的过程，价格不可能长期固定不变，价格运动是价格存在的形式，那种认为价格稳定不变才是价格的最佳状态的观点，是不符合经济规律要求的，也是与价格的特性相悖的。

（四）社会性

价格的社会性表现为价格体现着人与人之间的经济利益关系。这种经济利益关系有着此消彼长的特点，任何价格的变动都会引起人们经济利益的变化。从静态上来看，在现有商品的交换活动中，价格变动本身既不增加、也不减少社会财富，但都会引起社会财富分配格局的变化。此时，价格变动体现了价格对原有利益分配格局的调整，而且这种调整带来的再分配，势必成为人们普遍关心的社会问题。也就是说，在已有商品的交易中，价格的变动一方面会使一部分经济利益主体受益，另一方面会使另一部分经济利益主体的利益受损。在价格变动中所有经济主体都受损或都受益的情形是不存在的。而且这种得失在量上表现为此消彼长的等同性关系，即总体利益保持不变。价格的这种利益消长性体现在利益结构的重新分配。当然，从动态角度上来讲，价格的合理变动，可导致社会资源合理流动或重组，进而优化资源配置，增加社会财富。

认识价格的一般特征，有助于我们在分析、研究价格时，树立价格的整体观念，从动态入手，把握价格运动的趋势和规律。在解决价格问题时，应当从基础入手，不能就价格论价格，要对国民经济进行综合治理，同时还要注意价格变动带来的连锁反应，考虑周全的对策，全面地认识价格问题，正确地运用价格手段。

第三节　价格在市场经济中的作用

在现代市场经济中，商品经济的基本规律——价值规律必然存在并发生作用，它总是通过市场机制调节社会再生产过程，并对社会资源的配置起基础性作用。建立社会主义市场经济，大力发展商品经济，首先就是要承认价值规律，尊重价值规律，坚决按照价值规律的客观要求办事。在现实经济生活中，价值规律这只"看不见的手"，只有通过价格机制——价格围绕价值不断变动才能发挥作用，人们也只有通过价格变动来认识、掌握和运用价值规律。我们尊重价值规律，按照价值规律要求办事，就是要充分重视价格机制，积极地发挥价格机制的作用。

价格在市场中的作用是多层次的、多方位的、极广泛的。价格的触角伸向社会经济生活每个角落，触及国家、企业和个人以及不同地区、不同阶层的利益。价格"幽灵"对社会再生产的各个环节，国民经济各个部门，以及经济、政治、社会、文化等各个方面的影响和作用是无所不及和无时不在的。从某种意义上来讲，市场经济就是价格经济。

价格对社会经济生活的作用具有两重性：一是起积极作用，正调节而产生"正效应"；二是起消极作用，逆调节而产生"负效应"。不合理的价格，对国民经济的发展起阻碍作用，甚至起破坏作用，不利于安定团结和改善人民生活。合理的价格，对国民经济发展和人民生活的改善，起着积极的促进作用。

什么是合理的价格？合理价格的标志主要是：首先，商品价格应当以价值为基础，反映价值规律的要求；其次，不同商品之间要保持合理的比价关系，同种商品在不同环节、地区、季节、购销数量及质量之间保持合理的差价关系；再次，商品价格应当反映供求，符合供求规律的要求；最后，价格的制定还要符合党和国家的政策要求，正确处理各个方面的经济关系，统筹兼顾各个方面的经济利益。

在社会主义市场经济条件下，自觉地运用价值规律为社会主义现代化建设服务，最关键的一环就是充分发挥价格机制的作用，使价格成为市场配置社会资源的指示器和调节器。

一、合理价格有利于促进国民经济高速度、高效益地协调发展

价格对于国民经济最重要的作用，就在于它能够通过各种方式和渠道来调节、影响社会生产，促进国民经济按社会需要的比例协调发展。价格对生产的作用主要表现在：

1. 各种价格是计量社会劳动耗费和实现国民经济综合平衡的工具。社会主义经济规律和社会主义基本制度，要求国家自觉地根据人民的需要，按比例地分配社会劳动时间，即在宏观调控下有计划地组织社会生产。这是实现国民经济协调发展

的前提。社会主义制度下的劳动必须转化为价值形式，必须迂回曲折地通过价值形式（价格）来计算、分配，合理价格反映了生产商品的社会必要劳动量，可以正确计算国民经济计划指标，准确分配社会总劳动量，建立国民经济综合平衡。反之，价格不合理，度量劳动耗费不准，计算、分配的劳动也不准，计划指标不实在，国民经济各种比例关系就会扭曲，宏观经济就有可能比例失调。

2. 合理的价格是促进工农业生产发展，调节生产结构合理化的杠杆。对于企业来说，生产什么、生产多少，都要根据商品的价格水平来决定。价高利大，就多生产；价低利少，就少生产；无利可图，就停产或转产。价格是企业行为的指挥者，也是改进和完善产业结构的动力机。合理价格使正常生产、合理经营的企业能获得合理利润，从经济利益上刺激企业积极地发展商品生产，保证完成国家的定购合同，同时指导企业的投资方向，使各个部门按社会需要均衡发展，促进生产结构和产业结构合理化；反之，价格不合理会诱导企业盲目发展，使"长线产品"截不短，"短线产品"拉不长，造成产业结构不合理，国民经济畸形发展。

3. 合理价格有利于淘汰劣质陈旧产品，增加优质新产品，从而加速产品的更新换代。合理价格保证生产优质名牌产品得到合理的利益，使生产质量低劣、陈旧过时的老产品无利可图。这就从物质利益上"奖优惩劣"，鼓励企业采用先进技术和设备，开发新产品，缩短产品更新换代的周期。反之，价格不合理，好坏不分，甚至"奖劣惩优"，其结果是优质名牌、花色新颖的产品紧俏脱销，粗制滥造、过时陈旧的产品充斥市场。

4. 合理价格有利于节约使用资源，合理配置社会资源。社会主义国家要特别珍惜、节约社会资源，充分发挥各地自然、经济和技术的优势。社会资源如何配置以及资金和劳动力等要素投向何方，都要以价格这个指挥棒为转移。市场价格变动必然会引起企业行为的变化，从而调整各个经济部门的比例关系，进而调节社会资源朝着合理的产业结构与产品结构方面转移。资源稀缺、价格上涨、抑制需求可以达到保护资源、节约资源的目的，同时还可以产生"资源替代效应"。人为地压低稀缺资源的价格，只能造成资源的极大浪费和资源配置的扭曲。合理价格可以促使农业生产单位因地制宜，扬长避短，综合开发和治理土地等自然资源，保护生态平衡；促进工业和企业以节约能源和保护生态环境为中心的技术改造和结构改革，推动能源生产和节约，调整生产结构，实现专业化分工协作，从而促使各个地区、各个企业最充分地发挥自己的优势，合理布局生产能力。反之，价格不合理，就可能造成劣势地区盲目发展和重复建设，使有限的资源、资金得不到最有效的利用。

二、合理价格有利于促进商品流通的顺利进行

在现阶段，我国国民经济的运转无时无刻离不开流通，而价格是商品交换的中介，是搞活流通的先决条件。合理价格可以扩大和加速商品流通，降低商业流通费用，促进供求平衡，提高经济效益。价格对流通的作用主要表现在：

1. 合理价格可以调动企业的经营积极性，按照经济区域组织商品流通。合理的价格使产地与销地，批发与零售商业都能获得相当的利润，促使他们根据市场需要采取多种灵活的购销形式，通过多条流通渠道扩大购销业务，为工农业生产和人民生活服务，并能促进流通体制的改革，建立起多渠道、少环节、开放式的流通体制，加速商品周转，扩大城乡之间、地区之间的物资交流，搞活城乡经济，提高经济效益。反之，价格不合理，就会挫伤企业的经营积极性，阻塞商品流通，引起盲目流通，迂回倒流，甚至还会引起投机倒把活动，从而不利于流通体制的改革，影响生产的发展和消费的实现。

2. 合理价格可以调节供求状况，促进供求平衡。价格在流通领域的作用，最明显地表现在它的变动可以调节供求矛盾。价格是市场上供求关系的重要调节者。通过价格的自觉调节，推动着市场上的供给与需求，卖方与买方，商品与货币趋向相对的平衡。合理价格有利于建立商品供应量与社会购买力的平衡。反之，价格不合理，滞销商品销不出去，紧俏商品脱销断档，就会造成一方面商品库存积压而霉变损失，另一方面社会需要不能满足从而购买力不能实现。

三、合理价格有利于促进国民收入的合理再分配

价格之所以能够对生产和流通发生作用，最根本的原因就在于价格能调节人们的收入，影响人们的经济利益。价格是国民收入分配的一个重要杠杆，合理的价格能够消除各个部门、各个地区、各个企业之间的苦乐不均，调节国民收入在各个层次、各个集团之间分配，有助于统筹兼顾，全面安排积累与消费的比例，有助于正确处理国家、集体和个人为中心的错综复杂的多元物质利益关系。反之，价格不合理，会引起不同部门、行业、地区和企业之间的苦乐不均，利益分配不合理，从而会影响党群关系，影响人民内部团结，影响工农联盟，影响人们建设社会主义的积极性。

价格调节影响国民收入分配，具体表现在两个方面：一是原有的价格形成时，价格与价值的背离所引起的利益转移。例如"剪刀差"，使经济利益从价格低于价值的农业部门向价格高于价值的工业部门转移。二是由价格调整变动所引起的利益转移。这两个层次的价格变动引起的收入再分配是通过比价和差价来实现的，并最终归结在国家、集体和个人三个方面的收入与支出的增减。所以，价格的高低、涨落，都涉及国民收入的再分配，与各个部门、各个地区、各个企业和每个人的切身经济利益息息相关。

四、合理价格有利于促进合理消费，实现按劳分配

社会主义的生产目的，就是为了改善和提高人民的生活水平，通过货币——商

品（劳务）——消费的形式来贯彻按劳分配的原则。党和国家不仅用稳定价格的政策来保证人民生活水平，而且用多种差价、比价来调节供求，指导消费，提高人民生活水平。特别是对边远地区、少数民族地区采取照顾价格政策，改善边远地区人民生活，保障民族政策的贯彻执行，使全国人民共同富裕。合理的价格，质价相称，相对稳定，与劳动者的收入水平相适应，劳动者拿着社会分配给自己的货币收入，购买称心如意的消费品，从而在价值上得到等价补偿，保证按劳分配原则得到圆满实现。反之，价格不合理，按劳分配的收入就不能按照等价原则兑现，就会影响广大人民的生活，甚至会影响安定团结的政治局面。

合理调整与变动价格，可以指导消费，调节供求，促进消费结构合理，提高人民生活水平。例如，通过不同的价格水平，鼓励消费资源丰富、生产量大的商品，限制消费资源短缺、生产量小的商品；通过不同的比价指导消费，改变消费结构，改善人民生活；通过不同的差价，调节商品均衡上市、均衡消费、平衡供求，尽可能满足不同的消费者的需要。

五、合理价格有利于促进企业增强活力，提高经济效益

经济体制改革的中心环节是增强企业活力，搞活经济，发展社会主义社会的生产力。合理的价格符合价值规律的要求，反映了社会必要劳动耗费，为商品生产经营者规定了衡量和补偿劳动耗费的统一尺度——社会价值。这种合理价格就成为企业加强经济核算、衡量经济效果的准确标尺，成为鼓励先进、鞭策落后、提高经济效益的动力。它使企业在市场竞争中处于平等地位，机会均等，利益均等。市场经济是一种竞争经济。价格竞争往往是决定胜负的主要手段，在一定意义上可以决定企业的命运。经营管理好，劳动消耗少的企业能够获得厚利，这样促使各个企业精确地计算投入和产出，千方百计地改善经营管理，采用新技术、新工艺、降低劳动消耗，提高劳动生产率，增加花色品种，提高商品质量，努力生产物美价廉的商品，在市场竞争中处于有利的地位，并能获得较多的利润，从而保护竞争，促进联合，推动先进技术开发、利用，提高整个社会的生产力水平。反之，价格不合理，不利于公平竞争，获利的不使劲，使劲的不获利，这就会打击先进企业的生产积极性，影响社会生产和科学技术的发展，浪费社会人力、物力和财力。价格竞争，像一条无情的鞭子，催促着企业前进、前进、再前进！

本 章 小 结

● 价格是商品经济特有的历史范畴，它的产生是与价值形式的发展同步的，价格形式的发展所经历的四个阶段也就是价格产生所经历的四个阶段。

● 马克思从质和量两个方面给价格作出了明确的定义：价格是价值的货币表

现，是商品与货币交换的比例。

● 价格与价值之间具有对立统一的辩证关系。

● 价格作为市场机制自发运动的核心，具有表价职能、调节职能、信息职能等基本职能和反映性、相关性、运动性、社会性等特征。

● 价格在市场经济中对生产、流通、分配、消费都具有积极的作用。

复习思考题

1. 价格是如何产生的？
2. 什么是价格的定义？
3. 如何理解价格的本质？
4. 简述价格与价值的关系及其运动形式。
5. 价格的职能和特征表现在哪几个方面？
6. 如何认识价格在市场经济中的作用？

第二章　市场价格的形成

学习目的和要求　通过本章的学习，搞清价格形成的概念，了解价格形成基础的经济内容及其历史演变，明确地知道研究价格形成基础实际上是从商品价值角度来研究价格问题，也就是要研究价值中的成本形态和盈利的基本分配形式。在搞清历史上价格形成基础所经历的五个阶段的基础上，明确我国社会主义市场经济条件下价格形成的基础以及几种代表性的观点。重点明确价值或价值的转化形态是价格形成的内在基础，货币价值、市场供求、国家经济政策则从不同的角度影响着价格形成。

第一节　价格形成的基础及其历史演变

一、商品价值对价格形成基础的决定性作用

价格形成是指在一定社会经济条件下，价格在商品生产和交换过程中按照什么样的规律和方式加以确定的问题。粗略地讲，价格形成包括两个层次的问题：一是价格形成的基础；二是决定和影响价格形成的因素。这是两个相互关联的问题。在不同的社会经济条件下，由于价值规律的作用与实现形式不同，价格形成也就具有不同的特点。一般来说，在生产资料私有制条件下，价格是在价值规律和影响价格形成的其他因素，特别是供求关系的共同作用下自发地形成的。在我国社会主义市场经济条件下，价格则是按照价值规律和其他经济规律等方面的要求，采取不同的方式形成的。研究价格形成的目的，是为了促进价格管理科学化，使价格的制定和调整具有充分的经济依据，使之符合客观经济规律的要求。

（一）价值是价格形成的一般规律

如前所述，价格是价值规律的表现，价值是价格的规律，也就是说，对价格的形成和运动起支配作用的一般规律就是价值规律。因此，价值是价格形成的基础，对价格形成起着决定性的作用。无论价格如何变化，归根结底是围绕价值这个基础变动的，而不会无限制地脱离这个基础。当价格大大低于价值时，生产者就会亏本，他就不愿意生产，从而引起供不应求、价格上涨；相反，当价格大大高于价值时，需求方吃亏，他就会少买或不买，引起供过于求，价格下落。价格一涨一落的

平均数，就趋向于价值这个基础。当影响价格变动的其他因素不变时，商品价值提高了，最终会引起价格上升；反之，商品价值降低了，最终会引起价格下降。价值对价格形成基础的决定性作用，归根结底就是价值规律对价格运动起支配或调节作用的表现。研究价格形成基础，实际上是从商品价值角度研究价格问题，也就是研究价值的成本形态和盈利的基本分配形式。

（二）成本是制定价格的基本依据和最低经济界限

在商品价格中，成本一般占商品价格的 60% 以上，有时甚至高达 70%～80%，可以说，把握了商品成本，就把握了商品价格和价值的大部分。成本是制定商品价格的基本依据。

制定商品价格必须以成本（$C+V$）为最低经济界限，这是从价值形成上保证企业正常生产和经营活动顺利进行的必要条件。因为只有以成本为最低经济界限，才能使企业在生产和经营活动中所耗费的物质资料支出和劳动报酬支出得到补偿，整个社会再生产过程才能顺利地进行下去。如果成本即"预付资本的价值"不能得到补偿，将会引起整个社会再生产过程的中断。

一般来说，制定商品价格的成本应是社会平均的成本。因为生产同一种商品的生产者尽管生产条件不同，个别成本和个别价值不同，但由于价值规律和市场竞争的压力，社会承认的价值只能是社会价值，社会承认的成本也只能是社会的平均成本，即以同种商品在不同条件下的生产成本的平均数来反映的社会必要劳动耗费。在实际工作中，由于生产各种商品所耗费的社会必要劳动时间还没有办法精确地计算出来，因此，所谓以价值为基础制定价格，一般是以正常生产、合理经营条件下的中等成本为基础，加上一定的利润来计算的。但是，在某些情况下，制定商品价格的成本可以是劣等条件下的地区成本，甚至是劣等条件下的个别成本。例如，在农、矿产品的价格制定中就是如此。

在企业定价的条件下，制定商品价格所依据的成本虽然是个别成本，但是，由于市场竞争的压力，个别成本的高低适度与否仍要接受市场的监督和检验。检验的标准是该企业的个别成本是否低于或等于该产品的社会的平均成本。只有它的产品的个别成本低于或等于该产品的社会平均成本，该产品才会被社会接受，也才能顺利地完成商品变货币这个"惊险的跳跃"。否则，该产品和生产该产品的企业都会被市场淘汰。

二、价格形成基础的经济内容

商品价值始终是对市场价格高低变动起决定作用的因素。所以，价值始终是价格形成的一般基础。尽管在不同的社会经济条件下，价格形成的基础由于不同时期社会生产力发展水平，所有制关系以及由生产力水平、所有制关系所决定的竞争的范围和强度不同而有所区别，但是价值始终是制定价格的依据，商品价值对价格形成基础起决定作用。

按照马克思的价值理论，商品价值是由 $C+V+M$ 三个部分构成的，与此相适应，商品价格由成本加盈利两部分构成。因此，价格形成基础的经济内容主要是两个问题；一是构成价格的生产成本是否正确的反映了商品价值中的 $C+V$；二是价格构成中的盈利如何恰当地反映商品价值中的 M。

（一）使成本正确地反映商品价值中的 $C+V$ 是使价格形成合理化的首要问题

$C+V$ 表示了商品生产过程中所消耗的物化劳动价值和活劳动价值，其货币表现是生产成本和生产性的流通费用。在价格构成中，生产成本是制定价格的基本依据和最低经济界限。在研究价格形成基础时，应当具体研究 $C+V$ 的构成内容、合理的经济界限和科学的计算方法。在商品价格中，准确地核算了成本就把握住了商品价值和价格的大部分。市场经济条件下，成本首先体现了生产者与社会的关系，生产者向社会提供商品，起码要补偿其生产成本，其次，成本体现了同行业中不同生产者之间的关系。一般来说，价格中的成本应该是社会成本或部门平均成本，成本应该包括商品生产过程中所消耗的全部物化劳动和活劳动消耗。

（二）探讨按什么原则在商品价格中合理分配社会盈利是价格形成基础的核心问题

M 是商品价值中劳动者为社会劳动所创造的价值，其货币表现为盈利（包括企业利润和国家税金）。商品价格是由生产成本加一定的盈利构成的。一般来说，生产成本是有一定经济内涵的，不受社会经济条件的影响。但盈利水平及其在各种商品中如何进行分配却是随着生产力发展水平和社会经济关系的变化而变化的。所以，价格形成基础的确定主要不在于生产成本的变化，而是取决于盈利的分配原则，特别是商品价格中的利润按照什么标准进行分配。为了研究一定社会经济条件下价格形成的基础，对于盈利的考察主要应把握两方面的内容：一是研究在一定社会生产力水平下社会盈利的合理水平，即合理确定盈利率（特别是利润率）的高低；二是研究社会总的盈利水平应该如何在各类商品价格中进行合理的分配，其实质是依据什么原则去分配利润。

三、价格形成基础的历史演变

在不同的社会制度的商品交换关系中，尽管价值始终是价格形成的基础。但这个基础本身却因商品经济条件的变化而显示出不同的特点。因此，价格形成基础有直接地以价值为基础和间接地以价值的转化形态为基础的区别。

历史上价格形成基础的演变经历了五个阶段：

（一）物物交换时期的价格形成是以商品的个别价值为基础

在原始社会后期，不同氏族部落的偶然性的商品交换是一种物物直接交换。这种交换的特点是：还没有形成市场，只有交换双方物品直接比较，没有第三者参与竞争。如果生产物不适合对方需要，交换就不能成立；如果交换能够成立，交换比例由什么决定呢？只能由各自产品中所耗费的劳动时间来决定。事实上，在当时社会生产力水平条件下，商品生产者的劳动复杂程度、劳动强度等差别都不大，以致双方各自生产商品的劳动都可当做简单劳动来看待。这种状况一直延续到后来农民和手工业者直接进行的物物交换时期。

（二）简单商品生产时期，价格形成以平均价值为基础

随着商品生产和商品交换的发展，货币和价格产生了。在简单商品经济条件下，同种产品有许多的生产者，也有许多的购买者，并且在共同的地点——市场上进行交换。于是，在卖方与买方之间、卖方内部、买方内部都产生了比较和竞争。竞争的结果是，所有同种商品生产者的个别劳动时间，都必须按社会平均的标准折算，才能为社会所承认。于是产生了单位产品必要劳动时间的范畴。在这个阶段，由单位产品平均必要劳动时间所决定的平均价值，便是价格摆动的重心，即价格形成的基础。

（三）资本主义生产初期，价格形成以市场价值为基础

进入资本主义时期，价格形成的基础分为两个阶段。在资本主义生产初期，部门内部的竞争虽已展开，但是，由于受封建残余势力（如手工业的行会组织）的影响，资本和劳动力还不能在部门之间自由转移，因而部门之间的竞争还未充分展开。在这种情况下，市场上的某一种商品虽然是由许多不同的资本家的企业生产的，但它们都只是作为同一个部门的总产品出现在购买者面前。全部出售者构成供给一方，全部购买者构成需求一方，双方展开了激烈的竞争。竞争的结果是，不仅要求在单位产品的生产上只使用社会必要的劳动时间，而且更重要的是要求在部门产品总量上也只使用社会必要的劳动时间。如果在部门总产品的生产上使用的劳动时间超过了社会按比例应当使用的劳动时间，其超过部分就得不到社会的承认，形成不了价值。这个问题在简单商品生产时期并不突出，那时是为买而卖，产销直接见面，生产规模和流通范围都很有限，生产方法也相对固定，因而生产者能凭借经验做到大体上的产需平衡。因此，在社会必要劳动时间的两重内容中，单位产品必要劳动时间，即第一重含义的社会必要劳动时间是矛盾的主要方面，第二重含义的社会必要劳动时间，即部门产品必要劳动时间则是矛盾的次要方面。但是，到了资本主义阶段，生产和流通的规模都扩大了。一方面，生产方法的不断革新，使得资本主义时期所创造的物质财富比它以前的各种社会形态所创造的财富总和还要多；另一方面，市场规模日趋扩大，交换逐渐成了超越国界的活动。市场需求的品种和数量也变得越来越难以为生产者所把握。因此，一个部门产品总量上投入的劳动时间是否符合社会需要，便成为越来越突出的问题。如果某一个部门产品生产上的劳动总量超过了社会按比例应当投入的劳动量，超过部分就不能被社会所承认，就形不成价值。反之，如果某一个部门产品生产上的总劳动量少于它在社会总劳动量中

按比例应占的份额，社会也会按照符合社会需要按比例所应当投入的劳动时间予以承认，从而使这种产品在市场上所代表的社会劳动量比它实际所包含的社会劳动量大。可见，在这个阶段，部门产品必要劳动时间成为市场价格摆动的重心。这一重心被马克思称为"市场价值"。它便是这个阶段的价格形成基础。

（四）资本主义成熟阶段，价格形成以生产价格为基础

随着资本主义生产的发展，竞争不仅在部门内部展开，而且逐渐在不同部门之间也展开了。资本最终冲破了封建残余的阻碍而在不同部门之间自由转移。部门之间竞争的结果，使得各个部门的利润率趋向平均化，于是市场价值便转化为生产价格。平均利润和生产价格范畴的出现，表明商品不再只是单纯当做商品来交换，而首先是当做资本的产品来交换。作为资本产品的最重要、最明显的特征是要求等量资本取得等量利润。在这种情况下，资本有机构成高的部门产品的生产价格高于其市场价值，资本有机构成低的部门产品的生产价格低于其市场价值，只有资本有机构成中等的部门，其产品的生产价格才和市场价值相一致。在这个历史阶段里，生产价格是价格摆动的重心，是价格形成的基础。

（五）垄断资本主义阶段，价格形成的基础是垄断价格

资本主义自由竞争发展的结果是引起生产的迅速集中，生产集中发展到一定程度，必然由于资本的大量集中而产生垄断。在垄断资本主义时期，垄断集团凭借其雄厚的资本实力控制了绝大部分的商品生产和销售市场，垄断组织也因此成为资本主义国家的经济支柱，其经济利益也就上升为国家利益。在这种情况下，资本的转移再次出现了困难。垄断资本也不再满足于一般的平均利润，而是要取得最大限度的垄断利润。为此，他们凭借国家的政治权力，采取各种经济的或非经济的政策，保护自身的高利润率价格。当然，这并不是说，垄断组织在任何一个场合规定的任何一个价格都包含有高额垄断利润。当垄断集团为了击败非垄断企业并实行吞并的时候，它们可以低价抛售商品，有时甚至以低于成本的价格销售商品，从而使非垄断企业破产。当它们垄断了某种产品的全部生产和销售市场后，它们便规定很高的价格以获取最大限度的垄断利润，于是产生了垄断价格。在这个阶段，垄断价格虽然占统治地位，但并未完全取代生产价格。垄断利润不仅来源于非垄断企业，也来自于对工人、农民、殖民地和落后国家人民的掠夺。垄断价格是帝国主义阶段价格的重心，它是这个阶段价格形成的基础。

四、社会主义市场经济条件下价格形成的基础

经过 30 年的改革开放，我国已经确立了社会主义市场经济体制。社会主义市场经济同样是建立在社会化大生产基础上的商品经济，企业作为相对独立的商品生产者、经营者有着自己独立的经济利益，遵循价值规律、市场供求规律和竞争规律，搞好国家、企业、消费者三方面利益的结合，在国家政策法令约束条件下，通

过满足消费者需要，实现企业利润最大化是企业生产经营的根本目标。各个不同部门、行业的企业都具有要求利润转化为平均利润的动力，致使在各部门内部和各部门之间存在着激烈竞争，使各种社会资源能够在各部门、地区间自由流动，从而使利润平均化有了必要的基础和条件。所以，在社会主义市场经济中同样具备价值转化为生产价格的一般条件。由于在现有条件下，价值还难以直接计算，因此，社会主义条件下价格形成的基础需要借助于理论价格。所谓理论价格是相对于实际价格而言的，它是商品价值在观念上的货币表现，是按照马克思主义价格形成理论和价值理论，结合我国的具体情况，以线性规划的方法，通过编制、设计价格形成的数学模型、运用现代计算技术所制定出来的反映价值转化形态的一种测算性质的价格。但是，它并不等于商品价值或其转化形态，也不等于现行价格，而只是个近似值。作为观念上的价格，它不执行实际经济生活中现行价格的职能。人们可以根据需要，排除供求、国家经济政策及其他人为因素的影响，力求使价格比较客观地反映价值，因此，理论价格是一种比较接近价值或其转化形态的测算价格。它是制定价格和衡量价格水平的基础，是一种"基础价格"，它可以排除现行价格的不合理因素，从价值形态上来计算和反映国民经济的比例关系，计算和比较企业和部门及社会的经济效益，比较基本建设的投资效果，比较进出口贸易的经济效益，还可在建设项目前期的可行性研究中，作为对建设项目进行国民经济评价的核算手段。总之，理论价格是衡量实际价格和现行价格合理程度的标准，它为价格管理决策提供信息，为有计划地制定和调整各类商品价格、编制价格长期计划以及确定价格体系合理化的目标提供比较科学的依据。

在社会主义条件下，价格形成基础究竟应当是什么呢？理论界对此进行了长期的探讨，至今仍未有统一的意见。各种学派往往以某一种原则来反对另一种原则，下面，我们试图用价格形成的规律性，对几种有代表性的观点进行初步评述。

（一）价值价格论

价值价格论者认为，根据马克思的劳动价值理论，在准确地按照不同部门的劳动消耗确定基本工资的基础上，应依照社会平均工资盈利率来确定商品的价格。其计算公式是：

$$商品价格 = \frac{该商品的社}{会平均成本} + \frac{平均耗费}{工资数} \times \frac{社会平均工}{资盈利率}$$

$$或\ P = C + V + V\frac{\sum M}{\sum V}$$

在价值价格论者看来，工资反映商品生产中的活劳动耗费。以剩余产品价值对工资的平均比率作为计算盈利的依据，从价值决定的角度来看，这种价格最接近于商品的价值，能较好地反映社会必要劳动量的消耗。在现实经济生活中，人们还可以利用工资盈利率和活劳动的联系，进一步探讨节约活劳动消耗和提高经济效益的途径。因而在生产领域有助于经济核算，在流通领域有助于实现等价交换的原则。此外，按平均工资盈利率定价，还有助于反映国民收入初次分配中工资和盈利的关系，对正确处理工资和价格的关系也大有裨益。

但是，价值价格论在实践中碰到了许多解释不清的地方。首先，价值价格论者忽视了社会主义条件下实行的是有折扣的按劳分配，从而否定了价值转型的可能性。因为在个人消费品的最初分配之前，必须进行马克思所说的各项扣除，劳动者只要付出等量劳动，就能取得等量报酬，价值转型不存在对他人劳动成果的无偿占有，也不会造成劳动者的劳动报酬与所购买的消费品的非等价问题。因为当价值发生转型时，劳动者的货币收入与购买的消费品价格中所体现的价值形态的尺度是一致的，因而也就不存在非等价交换问题。其次，价值价格论者忽视了社会主义生产的扩大再生产性质，从而否定了价值转型的必要性。社会主义生产是规模扩大的再生产。由于生产的物质体系所决定的各个部门的资金占有量与资本有机构成不同，为保证国民经济的协调发展，剩余产品价值的积累就不能按各个生产部门创造的部分进行，而必须按照不同部门的资金占用份额进行投入，否则，各个部门劳动者的利益都会受到损害。当然，在社会主义条件下，国家可以依靠行政命令实行剩余产品价值的转移投资。但是，我国实行计划经济多年的实践已经否定了这一点。最后，价值价格论者还忽略了社会主义公有制、社会化大生产和商品经济三者之间的本质联系，忽视了社会主义商品生产是现代货币信用制度下的商品生产，因而错误地估计了生产耗费。在他们看来，产品生产成本只包括 $C+V$ 两部分。实际上，在现代货币信用制度下，利息应成为产品成本的重要组成部分。即使是世界上最大的财团，也不可能完全依靠自有资金进行生产，这个观点已被无数事实所证明。在我国社会主义市场经济条件下，仅仅是因为外债的客观存在，就使得利息应成为社会主义生产耗费的真实组成部分，何况事实上劳动者之间还存在物质利益的差别。

（二）生产价格论

生产价格论者认为，社会主义生产是一种社会化大生产，竞争在社会主义条件下也客观存在并起着作用，因此，利润存在平均化的趋势。社会主义商品的基础价格应在社会平均成本的基础上，加上按社会平均资金盈利率计算的盈利来制定。用公式表示就是：

$$商品价格 = \frac{产品的}{社会成本} + \frac{产品平均}{占用资金} \times \frac{社会平均资}{金盈利率}$$

$$或\ P = C + V + h\frac{\sum M}{\sum H}$$

生产价格理论提出的历史意义不容低估。首先，它的锋芒是直接指向"大锅饭"这个旧体制的；其次，生产价格以利润率的平均化为前提，已经隐含了企业作为社会主义经济活动主体的地位和发挥市场机制作用的意识。

但是，生产价格理论发展的曲折过程，使它不能成为社会主义的价格形成基础。首先，生产价格并非生产社会化的必然产物。因为在大工业出现之前，平均利润和生产价格就已经在局部范围内产生。其次，认为实行生产价格是为了承认资本有机构成高的部门的作用，缺乏许多必要的逻辑中介。因为一方面，资本有机构成高并不一定等同于技术装备程度高，它受制于不同部门的物质生产特点所决定的资金配置和周转速度；另一方面，技术装备程度高的部门对国民经济其他部门的影响，只是说明了不同部门之间的相互依赖，而没有说明谁重要。最后，竞争不是价值转化为生产价格的原因。它至多只是说明了在资本主义条件下，价值是如何转化为生产价格的。要说明这种转化的原因，必须从生产资料所有制关系中去寻找。生产价格论的问题恰恰在于，它忽略了社会主义经济主体的变化以及这种变化对于价格运动和价值转型的影响。因为商品生产的基本法则是通过生产的利润均衡来达到生产物质体系的自然平衡，即资源的最优配置。这是价值规律分配社会总劳动时间的重要途径，也是价格形成的均衡点。如前所述，在小商品生产条件下，由等价交换达到了小生产者利益和社会生产与分工的均衡。在资本主义条件下，资本追逐利润的盲目动机使得剩余价值在各个部门之间强制性转移，其结果是在生产价格上达到资本利益和部门比例相对均衡。社会主义条件下的经济活动主体显然不是人格化的资本，它也不可能有等量资金取得等量利润的客观要求。所以，生产价格不是社会主义商品生产的均衡点，也不是社会主义价格波动的中心。

（三）双渠价格论

双渠价格论者认为，根据马克思的劳动价值理论，在价格的逻辑形成中，可以加入与特殊的社会主义生产关系相联系的、有价值再分配的因素，使价值发生转型。价值的这种新的转化形式叫双渠价格。由于在劳动的三个要素中，劳动者的劳动报酬表现为工资，劳动手段和劳动对象在价值形态上表现为资金，因此，双渠价格又称为劳动要素价格，按工资和资金复合盈利率定价又称按劳动要素盈利率定价。它用公式表示是：

商品价格＝商品的社会成本+平均耗费工资数×社会平均工资盈利率×按工资分配盈利的比例+平均占用资金量×社会平均资金盈利率×按资金分配盈利的比例

$$或\ P = C + V + V \cdot \frac{\sum M}{\sum H} \cdot A + h \cdot \frac{\sum M}{\sum H} \cdot B$$

式中：$A+B=1$，A 和 B 分别代表按工资和资金分配盈利的比例。它可以根据不同时期的实际情况，如劳动力使用的多少、资金占用的规模等来综合考虑。

双渠价格论者试图解决分别以工资盈利率和资金盈利率分配盈利的缺陷。他们认为按劳动要素计算盈利率，能比较全面地反映劳动者和生产资料在生产中和价格形成中的作用，因而能兼有价值价格与生产价格的长处，并能避其短处，适合于社会主义客观经济条件。更重要的是，双渠价格论者认为，在社会主义条件下，经济活动的主体已经发生了变化，劳动者已经成为社会主义条件下的经济主体。实现劳动者经济利益的平衡，也就成为社会主义价格形成的内在要求（这也正是双渠价格的进步所在）。这就要求劳动者不论把他的劳动投入哪个部门，在付出等量劳动的情况下，他都能够得到等量的劳动收入。双渠价格论者认为，它能通过人均留利的均衡来实现人均收入的均衡。

但是，双渠价格论无论是在理论上，还是在实践中，都存在一些解释不清的地方。首先，双渠价格不能称做价值的转化形式。因为价值及其转化形式是个客观范畴，人们只能认识它、揭示它，而决不能改造甚至创造它。社会主义制度没有、也不可能给我们一只"万能的手"去人为地实现价值转型。既然双渠价格不是由市场自发形成的，而是人为的，它就不能成为社会主义价格波动的中心，就不是价值的转化形式。其次，双渠价格论在论证时自相矛盾，论据并不充分。双渠价格论面对现实，认为在社会主义条件下存在价值转移，并存在所谓的利润平均化趋势。从这一点出发，它用生产价格理论批判了价值价格理论；但是在怎样转型的问题上，则用价值价格理论批判了生产价格理论。这样，就难免在论据上出现自我矛盾的地方。最后，双渠价格理论关于它能惟一地使不同部门和企业的留利均等的结论值得推敲。因为一方面，用既定的双渠交税和留利的计算去否定单纯按工资或资金计算的价格，这在逻辑上是说不通的。另一方面，双渠价格要达到留利的均等，只有在实际生活中按工资和资金缴纳的盈利与留成，正好和当初制定价格时双渠分配盈利的比例相等时才能成立；或者说，只有社会的资本有机构成，正好和按工资与资金分配盈利的比例一致时才能成立。显然，现实经济运动中不存在这种静态均等的条件。

社会主义市场经济条件下的价格形成基础，需要我们在以下几个方面继续深入研究：社会主义条件下经济活动的主体是谁，是一个还是多个；各个经济主体的利益要求在商品交换中通过什么样的机制达到均衡；这种均衡机制在计划价格（政府定价和政府指导价）和市场调节价格的场合是否应同等对待等。

第二节　货币价值对价格形成的决定作用

一、价格是货币价值的倒影

商品价格是价值的货币表现，是商品同货币的交换比例的指数。因此，价格水平的高低取决于两个方面的内在因素，一方面取决于商品价值量的大小，另一方面取决于货币价值量的大小。价格是一个二元函数，商品价格与商品价值量成正比例，与货币价值量成反比例，价格水平是以商品价值量、货币价值量为自变量的二元函数。当商品价值不变时，货币价值降低，商品价格就普遍上涨；反之，货币价值升高，商品价格就普遍跌落。

当把黄金或白银作为流通手段时，其数量依存于商品价格，因为金银本身具有价值，流通中的金银数量可以通过本身的储藏或回笼，来自动适应商品流通的需要，金银价值的变化会直接引起商品价格的涨落。在纸币流通的情况下，由于纸币本身没有价值，它只是国家强制发行的价值符号，具有代替金银执行流通手段的职能，离开了作为流通手段的职能，就成了一文不值废纸。所以，纸币不会像金属货币那样，通过自动进出流通领域的数量增减来适应商品流通的需要，而只能通过纸币所代表的价值变动来适应商品流通的需要。因此，纸币流通的规律是以金属货币流通规律为基础的。金属货币流通规律是：

$$一定时期内流通中所需要的货币量 = \frac{商品价格总额}{货币流通次数}$$

其中商品价格总额又取决于待售的商品数量和商品价格水平两个因素。商品总量不变时，商品价格水平越高，所需的货币量越多；商品价格水平不变时，商品总量越大，所需的货币量越多。可见，流通中所需的货币量与商品总量和单价成正比例关系。货币流通次数又叫货币流通速度，即同一单位货币在一定时期内转手购买商品的次数，在价格总额不变的情况下，次数越多，流通中所需的货币量越少。上述货币流通规律，如果稍作变化，可以得出下列公式：

$$价格水平 = \frac{货币流通数量 \times 货币流通速度}{商品可供量}$$

上述公式表明，商品价格水平与商品可供量成反比例关系。也就是说，在商品价值既定的情况下，价格水平随着货币数量的增多而上升；随着货币流通速度的加快而上升；随着商品可供量的增多而下降。这是不以人的意志为转移的客观经济规律。

总之，商品价格与货币价值是不同的两面，价格是货币价值的倒影，两者互为表里。在其他条件不变的情况下，价格上涨，就是货币贬值；价格下降，就是货币升值；价格稳定，就是货币价值稳定。影响商品价格的内在因素，除了商品价值外，还有货币价值。货币价值的变化，会使所有商品价格朝着同一个方向变动，从而引起价格总水平的变化。要保持价格总水平的相对稳定，一方面要发展生产，增加有效供给；另一方面，要通过掌握货币价值的变动，即通过控制货币的适度投放量进行调节。

二、正确处理货币价值与价格的关系

在现实经济生活中，纸币流通是为商品流通服务的，而商品流通是纸币流通的基础。流通中商品价格总额决定着流通中所需的纸币流通量，要控制价格水平，必须正确处理货币价值与价格的关系：

(一) 要坚持纸币的经济发行，一般不搞财政发行

经济发行是指根据商品流通需要所增加的货币发行，它作为信贷资金的来源，随着商品的增长而增长。只要社会再生产还在进行，商品总量总是不断增长的，纸币的经济发行量每次都要在原来的基础上有所增加。

所谓财政发行则是指国家为了弥补财政赤字而增加的货币发行。在资金上它是无收入的空投放，它不代表相应的实物，发行后往往难以收回，最终会造成物价上涨。

根据中华人民共和国成立后的历史经验和反复测算的金融原则，市场上纸币流通量与社会商品价格总额之间应保持一个适度的比例。纸币流通量和发行量要与商品流通量相适应，要随着生产量和商品流通量的增加而相应地增加货币发行，同时，纸币流通量与商品可供量之间也应保持一个合理的比例。

(二) 当出现了纸币超量发行后，要正确处理价格与纸币流通量的关系

在现实经济生活中，由于各种主观和客观因素的影响，经常会出现纸币流通量超过商品流通需要量的情况，即社会购买力会超过商品可供量。这时，就不能让价格跟着货币流通量增长而上涨，而应该采取一些积极措施来控制价格水平。这些积极措施包括：①增加生产、增加市场供给；②挖掘库存；③压缩基本建设战线；④控制社会集团购买力；⑤提高银行存款利率；⑥发行国债；⑦运用行政、法律手段（如开展物价、税收大检查）控制价格水平；⑧控制货款；⑨动用黄金外汇储备进口一些物资等。20 世纪 80 年代后期至 20 世纪 90 年代中后期的十余年中，我国一直采取的是适度从紧的货币政策，一直强调"从紧掌握信贷、从严控制信贷规模和货币发行、严格进行金融宏观调控"的金融信贷政策，其原因在于当时经济高速增长中潜伏着过热的因素，通货膨胀的压力明显增大。1998 年以后我国经济生活中的一个重要现象，就是物价水平总体呈持续下跌趋势，为此，我国开始实行适当的货币政策，即在控制贷款条件、防范金融风险的基础上，适当增加货币供应量的政策。货币政策是中央银行采用各种工具调节货币供求，以实现宏观经济调控目标的方针和策略的总称。它调节的对象是货币供应量。从适度从紧的货币政策到适当的货币政策，其实质是在坚持中长期适度从紧货币政策的前提下，根据不同年份经济增长和物价水平变化的需要以及宏观经济调控目标而采取的货币政策。在适度从紧的货币政策下，中央银行必须控制基础货币的投放，从而控制贷款和货币供应量的过度增长，防止和抑制通货膨胀。在适当的货币政策下，中央银行所面临的任务有所不同，它既要坚持信贷原则，保证贷款质量，又要采取更加灵活的措施，保持必要的基础货币的投放，适当增加货币供应量，以避免出现通货紧缩。实施适当的货币政策，意味着首先要支持扩大再生产的需求，支持有市场、有效益的企业生产所需要的流动资金，特别是要促进企业开拓新的产品，提高产品的质量和档次；其次，要下工夫支持扩大消费需求，1999年以来，金融机构陆续开办了住房、汽车、消费贷款业务，在一定程度上满足了人民的消费意愿，从整体上来看，今后还需进一步扩大消费信贷范围，延长贷款期限，降低贷款利率，简化手续，降低收费标准；最后，要努力支持扩大出口需求，在我国加入WTO后，应充分利用信贷、信用证等多种形式，支持外贸企业扩大出口，优化出口商品结构，提高出口商品档次。总之，实行适当的货币政策，保持对经济增长必要的支持力度，是实现经济发展目标的必要条件。

（三）当出现经济下滑情况时，要采取积极的财政政策和适度宽松的货币政策

2008年受美国次贷危机引发的全球性金融危机的影响，国际经济环境复杂严峻，世界经济增长减缓，金融动荡，国际粮食、石油等初级产品价格波动加剧。国内经济运行中制约农业生产和农民增收的因素较多，对面临的困难和问题，我们决不能掉以轻心。在此局势下，2008年宏观调控的首要任务是防止经济增长由偏快转为过热，防止价格由结构性的上涨演变为明显的通货膨胀。为此，我们要进一步统一思想，切实把"双防"放在突出重要的位置，认真落实中央关于宏观调控的各项政策措施，要坚持实施稳定的财政政策和适度宽松的货币政策。在此前提下，国家着力部署了多项扩大内需、促进经济平稳增长的措施。仅2008年9月至12月，在不到4个月的时间内，银行就先后5次降低了银行利率，以减少金融危机带来的损失。尽管我们面临不少困难，但我国国内需求潜力巨大，金融体系总体稳定，企业面对市场变化的意识较强，全球金融危机带来经济下滑的同时，世界经济调整也为我国加大加快结构升级，引进国外先进技术和人才带来了新的机遇，只要我们采取正确的政策措施，把握机遇，应对挑战，就一定能够保持经济平稳较快发展。

第三节　市场供求关系对价格形成的影响

价值在生产领域中形成，必须在流通领域中得到实现。在商品经济条件下，价格的形成必然与市场的供求紧密相关。现代市场经济发展表明，市场价格的形成和市场价格水平的波动，在相当程度上取决于市场供求状况以及供求关系的变化。

一、供求的含义与均衡价格

（一）供给价格

1. 供给和供给量

所谓供给，通常是指生产者在一定的价格水平下能够提供给市场的产品量。供给要成为现实的供给，必须同时具备两个基本条件：一是有出售的意愿；二是有供

应的能力。这就是说，供给是在一定时间内能够提供给市场的产品量。它基本上是已经生产出来的产品量（如生产者有出售意愿的话）。但二者之间并不能简单地画等号。

供给量是指生产某种商品的所有企业愿意出售的总数量。这里需要注意的是：第一，供给量是生产经营者愿意出售的商品数量，而不是实际出售的商品数量；第二，供给量也是生产经营者能够出售的商品数量，是一种有效供给；第三，供给量是一种流量，它与某一个特定时期相联系；第四，供给量是指某一个市场、某一个价格水平上的供给总量，而不是个别的供给量。

在一般情况下，供给量主要由企业的经营目标与价格目标、企业生产技术状况、商品自身的价格及相关商品的价格、生产要素的价格与供给状况等因素决定。

2. 供给价格

所谓供给价格，是指生产经营者为提供一定数量的商品所愿意接受的最低价格。它是由生产一定数量的商品所支付的边际成本决定的。所谓边际成本，是指生产经营者增加一个单位产品量所支付的追加成本。在一般情况下，商品的边际成本是随着商品量的增加而增加的。这使得供给价格也随商品量的增加而增加。就是说，对应不同的商品量，相应的有不同的供给价格。

在一般情况下，供给随着价格的上升而增加，随着价格的降低而减少，这就是供给规律。

3. 供给表和供给曲线

为了了解商品供给价格与供给量之间的关系，我们把某一个特定时刻的供给价格与生产经营者愿意、并能够供给的商品量之间的关系用一个表来表示。这种表就称为供给表（见表2-1）。

表2-1　　　　　　　　　　　　　　**供 给 表**

价格	1	2	3	4	5	6	7
数量	0	1	2	3	4	5	6

如果我们根据供给表中的数据在坐标图中描绘出一条曲线，该曲线就称为供给曲线（见图2-1）。

图2-1中，纵轴 OP 代表价格，横轴 OQ 代表数量，"S"代表供给曲线。

供给表和供给曲线表明的是供给规律的内容：供给价格和供给数量存在着正向变动的关系。供给规律表现在供给曲线上，是一条向右上方延伸的曲线。

（二）需求价格

1. 需求和需求量

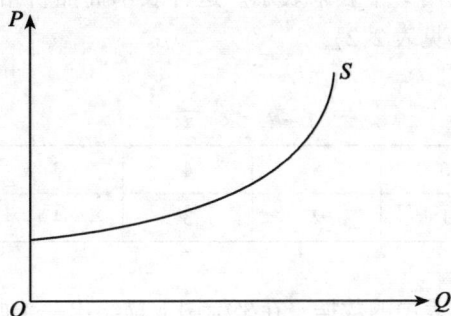

图 2-1　供给曲线

需求是指消费者在一定的价格水平下愿意、并且能够购买的某种商品的数量。同供给一样，需求的成立也必须同时具备两个基本条件：一是有购买的意愿；二是有购买的能力，两者缺一不可。这意味着需求并不等同于人们现实生活中的需要，也不是其他条件变化后引发的新的需求。

需求量则是指所有消费者在某一个价格水平下愿意购买的某一种商品的总量。这里需要注意的是：第一，需求量是消费者愿意购买的商品数量，它与消费者实际购买的数量不同；第二，需求量是消费者有支付能力的商品数量，是一种有效需求量；第三，需求量也是一种流量，它与某一个特定时期相联系；第四，需求量是指市场上对商品的需求总量，而不是个别的需求量。

决定需求量的因素有很多，包括经济、政治、历史、文化等多方面的因素。从价格理论的角度来讲，决定需求量的因素主要有：商品自身的价格、消费者的平均收入水平、消费者的心理偏好、相关商品的价格、社会人口数量和收入分配情况等。

2. 需求价格

需求价格是指消费者为购买一定量商品所愿意支付的最高价格。在西方经济学中，一般认为需求价格取决于一定数量的商品对消费者的边际效用。对消费者来讲，效用是他消费某一种物品所得到的满足。边际效用是指消费者主观心理上感受到的、他所消费的某一种物品中最后一个单位产品的效用。一般也是该物品一系列递减效用中的最小效用。由于物品对消费者的边际效用一般随着物品的增加而减少，因此，需求价格也是随着商品量的增加而下降的。就是说，对应不同的商品量，相应的有不同的需求价格。

一般来说，需求与价格呈反方向运动：价格上升，需求减少；价格降低，需求增加，这就是需求规律。

3. 需求表和需求曲线

为了了解消费者对某一种商品的需求情况，我们可以把消费者在不同的价格水平下对该商品的需求量用一个表来表示。这种表示商品价格与需求量之间关系的表，我们称为需求表（见表2-2）。

表2-2　　　　　　　　　　　　　　需 求 表

价格	7	6	5	4	3	2	1
数量	0	1	2	3	4	5	6

如果我们根据需求表中的数据，在坐标图上描绘出一条曲线，该曲线就称为需求曲线（见图2-2）。

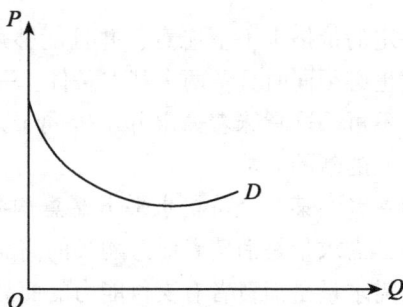

图2-2　需求曲线

图2-2中：纵轴 OP 代表价格，横轴 OQ 代表数量，"D"代表需求曲线。

需求曲线同需求表一样，反映了需求规律的内容，即需求量与价格呈反方向运动。因此，在坐标图上，需求曲线总是表现为一条向右下方倾斜的曲线。这个重要性质被称为需求曲线向下倾斜规律。

（三）均衡价格

1. 均衡价格含义

在供给价格和需求价格的基础上，英国经济学家马歇尔提出了均衡价格理论。经济学中的均衡有两层含义：一是指经济体系中变动的各种力量暂时处于一种稳定状态；二是指经济分析方法，即在一定的前提条件下，分析、考察经济中各个变量的相互关系。均衡价格则是指一种商品的供给和需求处于均衡状态时所形成的，在没有外部力量影响时不会自行变动的价格。也就是说，它是一种商品的供给价格与需求价格一致时的价格，是买主和卖主都愿意接受的价格。在图形上均衡价格是由供给曲线（S）和需求曲线（D）直接决定的。两条曲线的交点 e 决定了均衡价格 P_0 和均衡数量 Q_0（见图2-3）。

2. 均衡价格的形成

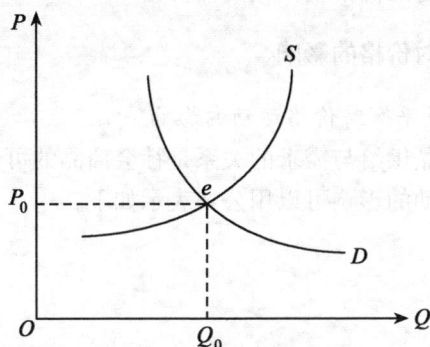

图 2-3　均衡价格

均衡价格是经过市场供求双方的相互作用和自发调节而形成的。这里我们将表 2-1 和表 2-2 结合起来，分析供给量和需求量是如何决定商品价格的（见表 2-3）。

表 2-3　　　　　　　　　　　　均衡价格形成表

价格	1	2	3	4	5	6	7
供给量	0	1	2	3	4	5	6
需求量	6	5	4	3	2	1	0
供求关系（需求量与供给量）	6	4	2	0	-2	-4	-6

从表 2-3 中可以看出：只有在价格为 4 时，需求量才与供给量相等，这个价格叫做均衡价格。价格小于 4 时，需求过多，需求量不同程度地超过供给量；价格大于 4 时，有效需求不足，供给量不同程度地超过需求量，供给明显过多。

供求关系究竟是如何决定商品价格的呢？

首先，我们看到，如果市场价格为 1，这时供给量为 0，需求量为 6，有效供给明显不足，买者根本买不到东西。于是就会出现抬价争购的情况，从而造成一种价格向上的压力，促使价格上升，直到需求能得到满足为止。

其次，如果价格为 7，这时需求量为 0，供给量为 6，有效需求明显不足，供给明显过剩。这时存在一种较强的降价压力，从而迫使卖者降价竞销，直到产品能全部卖出为止。

上述两种运动的结果，在商品价格为 4 时达到暂时的平衡。这时，供给量和需求量都为 3，买卖双方都得到了满足。商品价格既不存在下降的压力，也不存在上涨的压力，这个暂时稳定的价格就叫做均衡价格。

二、市场供求关系对价格的影响

（一）宏观供求总量平衡对价格运动的影响

从宏观上来讲，商品供给与需求的关系是社会商品的可供量与社会购买力之间的关系。它们对价格运动的影响可以用公式表示如下：

$$MV = PQ$$

$$P = \frac{MV}{Q}$$

式中："P"表示价格水平，"M"代表流通中的货币量，"V"代表同名货币的流通速度，"Q"代表社会商品的可供量。

借助恒等式，我们可以看出：

1. 如果 V 和 Q 不变，M 和 P 成正比例变动。因此，如何有效控制流通中的货币量，使其与流通中的需要量相适应，就成了稳定价格水平的重要条件。

2. 在 M、Q 不变的情况下，V 和 P 也成正比例变动。

3. 在 M、V 不变情况下，P 和 Q 成反比例变动。这样，如何增加产品的有效供给总量，就成了稳定价格水平的关键。

4. 由于在一定的时期内，货币流通速度 V 是一个相对固定不变的量，因此，M 和 Q 同方向、同幅度变化时，商品价格水平 P 仍保持不变。这就是说，在纸币流通的情况下，坚持纸币的经济发行，是稳定价格水平的重要条件。

（二）供求结构平衡对价格形成的影响

从时间上区分，供求的结构平衡包括长期平衡和短期平衡。从短期来看，由于生产规模既定，在生产量已经接近生产能力极限的情况下，无论价格多高，生产经营者一般都无法调整已形成的供给量。在这种情况下，市场价格完全取决于需求状况，也就是说，需求在平衡中起主要作用。这时可以通过价格的变动，使需求适应供给，从而形成暂时性的供求平衡。这种平衡如果是在供不应求的情况下实现的，则市场价格高于其价值基础；反之，如果是在供过于求的市场上实现的，则商品的成交价格低于其价值基础。

从长期来看，商品供求关系对市场价格的影响表现为另一种形态。因为从长期来讲，生产者可以调整既定的生产规模并变更劳动生产率，使供给在平衡中起主要作用。这时供求关系对市场价格的影响，主要是通过以下三个途径实现的：

1. 供不应求时，市场价值由劣等条件的个别价值决定

如果需求非常强烈，即需求超过通常的需求或者供给低于通常的供给时，市场价格会上升。而市场价格的上升会引起优、中、劣等企业及其产量的比重变化，使中等、特别是劣等条件的企业大量涌入该产品的生产。以致在较坏条件下生产的那

一部分商品构成一个相当大的量，也就是说，劣等条件下生产商品的个别价值，决定着市场价值的高低。

2. 供过于求时，市场价值由优等条件的个别价值决定

如果需求特别疲软，即供给超过通常的供给或者需求低于通常的需求时，市场价格会下跌。当市场上某一种商品的供给量大于这种商品按中等的市场价值可以找到销路的量时，劣等条件的企业会首先退出该商品的生产，从而使生产企业出现新的排列组合，市场价值就由在最好条件下生产的那部分商品来调节，优等条件下生产商品的个别价值，决定着市场价值的高低。

3. 供求平衡时，市场价值由中等条件的个别价值决定

如果供求平衡，即供求关系不仅在总量上，而且更重要的是在结构上也是平衡的，这时，供求关系对价格形成几乎不发生影响，商品的市场价值就会由中等条件下生产的商品的价值来决定。

（三）供求与价格的相互关系

1. 供求调节着市场价格

价格运动以供求关系为核心，供求运动支配着价格运动，供求调节着市场价格。

2. 价格运动调节着供求关系

在市场经济条件下，价格是生产和消费的指示器与调节器。一般来说，市场价格的变动会引起生产和消费的变动，进而引起供给和需求的变动。在一般情况下，市场价格提高，供给量会增加，需求量会减少，供求关系会朝着供求平衡或供过于求的方向发展；反之，价格降低，需求量会增加，供给则减少，供求关系会朝着供求平衡或供不应求的方向发展。

3. 供求与价格的相互作用的轴心是商品的市场价值

从根本上来讲，供求与价格的相互作用的运动，是由商品的市场价值决定的。尽管从短期或形式上来看，当某时、某地、某种商品的供给或需求条件发生变化时，会引起供给量与需求量发生变化，出现市场价格上涨或下降的现象，从而引起市场价格与市场价值的偏离。但是，从长期或本质来看，各种同市场价值偏离的市场价格会平均化为市场价值，从而使市场价格同市场价值的偏离部分作为正负数互相抵消，使市场价格趋近于市场价值。市场价值决定着价格和供求的运动。

三、价格弹性理论

价格弹性理论也是由英国经济学家马歇尔系统地提出的，这是西方经济学价格理论的重要组成部分。在我国社会主义市场经济条件下，它已得到了广泛应用。

弹性也指反映性。马克思称之为伸缩性。价格弹性也称价格供需弹性，它反映供给量和需求量对价格信息的敏感度。

（一）需求弹性

所谓需求弹性，是指需求量对价格或收入变动的反应程度。一般包括需求价格弹性、需求收入弹性和交叉价格弹性这三种弹性。

1. 需求的价格弹性

需求的价格弹性有时也简称需求弹性，是指需求量对价格变化反应的灵敏度。我们一般用需求弹性系数的大小来表示这种灵敏度的高低。马歇尔最早提出的需求弹性概念为"数量的相对变动对价格的相对变动之比"。令 Ed 代表需求价格弹性系数，则：

Ed＝数量的相对变动/价格的相对变动

亦即 $Ed = \dfrac{\Delta Q}{Q} \Big/ \dfrac{\Delta P}{P}$

显然，这是一个反映弹性概念的公式。但在计算需求弹性时，未能规定出需求量 Q 和价格 P 的基期问题，因而在实践中还有待进一步研究。

到目前为止，普遍使用的需求弹性系数公式有两种。一是由美国经济学家劳埃德·雷诺兹提出的百分比公式：

Ed＝需求量变动的百分比/价格变动的百分比

这里的需求量和价格都是以变动前的量为基期，即：

$$Ed = \frac{\Delta Q}{Q} \Big/ \frac{\Delta P}{P} = \frac{Q_1 - Q_0}{Q_0} \Big/ \frac{P_1 - P_0}{P_0}$$

由于价格和需求量是呈反方向运动的，所以，需求弹性系数总为负值。在实际应用时，为了方便计算，我们一般取其绝对值。

在另外一些经济学家如萨缪尔森看来，百分比总有一些含糊不清的地方。"百分比"公式在实践中遇到了一些解释不清的地方。例如，$Ed = 1$，设猪肉的销售价为 2 元时，其需求量为 1 000 单位，当价格上升到 4 元时，我们用百分比公式求得 $Q_1 = 0$，这个结论显然是荒谬的。再如，某种商品的价格由 10 元降到 8 元时，需求量由 1 单位增加到 3 单位，$Ed = 10$；反之，当价格由 8 元上涨到 10 元，需求量由 3 单位降到 1 单位时，$Ed = 2\frac{2}{3}$。这样看来，本应是同一个绝对值的弹性系数，利用百分比公式竟得出了相差悬殊的结果。萨缪尔森等人据此提出了一个补救办法，即取价格和数量的平均数，这样在弧的中点来测定弹性系数。这就是所谓弧弹性公式或中位数公式：

$$Ed = \frac{\Delta Q}{\frac{1}{2}(Q_1 + Q_0)} \Big/ \frac{\Delta P}{\frac{1}{2}(P_1 + P_0)} = \frac{Q_1 - Q_0}{\frac{1}{2}(Q_1 + Q_0)} \Big/ \frac{P_1 - P_0}{\frac{1}{2}(P_1 + P_0)}$$

显然，公式里的 1/2 可以通约，但放在这里是为了强调利用数量和价格的平均数这一个事实。无论价格是涨还是跌，弹性系数是相同的。这个公式能较好地解决百分比公式中存在的问题。

对于不同的商品来讲，需求量对价格变动的反应程度大小是不同的。因此，我们可以根据弹性系数的大小作如下区分：

需求完全无弹性，即 $Ed \to 0$。在这种情况下，无论价格如何变动，需求量都保持不变。

需求单位弹性，也称单一弹性，即 $Ed = 1$。在这种情况下，需求量变动的幅度与价格变动的幅度相等，只是方向相反。

需求完全富有弹性，即 $Ed \to \infty$。在这种情况下，价格只要稍作改变，需求量就会无限放大。

严格来说，上述三种情形都只是理论上的一种假设，在现实生活中的绝大多数商品的需求弹性属于以下两种情形：

需求缺乏弹性，即 $0 < Ed < 1$。在这种情况下，需求量变动的幅度小于价格变动的幅度。例如，现实生活中的生活必需品就属于这种类型。

需求富有弹性，即 $Ed > 1$。在这种情况下，需求量变动的幅度大于价格变动的幅度。例如，现实生活中的高档商品、奢侈品就属于这种类型。

在实践中，人们除了运用公式计算弹性系数的大小以外，还可以根据经验，从商品对人们生活的重要程度，商品自身用途的广泛性和可替代程度、某种商品支出在消费者总支出中的比重的大小及商品社会拥有量的饱和程度等方面，估算弹性系数的大小。

2. 需求的收入弹性

需求的收入弹性是指需求量变动对于收入变动的反应程度。它是用收入弹性系数的大小来表示这种反应程度的。如果我们用 Ei 代表需求的收入弹性，I 代表收入，ΔI 代表收入的增量，则：

Ei = 需求量变动的百分比 / 收入变动的百分比

$$= \frac{\Delta Q}{Q} \Big/ \frac{\Delta I}{I}$$

在这里，因为收入与需求量变化方向相同，所以，Ei 一般为正值。需求的收入弹性可以分为如下几种类型：

$Ei < 0$，表明收入高时买的少，收入低时买的多。这种商品多属于低档商品。

$Ei \to 0$，表明不管收入如何变动，商品的需求量始终保持不变。基本生活必需品如食盐可以划归于这种类型。

$0 < Ei < 1$，表明收入弹性低，即需求数量的相应增加小于收入的提高幅度。

$Ei = 1$，表明收入和需求量成等比例变动。

$Ei > 1$，表明收入弹性高，即需求数量的相应增加大于收入的提高幅度。

3. 需求的交叉价格弹性

需求的交叉价格弹性是指需求量变动对相关商品价格变动的反应程度。这种反应程度的大小一般是用需求交叉弹性系数的大小来表示的。

如果我们用 Ec 代表交叉价格弹性系数，则：

$Ec = A$ 商品需求变化的百分比 $/B$ 商品价格变动的百分比

$$= \frac{\Delta Q_A}{Q_A} / \frac{\Delta P_B}{P_B}$$

对于相关性质不同的商品而言，需求交叉弹性系数是不同的。一般来说，替代品的交叉弹性为正数，这里 B 商品的价格会与市场对 A 商品的需求呈同方向运动；而有互补关系的商品的交叉弹性系数为负值，B 商品的价格会与市场对 A 商品的需求呈反方向运动；如果 A 商品和 B 商品互不相关，则交叉弹性系数为 0。

（二）供给弹性

供给弹性，即价格的供给弹性，是指供给量对于价格变动反应的灵敏度。同需求弹性一样，供给弹性也是由供给弹性系数的大小来表示其灵敏度的高低的。

1. 供给弹性系数的计算

同需求弹性系数一样，供给弹性系数也有两种计算方法。如果我们用 Es 代表供给弹性系数，则：

$Es = $ 供给量变动的百分比/价格变动的百分比

即 $Es = \dfrac{\Delta Q}{Q} / \dfrac{\Delta P}{P} = \dfrac{Q_1 - Q_0}{Q_0} / \dfrac{P_1 - P_0}{P_0}$

这就是所谓点弹性公式。供给弹性系数的另一种计算公式是所谓弧弹性公式或中位数公式，即：

$$Es = \frac{\Delta Q}{\frac{1}{2}(Q_1+Q_0)} / \frac{\Delta P}{\frac{1}{2}(P_1+P_0)} = \frac{Q_1-Q_0}{\frac{1}{2}(Q_1+Q_0)} / \frac{P_1-P_0}{\frac{1}{2}(P_1+P_0)}$$

由于价格与供给量呈同方向变化，所以价格的供给弹性系数为正值。

2. 供给弹性的分类

根据供给弹性系数的不同，供给弹性可以分为以下五种情形：

供给完全无弹性，$Es \to 0$。表示无论价格怎么变化，商品的供给量都保持不变。

供给单位弹性或称单一弹性，$Es = 1$。表示供给量与价格同幅度、同方向变动。

供给完全富有弹性，$Es \to \infty$。表示只要价格稍微改变一下，供给量就会无限增大或缩小。

供给富有弹性，$Es > 1$。表示对于价格的细微变化，供给量变动的幅度大于价格变动的幅度。

供给缺乏弹性，$0 < Es < 1$。表示对于商品价格的变化，供给量的反应较迟钝，

供给量的变化幅度小于价格变动的幅度。

3. 决定供给弹性的主要因素

决定供给弹性大小的因素有很多，主要有以下四点：

第一，生产规模扩张的难易即供给量变动的难易程度。如果难度大，则供给弹性小；反之，供给弹性就大。

第二，生产周期的长短。如果生产周期长，则供给弹性小；反之，供给弹性就大。

第三，商品生产成本增量的大小。如果因价格上升而追加生产所引起的成本增量大，则供给弹性小；反之，供给弹性就大。

第四，资源的多少及其替代性的大小。一般来说，如果资源丰富、原材料供应不受限制的商品或生产某种商品的投入品替代程度大，则其供给弹性大；反之，供给弹性就小。

第四节　国家经济政策对价格形成的影响

经济政策是国家或政党为了引导、影响经济活动所制定的行为准则和目标，以及为达到目标所采用的各种措施和手段的总称。完整、有效的经济政策总是由政策目标和政策手段所构成的。在社会主义市场经济条件下，国家的经济政策一般是在人们认识并掌握市场经济规律的基础上，对客观规律的自觉运用。影响价格形成的经济政策主要是价格政策，它可以从宏观和微观两个层次上进行考察。

一、宏观价格政策的影响

价格政策是国家为干预或影响价格形成、控制价格运动的方向和幅度所制定并付诸实施的行为准则与措施的总称。宏观价格政策则是具有整体性和全局性的行为准则和目标，其政策手段主要作用于价格总水平。一般来说，宏观价格政策的目标主要是使价格总水平与经济增长、国民收入分配相适应，防止价格波动造成社会资源分配和使用的低效率，保证社会生产和社会分配的基本稳定，以实现国民经济的持续、协调、稳定地增长。宏观价格政策虽不针对具体的商品价格及其相对价格，但其政策效应影响具体商品价格的形成。这类政策主要有：

（一）保持价格总水平相对稳定的政策

这是我国物价工作的基本方针。所谓稳定物价是指保持市场价格总水平的基本稳定或相对稳定，不发生大幅度的上下波动，特别是关系国计民生的重要商品的价格在一定时期内应相对稳定。在此基础上，对不合理的价格和价格体系，应有计划、有步骤地进行调整和改革。因此，稳定物价政策包括基本稳定和合理调整这两个方面的内容。价格的制定、调整和改革都必须在保持价格总水平基本稳定和相对稳定的前提下进行。

（二）以具有中国特色的社会主义理论体系为指导，坚持市场化改革取向，是价格改革30多年来最基本的经验

邓小平理论、三个代表的重要思想、科学发展观强调了价格改革的必要性、紧迫性以及关键性，明确了价格改革的目的、方向，从改革开放发展的全局对价格改革的路径、方法作出了战略性的部署，从而解决了价格改革的指导思想，使价格改革始终沿着有中国特色的社会主义道路前进，不偏离航行，不走弯路。价格改革始终坚持市场化取向，促使价格体制发生了实质性的转变，做到了真正的转型。

（三）围绕经济社会发展需要，按照经济体制改革部署，与财政、税收、金融、工资、成本等改革协调配套

价格改革是经济体制改革的关键，在实际进行中，经济体制改革的思路决定了价格改革的思路，其路径、方法是完全一致的。在利用价格与财政、税收、金融、工资、成本等经济杠杆时要处理好这些经济杠杆之间的关系，尽可能使它们之间形成一定的合力，从而有利于国民经济持续、快速、健康的发展。

（四）调放结合，先以调为主后以放为主的渐进式改革，有利于价格改革积极稳妥有序进行，实现价格体制平稳过渡

价格改革采取渐进式推进，是因为价格改革是价格领域的一场革命，要冒一定的风险，既没有国外经验可以借鉴，又要避免社会动荡，只能"摸着石头过河"。渐进式改革包括改革目标的阶段性；改革方式的先调后放；改革地区的先沿海后内地，广东、福建及经济特区改革先行后带动全国；改革项目先小商品后重要商品，先商品后服务，先下游产业后基础产业，先消费品后生产资料再生产要素等。

（五）充分考虑各方面承受能力，兼顾各方面利益，取得大多数人的理解、支持，使价格形成和价格改革有利益支撑的动力

价格具有调节分配职能，价格形成和改革通过调放，使价格结构趋向合理，实际上是协调各方面的利益关系。在价格形成和改革过程中，要充分考虑国家财政负担能力、企业消化能力、消费者承受能力，在具体操作时，特别是在价格改革初期，往往成为考虑调放措施是否出台、调放程度多少的主要因素。

二、微观价格政策的影响

微观价格政策是关于局部、具体商品价格的准则和目标，其政策手段作用于某一种商品的价格水平和各种商品的差价和比价。其政策效应是局部的，主要用于结构性调整和改革，其政策手段分为直接性手段和间接性手段。

（一）直接影响价格形成的微观政策

这类政策主要通过行政性手段，直接作用于各类具体商品的价格。它主要有：

1. 国家的产业和资源价格政策

根据国家的产业政策和资源政策，对国家鼓励发展的高新技术产业、新兴产业或资源丰富的产品，价格上应给予鼓励；对于夕阳产业、需限制发展的产业或使用稀缺性资源生产的产品，价格上应给予限制。

2. 农产品价格政策

在我国，农业生产应坚持"决不放松粮食生产，积极发展多种经营"的方针，这要求农产品收购价格的制定首先应保证粮食生产者有合理收益，并以粮价为中心，合理安排农、林、牧、副、渔各个行业产品的价格。

3. 对贫困地区的价格照顾政策

这主要是指对某些农产品收购的最低保护价和某些农村工业品零售的最高限价政策等。

4. 对某些特定商品的价格补贴政策

即使在西方的市场经济国家，价格补贴也是一项重要的价格政策。在我国，对某些重要农产品、重要农业生产资料的价格补贴政策仍将在相当长的时期内存在。

5. 各种商品的具体比价、差价政策、限价政策等

上述政策对价格形成的影响，大部分是通过行政性手段进行的，如由国家直接规定商品的价格、限价或变动幅度等。在这些情况下，商品价格一般会偏离其均衡水平。

（二）间接影响价格形成的微观政策

这类政策主要包括具体的财政政策、货币政策和收入政策等。一般来说，在价格上涨过快的情况下，国家希望通过这些政策的实施来增加供给或抑制需求，从而调整市场供求比例关系，进而影响市场价格的形成。例如，国家可通过对投资规模和结构的调控、选择性信贷和优惠利率以及通过建立调节性库存储备来调剂供求和平抑市场物价等。

除上述因素以外，随着社会主义市场经济体制的逐步确立，市场竞争（详见第五章）、国际市场价格（详见第十一章）、级差地租或收益的分配、消费心理、社会时尚的变化等因素也从不同的方面对价格形成产生了不同程度的影响。将影响价格形成的诸多因素综合起来，我们可以得出以下结论：商品价值是价格形成的内在基础；货币价值是影响价格形成的另一内在因素，它决定了整个市场价格水平和具体商品价格水平的高低；市场供求是影响价格的直接因素，它影响着价格围绕价值基础或价值转化形态上下波动的方向和幅度；竞争状况、国家经济政策、国际市场价格、消费心理、社会时尚等因素则决定了价格与价值的一致或偏离以及价格水平的高低。

本 章 小 结

● 价格形成是指价格按照什么样的规律和方式加以确定。本章围绕价格形成的基础和影响价格形成的因素两个方面进行了具体论述。

● 价格形成的基础是价格运动的轴心和总趋势。要分析价格形成的基础，实际上是要分析价值及其转化形态在价格形成中的作用，从而把握价格运动的一般规律。价格形成基础的经济内容主要是成本的补偿和盈利的分配两个相互联系的内容。

● 历史上价格形成的基础共经历了个别价值、平均价值、市场价值、生产价格、垄断价格五个阶段。价格形成基础的演变具有一定的规律性。

● 社会主义市场经济条件下价格形成基础仍然是生产价格。

● 货币价值是影响价格形成的另一个内在因素。货币价值的变化会使所有商品价格朝着同一个方向变动，从而引起价格总水平的变化。

● 市场供求关系是影响价格形成的直接因素。它直接决定了价格与价值之间的一致或偏离以及价格水平的高低。

● 国家经济政策从宏观和微观两个层次上影响着价格的形成。

复习思考题

1. 什么是价格形成基础的经济内容？
2. 价格形成基础在历史上经历了哪几个阶段？各个阶段的内容是什么？
3. 如何理解社会主义市场经济条件下价格形成的基础？
4. 如何理解供求关系对价格形成的作用？
5. 什么是价格的需求弹性？需求弹性有哪几种表现形式？如何进行需求价格弹性的计算？
6. 什么是价格的供给弹性？影响供给弹性的因素有哪些？
7. 怎样正确理解货币价值和价格之间的关系？
8. 影响价格形成的宏观经济政策有哪些？

第三章 价格构成

学习目的和要求 通过本章的学习，认识价格构成的各个要素及其在各个环节价格中的组成状况；明确价格构成与价值构成的关系；掌握企业生产成本、流通费用、税金、利润的构成及其计算方法；掌握商品理论销售价格的计算方法。

第一节 价格构成与价值构成的关系

既然价格是价值的货币表现，并以价值为基础，那么价格构成就必定是价值构成的货币表现，并以价值构成为基础。所以，研究价格构成必须从研究价值构成入手。

一、价值构成

所谓价值构成，是指构成商品价值的各个组成部分及其在商品价值中的组合情况。

商品的价值是由凝结在商品中的社会必要劳动时间决定的。这个价值先在生产领域中形成，然后在流通领域中得到追加。

在生产过程中，由掌握一定技能的劳动者利用一定的生产工具对劳动对象进行加工。在这一个过程中，产品的生产首先要消耗原材料、辅助材料、燃料和其他物质，并会磨损机器、设备、工具、厂房等。这些生产资料是前人劳动的产品，是已经凝结在产品中的人类一般劳动，因此，它被称为物化劳动。其包含的价值有的是一次性全部转移到新产品中去，有的只是将磨损部分转移到新产品中去，因此，叫做转移价值，通常用英文字母 C 来表示。同时，在生产过程中，劳动者要消耗体力和脑力劳动，这种新投入的活劳动会凝结在新产品中而增加商品的价值量。这部分新增加的价值，在国民收入的分配中可以分解为两个部分：一是必要劳动所创造的价值，也就是维持劳动者及其家庭成员生存和发展所必需的生活资料的价值，通常用英文字母 V 来表示；二是剩余劳动所创造的价值，在资本主义条件下马克思称为剩余价值，在社会主义市场经济条件下，是劳动者为社会新创造的价值，用英文字母 M 来表示。

当商品从生产领域转移到消费领域，为最终实现其价值，需要继续消耗物化劳动和活劳动，如对商品进行包装、运输、保管、挑选、整理等，这是商品生产过程在流通领域里的继续。这部分劳动同样会形成新的价值，并追加到商品中，分为物化劳动价值 C、劳动者为自己劳动所创造的价值 V、劳动者为社会劳动新创造的价值 M。

综上所述，商品价值 W，包括在生产领域和流通领域的三个组成部分：一是已消耗的生产资料转移价值 C；二是劳动者为自己劳动所创造的价值 V；三是劳动者为社会劳动新创造的价值 M。它用公式表示就是：$W=C+V+M$。

二、商品价格构成

商品价格构成是指构成价格的各个要素及其在价格中的组成状况。

在现实生活中，商品种类繁多、规格万千，一种商品从生产领域到消费领域往往要经过几道环节，从而产生几道环节的价格，因此，价格种类之多是可想而知的。不同的价格其具体的构成虽不完全一致，但一般是由四个要素构成的，即生产成本、流通费用、税金和利润。生产成本与流通费用之和称为完全成本，利润与税金之和称为盈利。在正常情况下，商品价格就是生产成本、流通费用、利润和税金四要素之和；在特殊情况下，商品价格构成可以不含税金，甚至不含利润。这种情况除了企业经营原因以外，通常在国家政策干预或企业经营战略与策略需要时发生。例如，国家对某些商品给予免税的优惠、给予财政补贴，企业为把新产品打进市场而采取廉价销售等。各种商品在各个环节上的价格构成可以用表 3-1 来加以概括。

表 3-1　　　　　　　　　　　　　**商品价格构成表**

生产环节					流通环节								增值税	含增值税价格
生产成本	工业利润	农业纯利润	消费税	资源税	农业税	产地批发环节		销地批发环节		零售环节			生产环节销售产品增值税	含税工业品出厂价
						流通费用	批发利润	流通费用	批发利润	流通费用	零售费用			
	生产者价格					进销差价							批发环节增值税	含税批发价格
	产地商业批发价							地区差价						
	销地商品批发价									批零差价			零售环节增值税	含税零售价格
	零售价格													

注：① 应税消费品生产者价格构成中有消费税；

② 矿产品和盐的生产者价格构成中有资源税；

③ 农产品生产者价格构成中有农业税；

④ "含税价格" 中的 "税" 通常是指增值税。

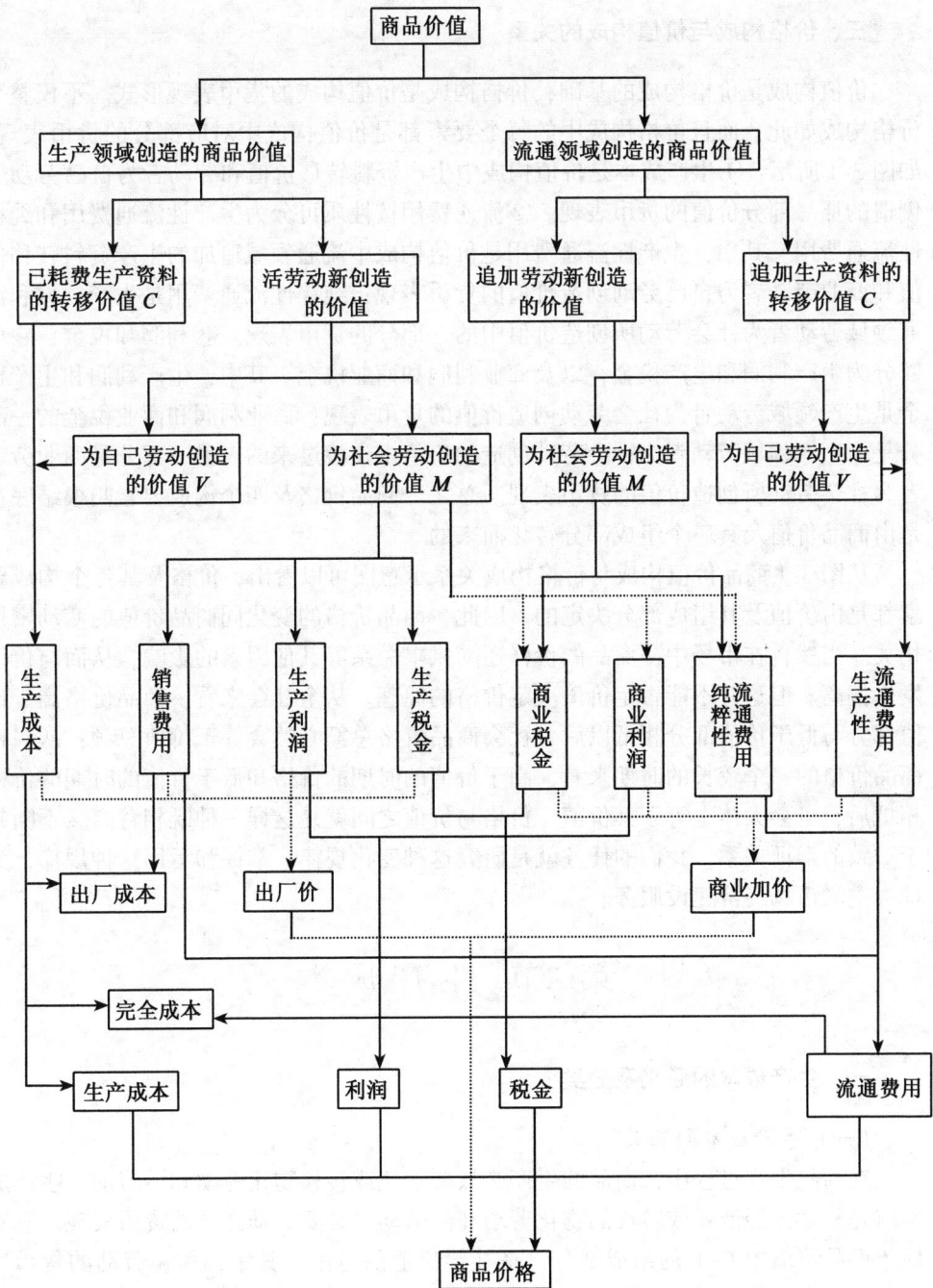

图 3-1 商品价值构成与价格构成关系示意图

三、价格构成与价值构成的关系

价值构成是价格构成的基础，价格构成是价值构成的货币表现形式。不仅整个价格构成如此，而且价格构成中的每个要素都是价值构成中对应部分的货币表现。如图3-1所示：①生产成本是价值构成中生产资料转移价值和劳动者为自己劳动所创造的那一部分价值的货币表现。②流通费用按性质可分为生产性流通费用和纯粹性流通费用。其中，生产性流通费用是价值构成中流通领域追加的生产资料转移价值和商业劳动者为自己劳动创造价值的货币表现；纯粹性流通费用是生产领域和流通领域劳动者为社会劳动所创造价值中的一部分的货币表现。③利润和税金，它可以分为生产利润和生产税金，以及商业利润和商业税金。其中，生产利润和生产税金是生产领域劳动者为社会劳动创造价值的货币表现；商业利润和商业税金的一部分是由生产领域劳动者为社会劳动创造的价值中让渡过来的，另一部分是商业劳动者为社会劳动所创造价值的货币表现。总之，商品价格及四个构成要素归根结底都是由商品价值及其三个组成部分转化而来的。

从图3-1商品价值构成与价格构成关系示意图可以看出，价格及其各个构成要素都是由价值及其组成部分决定的。因此，商品价格的变化同商品价值的变动密切相关。当然，在市场中，商品的价格还受供求关系等其他因素的影响，从而与价值发生偏离。但这并不能否定价值决定价格的原理。从全社会来看，商品价格高于价值部分与低于价值部分相抵以后，社会商品价格总额必然会等于价值总额；从一种商品价格的一个较长的时期来看，高于价值的时期的价格和低于价值的时期的价格相抵后，也会大体上等于其价值。价格与价值之间就是这样一种既相背离又不断趋于一致的辩证关系。我们的任务就是研究这种变化规律，掌握和运用这种规律，为社会主义市场经济建设服务。

第二节　生产成本

一、生产成本的涵义及分类

(一) 生产成本的涵义

在商品生产过程中，商品的生产必然要消耗或转移物化劳动和活劳动。生产成本就是补偿已经消耗或转移的物化劳动和活劳动中必要劳动部分的货币表现。它对应于商品价值中 $C+V$ 的组成部分，是补偿价值的范围。其中，物化劳动的货币表现是转移到产品中去的生产资料价值的货币表现，包括原材料费用、折旧费、修理费、燃料动力费等，统称为物质费用。活劳动的货币表现，就是劳动者为自己劳动所创造价值的货币表现，包括工资、附加工资和各种奖金等，统称为人工费用。因此，生产成本是生产一定数量的某种商品所耗费的物质资料和支出的劳动报酬的总和，是商品价值中物化劳动和为自己劳动所创造价值的货币表现。

（二）生产成本的分类

根据成本核算、成本管理和产品定价的要求，可以从不同角度按照不同标准对生产成本进行分类。生产成本的分类，有利于加深对生产成本的理解、分析和应用。按照成本概念及其应用情况划分，有理论成本和实际成本；按社会范围划分，有社会成本和企业成本；按成本的核算程序划分，有直接成本和间接成本；按成本与计划关系划分，有计划成本和预计成本；按生产过程的顺序划分，有车间成本、工厂成本和全部成本；按成本的定额管理划分，有定额成本和非定额成本；按生产经营条件划分，有正常成本和非正常成本；按时间划分，有短期成本和长期成本；按竞争程度划分，有垄断成本和竞争成本；按成本归属的产品部分划分，有总成本、单项成本和平均成本；按商品成本形态的稳定程度划分，有固定成本和变动成本；按价格决策者的选择划分，有机会成本和边际成本；按成本确定过程划分，有财务成本和定价成本等。在后面的章节里，本书将分别介绍各种成本的涵义及其变动规律。

二、生产成本的地位与作用

生产成本作为一个特殊的经济范畴，在价格构成中占据主体地位，在商品经济活动中具有极其重要的作用。

1. 生产成本是构成商品价格的主体。价格构成中的 $C+V$ 部分是价值构成的主体，这部分价值是形成生产成本的基础。在一般情况下，生产成本的大小在很大程度上反映了商品价值量的大小，决定着商品价格水平的高低。除供求关系、税收调节、价格政策和企业的价格策略等因素的影响以外，生产成本与价格成正比例变动。从目前商品价格构成的一般情况来看，工业品生产成本占价格构成的 70%~80%；农产品的生产成本品种间差距较大，占价格构成的 50%~90%。因此，生产成本是制定价格的主要依据。

2. 生产成本是制定价格的最低经济界限。商品出售价格的最低经济界限是由商品的成本价格规定的，如果商品低于它的成本价格出售，生产成本中已经消耗的组成部分就不能全部由出售价格得到补偿。如果这个过程继续下去，预付资本价值就会消失，导致连简单再生产也不可能维持。在社会主义市场经济条件下，这一个原理同样适用。所以，生产成本是商品销售价格的最低经济界限，生产成本的实现，是生产企业简单再生产的起码条件。正常的价格必须高于生产成本，使价格全面反映商品 $C+V+M$ 的要求。

3. 生产成本是反映经营管理水平的最重要的经济指标。社会生产成本是制定价格的依据。既然生产成本按社会平均的物质耗费和劳动工资水平确定，那么企业间的生产成本差别除某些客观因素以外，反映了经济管理的水平差别。例如，固定资产和工时的利用率，原材料和燃料的耗用率等。在客观条件大致相同的前提下，企业经营水平的高低同生产成本的高低成反比，因此，要降低生产成本，就要提高经营管理水平，提高物质利用率和劳动生产率。

4. 生产成本是企业有无竞争能力的关键。在商品经济条件下，市场竞争的实质就是价格竞争，而价格竞争的实际内容就是成本竞争。企业只有努力降低成本，才能使自己的产品在市场上具有较强的竞争能力。所以，加强成本核算和降低成本费用，是提高企业核心竞争力的重要措施。

三、生产成本的构成

由于工业与农业生产有不同的特点，并且财务核算有不同的要求，工业品生产成本和农产品生产成本的具体构成是不同的。

（一）工业品生产成本的构成

目前我国工业企业财务核算实行制造成本法，它是计算和分配产品成本的一种方法。根据制造成本法，企业生产过程中发生的成本和费用，按照用途的不同分为制造成本和期间费用。制造成本直接计入产品成本，期间费用则计入当期损益。工业品生产成本由制造成本和期间费用构成。

1. 制造成本。它是指与企业直接生产过程有关的物质消耗和工资支出。它具体包括：①直接材料，即企业生产过程中实际消耗的原材料、辅助材料、设备配件、外购半成品、燃料、动力、包装物、低值易耗品以及其他直接材料。②直接工资，即企业直接从事商品生产人员的工资、奖金、津贴、补贴和福利费等。③制造费用，即企业各个单位（如分厂、车间）为组织和管理生产所发生的费用。例如，生产单位管理人员的工资、职工福利费；生产单位房屋、建筑、机器设备等的折旧费、修理费、租赁费（不包括融资租赁费）；机物料消耗、低值易耗品摊销；取暖费、水电费、办公费、差旅费；运输费、保险费、设计制图费、试验费、劳动保护费、季节性及修理期间的停工损失及其他制造费用等。

2. 期间费用。它是指与直接生产过程无关但又与生产活动有关的不能直接归属于某个特定产品成本的费用。它具体包括：①管理费用，即企业行政管理部门为管理和组织经营活动而发生的各项费用。例如，公司经费、工会经费、职工教育经费、劳动保险费、待业保险费、董事会费、咨询费、审计费、诉讼费、排污费、绿化费、税金（指房产税、车船使用税、印花税）、土地使用费、土地损失补偿费、技术转让费、技术开发费、无形资产摊销、开办费摊销、业务招待费、坏账损失、存货盘亏、毁损和报废以及其他管理费用等。②财务费用，即企业为筹集生产经营所需资金而发生的各项费用。它包括企业生产经营期间发生的利息净支出、汇兑净损失，调剂外汇手续费、金融机构手续费、短期借款的加息以及筹集资金而发生的其他财务费用等。③销售费用，即企业在销售产品、自制半成品和提供劳务等过程中发生的费用以及专设销售机构的各项费用。它包括由生产企业负担的运输费、装卸费、包装费、保险费、委托代销手续费、广告费、展览费、租赁费（不包括融资租赁）和销售服务费用；销售部门人员工资、职工福利费、差旅费、办公费、折旧费、修理费、物料消耗、低值易耗品摊销以及其他经费等。

（二）农产品生产成本的构成

农产品的品种繁多，包括农、林、牧、副、渔各业数以百计的品种。各业农产品的生产过程和生产方法不尽相同，其生产成本的具体构成也有一定的差异。但是，它们都可以归结为物质费用、劳动费用和期间费用三大类。

1. 物质费用。它是指农产品生产过程中所耗费的生产资料的费用。它包括种子费、肥料费、农药费、畜力费、机械作业费、排灌费、燃料动力费、小型农具购置费、折旧费、初制加工费以及其他直接费用。

2. 劳动费用。它是指农业生产者的必要劳动的补偿，也可以说是劳动力再生产费用，包括直接生产过程中消耗的各种劳动的现金支出或折价支出，即人力费用。

3. 期间费用。它主要包括土地承包费、管理费、销售费和财务费等。

四、定价成本的基本条件

定价成本是制定价格主要依据的成本，即价格构成中的成本。成本有各种不同的形态，并非任何形态的成本都可以作为定价成本，只有通过成本审核符合一定条件的成本才能作为定价成本。

1. 定价成本必须是社会成本。成本有社会成本和个别成本之分。社会成本是指在现有的社会正常的生产条件下，在中等的技术设备、中等的生产规模、中等的经营管理水平条件下，生产某种商品所需要的合理生产成本。个别成本是指单个企业生产商品的实际生产费用，它是以本企业的实际耗费计算的。由于各个企业的主观和客观条件的差异，它们的个别成本是不相同的，而且个别成本反映的是企业的个别劳动耗费，社会成本反映的才是生产商品的社会必要劳动耗费。因此，按照社会必要劳动耗费决定价值的原理，价格要反映价值，就必须以社会成本作为制定价格的依据。在经济实践中，以社会成本作为定价成本具有重要的现实意义。一方面，它有利于推动企业间开展正常的竞争，并促使企业加强经营管理。在价格水平一定的条件下，企业的盈利水平取决于它的个别成本与社会成本的比较。如果个别成本低于社会成本，就能获得超额利润，在竞争中处于有利地位；如果个别成本高于社会成本，就不能获得利润，甚至可能亏本，在竞争中处于不利地位。因此，为了在竞争中取胜并获得较多的利润，企业必须加强经营管理，提高生产效率，努力降低个别成本。另一方面，它有利于企业加强经济核算，提高经济效益。以社会成本作为制定价格的依据，可以使不同企业生产同种商品的不同量的劳动耗费按照统一的标准去度量，从而充分发挥价格的核算功能，并促使企业加强经济核算，降低个别劳动耗费，提高经济效益。

2. 定价成本必须以财务成本为基础。财务成本是企业财务核算中的成本，是考核、衡量企业经营成果的重要指标，是企业经营管理工作的重要组成部分。它与定价成本既有联系又有区别。首先就其区别而言，一是两者所包括的范围不同。定价成本是一种理论成本，是以价格构成中成本构成要素为依据，凡是属于生产过程中与物质资料和劳动报酬有关的费用可以计入定价成本，与此无关的费用开支项目一律不能计入定价成本。而财务成本是根据经济核算的需要来确定范围的。它不仅包括与生产产品有关的纯生产性开支，也包括各种非生产性开支，其开支范围大于定价成本开支范围。二是两者的核算目的不同。定价成本核算的目的主要是为制定理论价格提供依据，而财务成本则是以表现个别企业的工作质量为目的的，是以反映个别企业的劳动耗费为目的的，是考核和衡量各个企业经营状况的依据。三是两者核算的要求不同。定价成本是为合理制定价格服务的，主要讲究合理性，所以，它以部门平均成本为基础，既要保证成本的完整性，又要尽可能地剔除与成本构成要素无关的费用。而财务成本是为了准确反映企业经济效益，哪些费用可以计入成本，哪些费用不能计入成本，必须严格执行财务制度规定的要求，主要讲究合法性和准确性。其次，就其联系而言，两者在本质上是一致的，两者之间具有密切的内在联系。一方面，财务成本范围的确定是以定价成本为理论基础的；另一方面，定价成本是部门平均成本，是根据一个部门内各企业的实际财务成本汇总数字调整而成的。财务成本的高低直接影响定价成本，因此，两者是密不可分的。最后，就其定价关系而言，由于国家与企业在定价时，都必须以一定的财务成本为基础，但财务成本又不完全符合定价成本的要求，因此，在实际定价时必须加以调整、变通和审定。

3. 定价成本必须是正式生产成本。在新产品生产过程中，产品生产一般都要经过试制、小批量生产和正式投产三个阶段，相应地产生了试制成本、小批量生产成本和正式生产成本。在试制与小批量生产阶段，由于各种暂时性因素的影响，试制成本与小批量生产成本往往较高，一旦新产品正式投入生产，成本会降低。制定商品价格应以正式投产后的正常生产成本为依据，而不应以偏高的试制成本和小批量生产成本为依据，否则，价格过高会不利于新产品的推广和使用。

4. 定价成本必须是正常生产成本。生产成本可分为正常生产成本和非正常生产成本。正常生产成本是指在生产能力正常利用和生产效率正常的条件下，可能达到的生产水平所形成的成本。非正常生产成本是指在社会生产条件不正常的情况下发生的成本。由于企业生产经营活动中偶然发生的异常情况，如调整生产方向，增减品种、变动生产任务以及其他突然事故等，都可能使企业生产成本临时偏高。如果以这种成本作为制定价格的依据，就会使价格偏高，并难以反映合理的物质耗费和人工费用。因此，制定价格时必须排除不正常因素的影响，以正常生产成本为定价成本。

五、生产成本的核算

在生产成本的核算中所说的生产成本是指定价时所依据的生产成本。生产成本是由生产费用形成的，因此，必须对企业所发生的各项生产费用，通过一定的方法进行计算和分摊，才能计算出产品的总成本和单位成本。生产费用按其计入产品成本的方法，可分为直接费用和间接费用。直接费用是指为生产某种产品所发生的费用，应直接计入产品成本；间接费用是指为生产多种产品共同发生的费用，必须按一定的标准在各个有关产品之间进行合理分摊。

（一）原材料费用的核算（包括生产中所消耗的辅助材料）

构成产品实体的原材料及辅助材料，通常可以直接计入成本。只有用同种原材料生产多种产品时，才需要在不同产品之间进行分摊。其分摊方法是：

1. 定额用量分配法。它是以各种产品的原材料消耗定额为标准来分配原材料费用的一种方法。其计算公式为：

$$分配率 = \frac{某种材料费用总额}{\Sigma(某种产品产量 \times 某种产品的该材料消耗定额)} \times 100\%$$

某种单位产品应分摊的材料费用＝某种产品该材料消耗定额×分配率

2. 产品重量分配法。它是以各种产品的重量为标准来分配原材料费用的一种方法。该方法适用于产品重量与所消耗的材料重量比较接近的产品。其计算公式为：

$$分配率 = \frac{某种材料费用总额}{各种产品重量之和} \times 100\%$$

某种单位产品应分摊的材料费用＝该产品的重量×分配率

3. 产量分配法。它是以各种产品的产量为标准来分配材料费用的一种方法。其计算公式为：

$$分配率 = \frac{某种材料费用总额}{各种产品产量之和} \times 100\%$$

某种单位产品应分摊的材料费用＝该产品的产量×分配率

4. 定额成本分配法。它是以各种产品的材料定额成本为标准来分配材料费用的一种方法。其计算公式为：

$$分配率 = \frac{材料费用总额}{\Sigma(某种产品产量 \times 单位产品的材料定额成本)} \times 100\%$$

某种单位产品应分摊的材料费用＝该种产品的材料定额成本×分配率

5. 系数分配法（也称标准产量分配法）。它是将某种系列的产品用其中一种主要产品作为标准品，其他产品按一定标准（如消耗定额、计划成本、售价）换算系数，从而进行共耗材料费用分摊的一种方法。生产规格、型号不同的产品的企业，均可采用这种方法。其计算公式为：

$$系数 = \frac{非标准产品消耗定额（计划成本、售价）}{标准产品消耗定额（计划成本、售价）}$$

$$分配率 = \frac{材料费用总额}{\Sigma(某种产品产量 \times 系数)} \times 100\%$$

某种单位产品应分摊的材料费用 = 该产品的系数 × 分配率

关于辅助材料，除了某些用于产品生产或有助于产品形成的，可以作为直接费用直接处理以外，更多的是要采用合理分配的方法，分摊计入产品成本。分配的方法与原材料的分配方法基本相同。

（二）燃料费用的核算

用于产品生产的燃料费，如果是直接费用，应直接计入产品成本；如果是多种产品共同耗用的间接费用，也要选择合适的方法分摊计入产品成本。其分配方法和原材料的分配方法类似。

（三）动力费用的核算

动力包括电力和蒸汽动力等，可分为外购和自制两种。自制动力部分要通过辅助生产核算。外购动力部分有的直接用于生产，有的用于照明、取暖、空调，往往需要按照一定的标准在各种产品之间进行分摊。其分配方法有以下几种：

1. 生产工时分配法。它是以各种产品的生产工时为标准来分配动力费用的一种方法。其计算公式为：

$$分配率 = \frac{各种产品耗用外购动力费用总额}{各种产品的生产工时总数} \times 100\%$$

某单位产品应分摊的外购动力费用 = 该产品的生产工时 × 分配率

2. 机器工时分配法。它是以各种产品的机器工时为标准来分配动力费用的一种方法。其计算公式为：

$$分配率 = \frac{各种产品耗用外购动力费用总额}{各种产品耗用的机器工时总数} \times 100\%$$

某单位产品应分摊的外购动力费用 = 该产品耗用的机器工时 × 分配率

3. 机器功率时数分配法。它是以各种产品耗用的机器功率时数为标准来分配动力费用的一种方法。这种分配方法既考虑到机器工时，又考虑到机器功率，所以分配率计算结果较为准确。其计算公式为：

$$分配率 = \frac{各种产品耗用外购动力费用总额}{各种产品耗用的机器功率时数之和} \times 100\%$$

某种产品应分摊的外购动力费用 = 该产品消耗的机器功率时数 × 分配率

（四）生产工人工资及工资附加费核算

直接从事产品生产的工人工资及工资附加费，如果是直接费用，应直接计入产品成本；如果是间接费用，则需要通过分摊计入。采用计件工资形式的生产工人工资是直接费用，可以直接计入产品成本；采用计时工资形式的生产工人工资，在生产一种产品时是直接费用，在生产多种产品时是间接费用，因此，通常可按各种产品的实用工时比例、定额工时比例进行分配。在一些企业里，各种产品的原材料消耗量与生产工人的劳动时间有直接联系，在这种情况下，也可以按原材料成本比例进行分配。至于与产品种类没有直接联系的津贴和奖金，应按计入各种产品的工资比例在各种产品之间进行分配。

（五）制造费用的核算

制造费用是间接费用，可以通过工人工资分配法、生产工时分配法和机器工时分配法在各个有关产品之间进行分摊。

第三节　流通费用

一、流通费用的涵义

流通费用是在商品从生产领域向消费领域转移的过程中，所耗费的必要的物化劳动和活劳动的货币表现。它是商品购进、运输、保管和销售等活动所支付的物质生产资料费用和劳动报酬的总和。在商品经济条件下，流通费用发生在不同的流通环节上，从而成为各个环节价格的组成部分。流通费用的小部分发生在生产企业经销产品的过程中，如包装费、销售费等，成为生产者价格的组成部分；流通费用的大部分发生在商业企业组织商品流通的过程中，成为各类批发价和零售价的构成要素。

流通费用按其经济性质的不同，可分为生产性流通费用和纯粹性流通费用。生产性流通费用是在流通领域中为了保存和实现商品使用价值所发生的劳动耗费的货币表现，如商品运输费、保管费、包装费和挑选加工费等。这种劳动是生产过程在流通领域的继续和延伸，它不仅把物质资料价值转移到商品中去，同时也创造出新的价值。因而，生产性流通费用能增加商品价值，从而使开支的费用从中得到补偿。纯粹性流通费用是与商品流通相关的，是为了实现商品价值形态更替所发生的劳动耗费的货币表现，如广告费、通讯费、商业人员工资、资金使用费等。这些费用的支出是十分必要的，但它与生产无关，不能创造新的价值，只能由生产性劳动已创造的价值来补偿。生产性流通费用与纯粹性流通费用，虽然有性质上的差别，但它们也有共同之处：一是两者都是实现使用价值和价值所必不可少的劳动耗费，是社会再生产正常进行的必要条件；二是两者都只能使商品使用价值在空间上和时间上转移，而不能在数量上增加，因而一切流通费用都是对社会财富的一种扣除。

所以，在保证商品流通的前提下，流通费用率越小越好。

二、流通费用的构成

流通费用一般由企业的财务部门负责开支和核算。价格部门在财务流通费用的基础上，按社会必要劳动耗费进行审核、调整、确定定价中的流通费用。财务核算中流通费用与商品价格中的流通费用，其本质是一致的，它们之间存在着内在的密切的联系，如同定价成本与财务成本的关系一样。但是，它们核算的目的不同、核算的对象不同、核算项目分类也不同。

（一）财务核算中流通费用的构成

财务核算中的流通费用是企业经营过程中开支的实际费用，是商品流通中支出的物质费用和劳动报酬的总和。按现行流通企业财务制度规定，商品流通费用包括经营费用、管理费用和财务费用。

经营费用包括：运输费、装卸费、整理费、包装费、保险费、差旅费、展览费、保管费、检验费、中转费、劳务手续费、广告费、商品损耗、进出口商品累计佣金、经营人员的工资及福利费等。

管理费用包括：管理人员工资及职工福利费、职工待业保险费、职工教育费、劳动保险费、董事会费、工会经费、涉外费、技术开发费、技术转让费、业务招待费、咨询费、租赁费、诉讼费、商标注册费、开办费摊销、无形资产摊销、低值易耗品摊销、折旧费、修理费、房产税、土地使用税、印花税、车船使用税、审计费、坏账准备金等。

财务费用包括：利息支出、外汇损益及手续费、银行手续费等。

这些费用，按照它们与商品流转额的关系，可分为固定费用和变动费用。固定费用是指不直接随商品流转额变动而等比例变动的费用。变动费用是指随着商品流转额变动而变动的费用。

（二）商品价格中流通费用的构成

商品价格中流通费用是指制定商品价格的流通费用。它是在财务流通费用的基础上，进行审核、调整，并把费用项目加以简化而形成的。在农产品销售价格中一般设置6个项目，分别是运杂费、保管费、包装费、利息、商品损耗和经营管理费。在工业品销售价格中设置4个项目，即把运杂费、利息、商品损耗单独计算，其余各项合并为经营管理费。

流通费用按其计入价格的方法不同，可分为从量费用和从值费用。从量费用是以商品的重量或体积为依据来计算的流通费用，主要包括运杂费、保管费、包装费三项。这些费用往往可以直接认定在某种产品上，因此也叫直接费用。从值费用是以商品价值量为依据来计算的流通费用，主要包括利息、商品损耗、经营管理费三项。这些费用往往要经过分摊才能计入某种商品价格，所以也叫间接费用。商品价格中流通费用的具体结构如下：

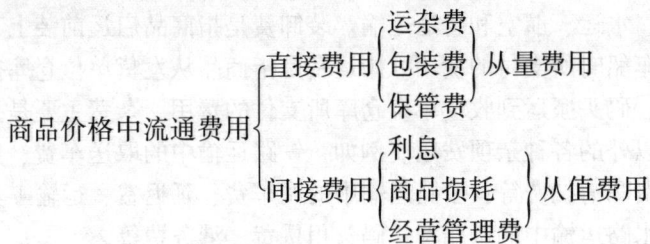

$$
商品价格中流通费用
\begin{cases}
直接费用
\begin{cases}
运杂费 \\
包装费 \\
保管费
\end{cases} 从量费用 \\
\\
间接费用
\begin{cases}
利息 \\
商品损耗 \\
经营管理费
\end{cases} 从值费用
\end{cases}
$$

三、流通费用的核算原则

准确核算流通费用，是合理制定商品价格的必要条件。为此，在核算商品价格中的流通费用时，应遵循以下原则：

（一）以正常经营情况下的平均费用水平为标准核算

商品价格中的流通费用不是按企业组织商品流通的实际支出费用来计算的，而是指商品从生产领域转移到消费领域所支出的必要的、合理的费用。因为不同企业的经营管理状况不同，有先进与落后之别，也有费用高低之分，所以不能以个别企业的费用水平为标准，而应以正常情况下的平均费用水平为标准，这样才有利于鼓励先进，鞭策后进。

（二）按环节分别核算

商品在不同流通环节所发生的费用是各个环节价格构成的要素之一，也是形成商品差价的基础。由于商品价格分环节制定，所以费用也要分环节核算，这样才能为正确制定各种差价提供准确的依据。

（三）按商品品种或类别核算

各种商品由于其价值、重量、体积、物理、化学、生物等性能以及在经济生活中的地位不同，其经营难易程度、周转速度及损耗是不相同的，因而其流通费用的支出也是不同的。为了准确地反映商品的劳动耗费，必须坚持按品种核算流通费用，不能分品种计算的，也应尽量以类别计算。企业财务核算中流通费用是综合费用，需要经过归并和分摊，才能满足定价中流通费用核算的要求。

（四）按规定的计费办法或定额标准核算

商品价格中的各项流通费用，凡是有规定的计费办法或定额标准的，要按规定计算；没有规定的计费方法或定额标准的，要按照不同商品的实际情况，确定比较合理的计费标准或分摊办法；不合理的支出或超出规定部分的费用不应计入流通费用。

四、流通费用的计算

（一）运杂费的核算

运杂费是指商品在整个运输过程中所支付的全部合理的运费、杂费和装卸搬运费的总称。其中，运费是指商品从起运地到目的地所支付的运输费用，采取的运输方式主要有铁路、公路、水运、航空和管道运输。装卸费是指商品启运前装上车船及商品运到接收地卸下车船时所支付的费用。搬运费是指商品从发货单位仓库搬运到车站、码头或从车站、码头搬运到收货单位仓库所支付的费用。杂费主要是指与运输有关的除上述费用以外的各种杂项费用。例如，铁路运输中的取送车费、货物暂存费、过秤费、货签费和清扫费等；公路运输中的调车费、延迟费、运输工具回空费、货物寄存费等；水路运输中的调船费、码头租赁费、港务费等。

1. 运杂费核算的原则

为了使运杂费的计算准确合理，计算时必须掌握以下四点原则：

(1) 选定合理流向、合理环节和合理的计费起点。要以商品合理流向的进货市场为起点，凡属于迂回、倒流等不合理运输所发生的运费都不应计入商品价格。

(2) 选择经济效益较好的运输工具和运输路线。商品从产地运到销地，一般有多条运输路线和多种运输工具可供选用。原则上，企业要选择时间短、运输安全和费用低的运输路线和运输工具。

(3) 按运输部门规定的运价计算。不论采用哪种运输工具，不论是运输部门承运还是企业自运，都必须按照有关运输部门规定的运价计算，以便协调价格水平。

(4) 合理核定计费重量。各类商品在计算运杂费时，应按运输部门规定来核定计费重量。计费重量一般是按包括包装物在内的毛重计算的。有些特殊商品或因体积大、重量轻或因鲜活、污染等原因，必须占有较大的运输空间，从而使实载重量不足车辆标定吨位，这种现象称为亏吨。发生亏吨的商品称为轻泡商品。原则上，亏吨引起的运杂费应由实载商品负担。对此，各种运输方式都作出了具体规定。例如，铁路运输对零担轻泡物资，通过规定加价率和计费重量表的办法来计算其运费。公路运输对零担轻泡物资，通过规定加价率和体积折重量的方法来计算其运费。下面介绍用毛重率和加泡率计算运费的计算公式为：

$$毛重率 = \frac{商品毛重}{商品净重} \times 100\%$$

$$单位商品运费 = 单位商品实重运价 \times 毛重率$$

$$加泡率 = \frac{标定载重量 - 实际载重量}{实际载重量} \times 100\%$$

$$单位商品运费 = 单位商品实重运价 \times (1 + 加泡率)$$

$$单位商品运费 = \frac{整车全程运费}{实载重量} \times 单位商品实际重量$$

2. 运费的计算

(1) 铁路货物运费的计算

铁路货运分为整车、零担和集装箱三种。整车运输以吨为计费单位，零担以

10公斤为计费单位,集装箱以箱体标明的吨位为计费单位。这三种方式都有规定的运价率表。运费的具体计算分为以下几个步骤:①查《货物运价里程表》以确定计费里程;②查《货物运价分类表》以确定货物适用的运价号,如规定有特定运价时按特定运价办理;③根据运价里程和运价号,在相应的《货物运价率表》、《集装箱货物运价率表》和《冷藏车货物运价率表》中查出适用的运价率;④把货物的运价率和计费重量相乘求出运费。其计算公式为:

铁路货物运费=计费重量×适用的运价率

(2) 公路货物运费的计算

公路货物运费一般由各省、市、自治区交通运输部门,根据国家规定结合本地实际情况统一制定。《汽车运价规则》对运输方式、运输距离、使用车种、路面等级、货物等级、计费重量、运价率等方面作出了具体规定。运输距离,可从《公路管理里程表》中查出。公路运费的计算程序与铁路运费计算程序基本相同。其计算公式为:

短途全程运价=吨次价+吨公里运价×运输里程

零担运价=整车运价×(1+整零差率)

公路货物运费=计费重量×适用的运价率

(3) 水路货物运费的计算

水路货物运费的计算程序与铁路货物运费的计算程序基本相同。首先根据货物品名,从交通部门公布的《货运运价分级表》中查出运价等级;然后从《货运运价率表》中查出发港至到达港的运价里程;再根据运价里程和运价等级,查出适用的运价率;最后用适用的运价率乘以规定的计算重量,得出船舶运费。其计算公式为:

水路货物运费=计费重量×适用的运价率

或:水运货物全程运价率=航行基价×运价里程+停泊基价

=综合基价×运价里程

水路货物运费=计费重量×全程运价率×货物等级差价率

3. 杂费和装卸费的计算

杂费一般在《铁路货物运价规则》和《汽车运价规则》中都有明确规定,计算时应按照规定标准执行。装卸费一般由地方物价部门规定收费标准,计算时按当地规定执行。

(二) 包装费的核算

这里的包装费是指商品在进入流通领域后,包装、分装或改装所发生的一切费用。它包括:包装材料和辅料费、包装物运杂费、包装修补费、包装租赁费、包装折旧费和包装工人工资等。核算包装费应分不同情况、不同的方法进行计算。凡长期、固定、定额地用在某种商品上,并同商品一起出售的包装物,如袋、篓、包、桶等的价款，就要单独计算，直接计入该种商品价格；有回收价值或不随商品出售的包装材料，核算时应减去它的残值；只能使用一次的包装物，就要一次计入商品价格；能多次使用的包装物，则要分次计入商品价格；凡分不清是哪一种商品上的包装费的，可将其并入经营管理费中一起核算，不再单列以免重计；包装费有规定定额标准的，按定额标准计入商品价格；没有定额标准的按合理开支计算。其计算公式为：

$$每次应摊包装费 = \frac{包装物原值-残值}{使用次数} + 辅助材料费 + 包装工资$$

$$单位商品包装费 = \frac{每次应摊包装费}{包装商品数量}$$

（三）保管费的核算

保管费是指商品在储存过程中所支付的一切费用。它主要包括：仓库租赁费、委托保管费、挑选整理费、倒库晾晒费、商品检验费、化验费、防护费、消防费、保管用品费、劳动保护费、中转看守费、畜禽饲料费、防疫费以及仓库保管员的工资和福利等。保管费用要根据不同商品的正常合理开支分别计算。可以直接计入商品价格的，要按有关规定直接计入商品价格；不能直接计入商品价格的，需要在不同商品之间进行分摊计入；凡有定额标准的按定额标准计入商品价格；保管费少的，一般将其并入经营管理费计算，间接计入商品价格。保管费的计费方法有三种：①从量计费，即按商品数量或占用仓库的面积计算；②从值计费，即按商品价值比例计算；③从时计费，即按商品保管天数计算。

（四）利息的核算

利息是指商品从购进到销出的这段时间内占用资金所应付的利息。为提高资金使用效率，国家规定自有资金也应计算利息。利息支付的多少与商品在经营过程中占用资金的数量和时间成正比，与资金周转次数成反比。利息金额是按资金占用额、占用时间和国家规定利率来计算的。其计算公式为：

利息金额 = 商品购进成本 × 商品周转天数 × 日利息率

其中，商品购进成本 = 商品购进价格 + 直接费用

$$商品周转天数 = \frac{计算期天数}{计算期商品周转次数}$$

$$计算期商品周转次数 = \frac{计算期商品销售额}{计算期商品平均库存额}$$

$$计算期商品平均库存额 = \frac{期初库存/2 + 第一月末库存 + \cdots + 计算期末前一个月库存 + 期末库存/2}{项数-1}$$

$$日利息率 = \frac{月利息率}{30}$$

（五）商品损耗的核算

商品损耗是指商品在运输、保管、销售过程中发生的损耗。它按发生的环节不同，可分为运输损耗、储存损耗和销售损耗三种。在一般情况下，这三种损耗是合并在一起计入商品价格的。在核算损耗时，凡商品有统一规定损耗定额标准的，应按定额标准计算；没有统一规定损耗定额标准的，应根据实际情况研究后，确定以合理损耗标准计算；对属于责任事故、意外事故和天灾人祸造成的损失，或因经营管理不善造成的超额损耗，都不应计入商品价格。商品损耗额的计算，一般是通过测定损耗率来进行的，其计算公式为：

$$损耗率=\frac{商品损耗数量}{商品损耗前总数量}\times100\%$$

$$损耗率=\frac{损耗额}{计耗成本}\times100\%$$

$$计耗后成本=\frac{进货成本+利息金额}{1-损耗率}$$

$$损耗金额=计耗后成本\times损耗率$$
$$=计耗后成本-计息后成本$$

（六）经营管理费的核算

商品价格中的经营管理费是指在商品流通费用中，除前述五项单独核算以外的其他全部费用，即经营费、管理费和财务费中的其他费用的总和。它包括：工资、福利费、修理费、折旧费、业务费、涉外费和其他费用等。商品价格中的经营管理费一般是通过测定经营管理费率来计入的。企业的综合经营管理费率可用下述公式求得：

$$企业综合经营管理费率=\frac{计算期经营管理费总额}{计算期商品销售额}\times100\%$$

为了准确反映某种（类）商品经营管理费的实际开支，计入商品价格的经营管理费应当是分品种或分类的费用，因此，必须求出种（类）的经营管理费率。这一般有三种方法：

1. 费用分摊法，即把企业经营管理费总额根据各种（类）商品的具体情况来进行分摊，分别计算各种（类）商品的经营管理费率。其计算公式为：

$$某种（类）商品经营管理费率=\frac{某种（类）商品的经营管理费}{某种（类）商品销售额}\times100\%$$

2. 周转次数分摊法，即根据企业经营的各种（类）商品的综合经营管理率、平均周转次数和各种（类）商品的周转次数来计算。其计算公式为：

$$某种（类）商品经营管理费率=\frac{平均周转次数}{某种（类）商品周转次数}\times\begin{matrix}综合经营\\管理费率\end{matrix}$$

3. 周转天数分摊法，即根据企业综合经营管理费率和全部商品周转一次所需要的天数，计算出全部商品周转一天应分摊的经营管理费率；再根据某种（类）商品周转一次所需要的天数，计算出某种（类）商品的经营管理费率。其计算公式为：

$$周转一天应分摊的经营管理费率 = \frac{综合经营管理费率}{全部商品平均周转一次的天数}$$

某种（类）经营管理费率＝周转一天应分摊的经营管理费率×某种（类）商品周转一次的天数

五、经营成本

（一）经营成本的涵义与构成

经营成本是指商品流通企业在商品经营活动中用以支付购买商品的货款和各项费用之和，是商品流通在商品购进、销售过程中所垫付的资金量。经营成本由商品进价成本和流通费用两个部分构成（见表 3-2）。

表 3-2 经营成本构成

经营成本	进价成本（原始进货价格或到岸价格和进口环节税）				进货成本	计息成本	计耗成本	经营成本
	流通费用	经营费用	运杂费	直接费用				
			包装费					
			保管费					
			损耗费	间接费用	利息			
		财务费用	利息			损耗		
		管理费用	企业管理人员工资等				其他费用	

（二）经营成本的核算

1. 进货成本。进货成本是由商品流通企业的进价成本和运杂费、保管费、包装费等直接费用所构成的。其计算公式为：

进货成本＝进价＋直接费用

2. 计息成本。商品流通企业的计息成本是由进货成本和利息构成的。其计算公式为：

计息成本＝进货成本＋利息

＝进货成本＋进货成本×周转天数×日利息率

＝进货成本×（1＋周转天数×日利息率）

3. 计耗成本。商品流通企业的计耗成本是由计息成本和损耗所构成的。其计算公式为：

计耗成本=计息成本+损耗

$$=\frac{进货成本×（1+周转天数×日利息率）}{1-损耗率}$$

4. 经营成本。商品流通企业的经营成本是由进价、直接费用和间接费用所构成的，也是由计耗成本和经营管理费用所构成的。其计算公式为：

$$经营成本=\frac{进货成本×（1+周转天数×日利息率）}{（1-损耗率）×（1-经营管理费率）}$$

第四节 利润和税金

一、盈利

盈利是利润和税金的总称。它是价值构成中 M 部分的货币形态，是生产经营者在生产和流通过程中为社会所创造价值的货币表现，是商品价格超过生产成本和流通费用的余额，即社会纯收入。

作为社会纯收入的盈利，是社会积累的源泉，是社会扩大再生产的重要条件，是人类继续发展的基础。恩格斯指出，劳动产品超出维持劳动的费用而形成的剩余，以及社会生产基金和后备基金从这种剩余中得到的形成和积累，过去和现在都是一切社会的、政治的和智力的继续发展的基础。在社会主义市场经济条件下，利润和税金关系着国家财政收入、企业、职工的经济利益。合理确定价格中的利润和税金，直接关系到党和国家方针政策的贯彻执行；关系到正确处理积累和消费的比例关系；关系到正确处理国家、集体和个人三者之间的利益；关系到国民经济的可持续发展；关系到企业的发展后劲；关系到人民生活水平的提高。因此，企业在制定产品价格时，必须在正确核算生产成本和流通费用的基础上，确定合理的盈利水平。

确定合理的盈利水平要从两个方面着手：一是国家要合制定合理的税收政策和价格政策，使价格中的税金比例适当。判别税金适当与否的标准是：它能否正确处理国家、集体和个人三者之间的利益关系；能否调动生产者和经营者的积极性；能否有利于全社会物价水平的相对稳定。二是企业要确定合理的盈利水平。不同企业、不同产品的盈利率是不同的，有的高，有的低，但从全社会来看，盈利率存在着平均化的趋势，只有按平均盈利率计算出的盈利额来制定的价格，才与商品价格大体相符。盈利率平均化是商品经济发展到资本主义阶段的产物，是部门之间竞争的结果。在资本主义制度下，由于不同部门的资本有机构成不同，不同生产部门之间的竞争使得价值转化为生产价格，同时剩余价值转化为平均盈利，即资本家得到利润是按投入不同生产部门的资本比例平均的利润。在社会主义市场经济条件下，由于存在商品生产和商品交换，各个部门、各个地区之间存在着竞争，生产不同产品的部门和行业之间的资金和劳动力都可以有一定程度的转移，客观上也就存在着一定的盈利平均化趋势。这就要求我们按大体上平均的盈利率来确定产品的盈利和价格。因此，企业确定合理的盈利水平，要以社会平均盈利水平为依据，根据企业的产品特征、市场供求状况、消费者购买心理、企业定价目标和策略来确定合理的企业盈利水平，使商品价格中的盈利与劳动者为社会所创造的价值相符，使商品价格与商品价值相符合。

二、价格中的税金

（一）税金的概念和特点

税金是商品生产者和经营者按照国家税法规定缴纳给国家的税款。它是价格构成要素之一，是劳动者为社会所创造的另一部分价值的货币表现，是国家财政收入的主要来源。

税金有三个特点：一是强制性。国家事先颁布各种税法，企业和个人涉及应税事项必须照章纳税，否则将受到法律的制裁。二是无偿性。税收是国家向企业和每个公民征收的一种社会基金，是每个公民应尽的义务，一旦交纳即为国家财政收入，除因鼓励出口实行出口退税以外，一般不再归还给纳税人。三是稳定性。各项税收都是事先由国家税法规定的，其纳税对象和税率具有相对稳定性，纳税者只要具有应税收入和行为，就必须按照相应的税种和税率缴纳税款。

（二）税金的分类

税金从不同角度可以进行不同的分类：一是按课税对象划分，可分为对商品和服务的流转额课税，对所得课税、对资源课税、对财产课税、对特定行为课税五种。二是按税收管理和享用权限划分，可分为中央税、地方税、中央与地方共享税三种。三是按税种与价格的关系划分，可分为价内税和价外税两种。我们主要研究构成商品价格的税金，故应分清价内税和价外税的差别，以便正确制定商品的价格。

价外税是对商品生产者和经营者收益课征的，不能以独立要素计入商品价格的税种。它包括企业所得税、外商投资企业和外国企业所得税、个人所得税和对土地、财产、特定行为所征收的税金等。这类税收与商品和服务价格没有直接关系，纳税人所交的税金不能通过价格转嫁出去，而是由纳税人直接负担，所以也叫直接税。

价内税是按商品流转额计征的，可以作为一个独立的价格构成要素直接计入商品价格的税种。它包括营业税、消费税、资源税、关税、农业税等。由于价内税包含在价格之内，所以，纳税人所交纳的税金会通过价格转嫁给商品的购买者或消费者，最终由消费者负担，因此也称间接税。

（三）价内税的双重观念和纳交限度

1. 价内税的双重观念。价内税是价格的构成要素，是盈利的一个部分。在价格不变的情况下，税金和企业利润成反比，税金占有的比重越大，企业利润就越小。因此，税金虽属盈利的一个部分，但在观念上却具有两重性：在社会观念上是收益，在企业观念上是"成本"，故称之为"观念成本"。企业经营决策的目标利润，总是税后实得额，而不是税前虚得额。所以，在价格构成中，税金在客观上有一个比重限度，即税率限度。

2. 价内税的纳交限度和拉法曲线。一般来讲，税金在价格构成中的最佳比重是可以使企业获得平均利润，从而保证正常生产的积极性；最低限度为 0，国家没有收入，可提高企业扩大再生产的积极性；最高限度为盈利总额，企业没有收入，也就失去了生产的积极性。这可以用改进的拉法曲线来表示（如图 3-2 所示）。

图中：A_{e1}—高限税率（税率＝盈利总额）

A_{e2}—最佳税率（税率＝平均利润率）

A_{e3}—低限税率（税率＝0）

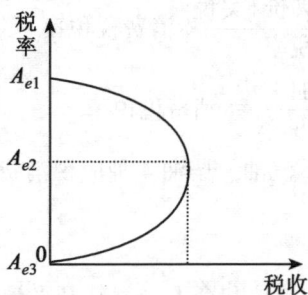

图 3-2　改进的拉法曲线　　　　图 3-3　拉法曲线原图

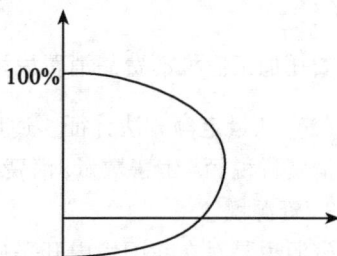

拉法曲线是美国经济学家 A·拉法在研究了税率与税收的相互关系后提出的理论（如图 3-3 所示）：拉法认为税率为 100% 时，企业对生产毫无兴趣，反而使税收为 0。当税率从 0 起至最佳税率时，税率与税收同步递增。当税率从最佳税率至最高极限时，税率与税收成反向递减。拉法曲线对于国家制定税率政策无疑有重要意义。但是要注意，拉法曲线指出的是所得税率。如果应用于营业税率时，要采取前述的改进曲线。

（四）价内税金的计算

1. 营业税

营业税是对我国境内提供应税劳务、转让无形资产、销售不动产的单位和个人，就其营业额征收的一种税。营业税的征税范围包括交通运输业、建筑业、金融保险业、邮电通讯业、文化体育业、娱乐业、服务业及转让无形资产和销售不动产。营业税是价内税，税额是劳动服务价格、无形资产转让价格、不动产销售价格的构成要素。其计算公式为：

应纳税额＝营业额×营业税税率

2. 消费税

消费税是对在我国境内从事生产、委托加工和进口税法规定的应税消费品的单位和个人，就其应税消费品的销售额或销售量征收的一种税。其作用在于调节消费、引导消费和增加国家的财政收入。现行应税消费品有 11 类共 25 个税目。这 11 类分别是：烟酒及酒精、鞭炮焰火、化妆品、护肤护发品、贵重首饰及珠宝玉石、汽油、柴油、汽车轮胎、摩托车、小汽车。消费税是价内税，税额是应税消费品价格的构成要素。其计算方法有两种：

（1）从价定率方法计征。

生产应税消费品消费税税额＝销售价格×消费税税率

$$进口应税消费品消费税税额 = \frac{关税完税价格 \times （1+关税税率）}{1-消费税税率} \times 消费税税率$$

$$= \frac{到岸价格 \times 外汇牌价 + 关税}{1-消费税税率} \times 消费税税率$$

$$委托加工应税消费品消费税税额 = \frac{材料成本 + 加工费}{1-消费税税率} \times 消费税税率$$

（2）从量定额方法计征，适用于啤酒、黄酒、汽油、柴油 4 种应税消费品。

消费税税额＝销售数量×消费税单位税额

3. 资源税

资源税是对在我国境内开采矿产品和生产盐的单位和个人，就其开采量或销售量征收的一种税。其作用在于加强资源管理、调节资源级差收入和增加国家的财政收入。资源税的征税范围包括原油、天然气、煤炭等非金属矿原矿；有色金属、黑色金属等金属矿原矿；盐（含固体盐和液体盐）。资源税是价内税，税额是资源矿产品和盐的出厂价格的构成要素。其计算公式为：

资源税税额＝课税数量×资源税单位税额

4. 增值税

增值税是对在我国销售货物或提供加工、修理修配劳务以及进口货物的单位和个人，就其增值额征收的一种流转税。税改以后规定，在生产环节与批发环节的增值税为价外税，把税金同价款分开；零售环节的税金和价款则不再分开标明，合并为价内税，因此，增值税兼有价内税和价外税的双重特征，从税种与价格的关系来分析，它实质上是价内税，因为它是依照商品流转额（或数量）计征的，纳税人交纳的税金可以通过价格转嫁给消费者。在实践中，实行增值税的国家和地区一般采用间接计算办法，即以商品销售额为计税依据，同时允许从税额中扣除已税因素，借以实现按增值额征税的原则。其计算方法有以下三种：

（1）销售货物和应税劳务的增值税计算公式为：

应纳税额=当期销售项税额−当期进项税额

当期销售项税额=销售额×增值税税率

进项税额是购进货物或应税劳务时已交纳的增值税额，它是发票上注明的。

（2）进口货物的增值税计算公式为：

应纳税额=计税价格×增值税税率

计税价格=到岸价格×外汇牌价+关税+消费税

（3）小规模纳税人应纳增值税税额的计算公式为：

应纳税额=销售额×增值税征收率

增值税的征收率：生产企业小规模纳税人为 6%；商品流通企业小规模纳税人为 4%。

5. 关税

关税是一个国家对进口和出口国境或关境的货物和物品征收的一种税。关税是一个国家主权的体现，它对促进和保护国内生产、调节对外经济关系以及增加财政收入都有重要意义。关税分为进口关税、出口关税和过境关税。进口关税采用复式税制，即对同一种商品规定普通税率和优惠税率，其中优惠税率适用于与我国有关税互惠条约或贸易协定的国家和地区的产品。为鼓励出口，我国对绝大多数商品免征出口关税。过境关税是指一个国家海关对经过其国境运往其他国家的商品征收的一种税。对我国国内市场价格影响较大的是进口关税。其计算公式为：

进口关税=进口商品到岸价格×外汇牌价×关税税率

6. 农业税

农业税是国家向一切从事农业生产并有农业收入的单位和个人征收的一种税。按照征收范围的不同，农业税在征管中又分为农业税、牧业税。

（1）农业税。农业税的征收范围包括：粮食作物和薯类作物的收入；部分经济作物如棉花、麻类、油料等的收入。农业税按每亩的常年产量计征。其计算公式为：

应纳农业税税额=课税土地亩数×每亩常年产量×收购价格×农业税税率

为解决"三农"问题，根据多予少取逐步减轻农民负担的原则，2003 年 3 月，第十届全国人民代表大会作出从 2003 年起，用 5 年左右的时间逐步取消农业税的决定，并从 2004 年起开始在主要产粮区进行试点。

（2）牧业税。牧业税是国家对牧区从事畜牧业生产并有牧业收入的单位和个人征收的一种税。其征税范围包括：马、牛、骆驼、绵羊、山羊等。牧业税根据应税牲畜数量从量定额计征，或者根据畜牧业总收入额从价定率计征。

三、价格中的利润

（一）价格中的利润的概念和分类

利润是商品价值中 M 部分的货币表现，是价格构成的要素之一，是商品价格超出生产成本、流通费用和税金的余额，是企业或生产者个人的纯收入。它是生产单位经济效益好坏的重要标志，也是国家用来考核企业经营状况的重要指标。

商品价格中的利润按其所在环节，可分为生产利润和商业利润。生产利润又可分为工业利润和农产品纯收益；商业利润又可分为批发利润和零售利润。

（二）价格中利润的计算

1. 工业利润

工业利润是出厂价格的组成部分，通常是用成本利润率、销售利润率或资金利润率来计算的。在目前的定价中，工业利润一般用成本利润率来计算。其计算公式为：

$$成本利润率=\frac{工业利润}{生产成本}\times100\%$$

$$单位工业品利润额=生产成本\times成本利润率$$

$$销售利润率=\frac{工业利润}{销售总额}\times100\%$$

$$单位工业品利润额=销售价格\times销售利润率$$

$$资金利润率=\frac{工业利润}{投资总额}\times100\%$$

$$单位工业品利润额=\frac{投资总额}{产量}\times资金利润率$$

2. 农产品纯收益

农产品纯收益是农产品生产者价格的组成部分，是农产品生产者价格减去生产成本、运销费用和农业税以后的余额。其计算公式为：

$$单位农产品的纯收益=\frac{单位农产品的}{收购价格}-\frac{单位农产品的}{生产成本}-\frac{单位农产品的}{应摊农业税}-\frac{单位农产品的}{运销费用}$$

3. 商业利润

商业利润是商业企业的经营利润，是商业劳动者在经营活动中实现的剩余价值中部分价值的货币表现。它是商品销售价格减去进货价格、流通费用和税金以后的余额。商品在流通过程中会经过不同的流转环节，每个流转环节都有相应的商业利润，各个环节的商业利润是各个环节销售价格的组成部分。商业利润一般通过一定的销售利润率来计算，其计算公式为：

$$商品销售利润率 = \frac{商业利润}{销售总额} \times 100\%$$

单位商品利润额 = 销售价格 × 销售利润率

第五节 商品理论销售价格

一、商品理论销售价格的涵义和作用

商品理论销售价格，也就是通常所说的基础价格。它是根据价格构成的原理和商品流通中的一般经济核算要求，采用科学的方法计算出来的测算价格。它只是从反映商品价值的角度出发，未考虑市场供求、国家方针政策等因素的影响。因此，商品理论销售价格并不等于商品的实际价格。通过商品理论销售价格的测定，一是可以为制定实际价格提供参考，从数量上看出价格背离价值的程度；二是可以成为制定各种差价率的基础；三是可以为企业的经营决策提供重要数据，为国家深化价格改革提供科学依据；四是可以了解现行简化计价公式的来龙去脉。由此可见，掌握商品理论销售价格的计算具有十分重要的现实意义。

二、商品理论销售价格的基本计算公式

（一）商品理论销售价格总公式
商品理论销售价格 = 生产成本 + 流通费用 + 利润 + 税金
（二）商品理论销售价格公式的展开
1. 生产成本 = 进价 - 生产利润 - 生产税金
2. 流通费用 = 运杂费 + 包装费 + 保管费 + 利息 + 商品损耗 + 经营管理费
3. 利润 = 生产利润 + 商业利润
4. 税金 = 生产税金 + 商业税金
商品理论销售价格 = 进价 + 运杂费 + 保管费 + 利息 + 商品损耗 + 经营管理费 + 商业利润 + 商业税金
（三）商品理论销售总公式的推导
1. 利息 = 进货成本 × 周转天数 × 日利息率
2. 商品损耗 $= \frac{进货成本 + 利息}{1 - 损耗率} \times 损耗率$
3. 进货成本 = 进价 + 运杂费 + 包装费 + 保管费
4. 经营管理费 = 商品理论销售价格 × 经营管理费率
5. 商业利润 = 商品理论销售价格 × 利润率
6. 商业税金 = 商品理论销售价格 × 税率

$$商品理论销售价格=\frac{进货成本×（1+周转天数×日利息率）}{（1-损耗率）×（1-经营管理费率-利润率-税率）}$$

三、商品理论销售价格公式的简化

商品理论销售价格公式，由于包括的项目很多、计算繁杂、工作量大，容易出差错，从而影响物价工作的质量和效率。为了计算方便和准确、提高工作效率、便于价格管理，在实际工作中，把商品理论销售价格公式逐步进行简化，演变出了三种简化计算方法。

（一）综合差率法

综合差率法是指把利息率、商品损耗率、经营管理费率、利润率综合成一个差率，即四率合一，以此计算价格的方法。由于计算基数不同，综合差率又分为顺加综合差率和倒扣综合差率。

1. 顺加综合差率。它是以进货成本为基数计算的。

$$顺加综合差率=\frac{销售价格-进货成本}{进货成本}×100\%$$

销售价格=进货成本×（1+顺加综合差率）

2. 倒扣综合差率。它是以销售价格为基数计算的。

$$倒扣综合差率=\frac{销售价格-进货成本}{销售价格}×100\%$$

销售价格=进货成本/（1-倒扣综合差率）

（二）固定差率法

固定差率法又称做统一差率法。它是指把直接费用和综合差率合成一个差率，以此计算价格的方法。此法是在综合差率法基础上的进一步的简化，其目的在于使计价更加简便。固定差率法也分顺加固定差率和倒扣固定差率两种。其计算公式为：

1. 顺加固定差率
$$顺加固定差率=\frac{销售价格-进价}{进价}×100\%$$
$$=\frac{进货成本×顺加综合差率+直接费用}{进价}×100\%$$

销售价格=进价×（1+顺加固定差率）

2. 倒扣固定差率
$$倒扣固定差率=\frac{销售价格-进价}{销售价格}×100\%$$

销售价格=进价/（1-倒扣固定差率）

（三）固定差额法

所谓固定差额法，是指把商品从购到销的各项费用、利润和税金统一计算成金额，再和进价相加计算销售价格的方法。

固定差额=销售价格-进价

销售价格=进价+固定差额

本 章 小 结

● 价格一般由四个要素构成，即生产成本、流通费用、利润和税金。不同的商品在不同的生产经营环节，其价格的具体构成并不完全一致。价格构成是价值构成的货币表现。

● 生产成本是商品生产者价格的重要组成部分，它由为了生产商品所购买的各种生产要素的费用构成。正确核算定价成本是生产企业进行科学价格决策的前提。

● 经营成本是商品经营者价格的主要构成要素，它由经营者进货价格和流通费用构成；流通费用是经营者在组织商品流通过程中发生的经营费用、管理费用和财务费用；其中计入价格中的运杂费、包装费、保管费、利息、商品损耗、经营管理费等应以企业财务核算资料为基础，分项目、分品种逐一核算，力求准确。

● 税金与价格的关系十分密切，其中价内税如消费税、营业税、关税、资源税、农业税等是价格构成的要素，税额的多少直接关系到价格的高低；增值税具有价外税和价内税的双重特征，税额的大小关系到含税价格的高低。

● 利润是生产经营者通过生产经营活动获得的成果，单位商品的利润是价格减去生产经营成本和税金以后的余额。计入价格中的利润通常是通过利润率来计算的。

● 商品理论销售价格是制定实际价格的基础，是企业经营决策的重要依据；了解理论销售价格总公式的展开与推导，有利于理解现行简化计价公式的来龙去脉，以便更好地掌握和应用综合差率法、固定差率法和固定差额法。

复习思考题

1. 什么是价格构成？价格构成与价值构成有何关系？
2. 什么是生产成本？生产成本由哪些因素构成？
3. 简述生产成本的地位和作用。
4. 简述定价成本的基本条件。
5. 简述生产成本的核算方法。
6. 什么是流通费用？流通费用有哪些项目？
7. 简述流通费用的核算原则。
8. 简述流通费用的计算方法。

9. 简述经营成本的构成。

10. 什么是盈利？如何确定合理的盈利水平？

11. 简述税金的涵义、特点及分类。

12. 价内税有哪几种？价内税的纳交限度是什么？

13. 简述价格中利润的涵义、分类及计算方法。

14. 什么是商品理论销售价格？

15. 简述商品理论销售价格的计算方法。

第四章　价 格 体 系

学习目的和要求　价格体系是价格学中价格知识的基本内容。通过本章的学习，明确价格体系的涵义、内容和实质；掌握商品比价（主要是农产品比价、工业品比价和工农产品比价）和商品差价（主要是购销差价、地区差价、批零差价、批量差价、季节差价、规格质量差价）的概念、种类、形成原因、计算及其在社会经济活动中的运用。

第一节　价格体系的基本内容

一、价格体系的涵义及其本质

（一）价格体系的涵义

国民经济的各个领域存在着各种各样的价格。如果孤立地看每一种商品价格，都不过表现为某一个商品值一定数量的货币，或者说一定数量的货币可以购买一定数量的商品。但是，如果从其内部联系上来考察，我们就会发现这些价格并不是孤立存在的，而是相互联系、相互制约的。因为每一种商品都凝结着各个部门、各个企业、各个环节劳动者的劳动，各种价格之间的这种有机联系，是由国民经济体系中各个产业、各个部门之间的经济联系决定的。在价格学中，我们把国民经济中各种各样的价格（包括商品价格、劳务收费、生产要素价格）相互联系、相互制约所形成的价格有机整体称为价格体系，或称为各种价格有机整合的网络。

研究价格体系的目的，是为了用相互联系、相互作用的观点研究价格的总体结构和功能，找出不同价格之间的联系类型、联系形式及其运动规律，并有目的地进行重新调整、组织和协调。正确认识价格体系问题，就是要在国民经济发展中树立科学的价格整体观念，即研究任何商品价格，都不能表面地、孤立地看待，而必须把它放到整个价格体系，乃至国民经济体系的全局中去分析和考察，研究它与其他商品，特别是与它密切相关的商品价格之间的联系，以便更好地运用价格杠杆，促进国民经济持续、健康、快速的发展。

（二）价格体系的实质

价格是商品经济的范畴。价格体系本质上是一定社会经济关系的反映。它是由一个国家生产力发展水平、社会经济结构、国土自然环境、资源状况、历史特点、人文地理、市场结构、消费习俗以及经济管理体制和价格管理体制等多个方面因素影响和决定的。价格体系不存在固定的模式,一个国家的价格体系是这个国家社会经济关系的反映。价格的本质是经济关系,有什么样的经济关系,就要求有与之相适应的价格体系。因此,在不同的国家、不同的社会经济体制的经济中,价格体系具有不同的性质和特点。在同一个国家的不同的历史发展时期,其价格体系也不完全相同。

二、价格体系的内容

价格体系的内容主要包括两个部分,一是国民经济各个部门的商品价格及其比例关系,形成不同商品价格之间的比价关系,主要表现为生产领域的价格结构;二是同一种商品按流通的环节、地区、季节及规格质量不同而形成的同种商品不同价格之间的差价关系,主要表现为流通领域的价格结构。这两个部分的内容互相联系、互相影响,构成了完整的价格体系。

(一) 生产领域价格体系

生产领域价格体系是按照国民经济各个部门或者说是按照产品或劳务部门形成的。它主要包括:

1. 农产品价格。它是指农、林、牧、副、渔各业产品的价格,具体来说,包括粮食作物价格、经济作物价格、畜禽产品价格、土特产品价格、水产品价格等。其中种植业产品又可细分为粮、棉、油、麻、丝、茶、糖、菜、烟、果、药、杂12大项产品的价格。这些产品之间在客观上存在着一定的联系和比价关系,形成了农产品价格体系。农产品价格在生产领域价格体系中处于十分重要的地位。

2. 轻工业品价格。它主要是指消费资料工业品价格。它分为两大类:一类是以农副产品为原料的轻工业品价格,如食品、纺织品、皮革、纸张等轻工业品价格,这些轻工业品价格与农产品价格之间关系密切,同农产品价格存在着重要的比价关系;另一类是以重工业产品为原料的轻工业产品价格,如日用百货、民用五金、家用电器、交电等轻工业品的价格,这些轻工业品价格与重工业品价格关系密切,它们之间也存在着一定的比价关系。总体来看,轻工业品价格与人民生活关系密切,在价格体系中也具有重要的地位和作用。

3. 重工业品价格。它主要是生产资料工业品价格,如煤炭、电力、冶金、机械、石油化工、建材等行业产品的价格。重工业品是国民经济各个部门的物质技术基础,它不仅为其他行业生产提供技术装备,有些产品还直接为人民提供生活资料,因此,重工业产品价格,特别是能源、原材料工业产品的价格,在价格体系中也具有重要的地位和作用。

4. 交通运输价格。它又称运价,按运输对象可分为货运价格和客运价格;按运输方式又可分为铁路、公路、水运、空运以及管道运输的价格。交通运输业在社会再生产过程中处于联系生产和消费的纽带地位。它的价格高低与国民经济各个部门产品价格和人民生活存在着密切的联系，因此，交通运输价格也是生产领域价格体系的重要组成部分。

5. 建筑产品价格。它又称建筑安装工程造价，是指建筑安装业为完成单项工程向建设单位所收取的全部费用。由于建筑产品生产过程中既要消耗钢铁、建材、森林工业等行业的产品，同时又要向国民经济各个部门提供房屋、设施等固定资产的特点，决定了建筑产品价格与其他工业品价格之间也存在一定的比价关系。研究建筑产品价格的构成和合理水平，对于国民经济各个部门的发展有着重要的意义。

6. 第三产业价格。广义的第三产业价格包括除农业和工业部门以外的其他各个部门、行业产品价格，而目前我们通常所说的第三产业价格则主要指旅店、理发、沐浴、洗染、修理、加工、医疗、文化、公共服务等行业的价格。这些行业经营的特点是一般不提供某一种具体产品而提供某一种形式的劳务，从而满足消费者某一种非实物形态的需要。所以第三产业价格一般被称为劳务收费，采取收费标准的形式。在现代社会中，上述部门是社会再生产过程中不可缺少的重要环节，随着我国国民经济的迅速发展和人民生活水平的不断提高，居民的消费短缺问题几乎大部分集中在第三产业上，因此，研究第三产业价格也具有重要的意义。

7. 科技产品价格。它又称智能产品价格，一般指在技术市场上转让的科技成果的价格，包括专利许可证价格、专有技术转让价格等。随着科学技术的进步，国民经济各个部门、行业之间的信息、咨询、情报交流以及科学技术资料、专利权、专有技术等提供智能劳务的活动日益增多，科技产品价格在价格体系中的地位将日益提高。

随着社会主义市场经济体制的逐步确立，资金、土地、劳动力等生产要素逐步进入市场。与此相适应，生产领域价格体系中还应包括资金价格（利息）、土地价格（地租或土地使用费）、劳动力价格（工资）、技术商品价格、信息商品价格、企业家才能价格等。生产领域价格体系对国民经济的发展起着十分重要的作用。它的协调和发展，在很大程度上决定着国民经济各个部门的协调和发展。生产领域的各种价格从横的方面形成了商品比价体系。由于农业和能源、原材料工业是整个国民经济的基础产业，交通运输业是国民经济发展的先行官，因此，农产品价格、能源价格、工业原材料价格以及交通运输价格等，都属于基础产品价格。它们的合理与否直接关系到加工工业产品价格是否合理，并在很大程度上决定着整个国民经济的协调和发展。因此，上述基础产品价格是研究生产领域价格体系的重点。

（二）流通领域价格体系

流通领域价格体系是按照商品流通环节形成的。除少数品种以外，工农业产品从生产领域进入消费领域一般都要经过流通领域。在商品流通领域一般也要经过采购、调拨（供应）、批发、零售等不同环节。商品每经过一个环节，就是一次买卖，就要有一个价格，这样就形成了出厂价格、收购价格、批发价格、调拨价格、供应价格、零售价格等价格形式，这些价格从纵的方面形成了商品的差价体系。

1. 工业品出厂价格。它又叫工业品生产者价格，主要指工矿企业出售其产品的价格，在出售给商业部门时，则是商业部门的收购价格。工业品出厂价格是工业品进入流通领域的第一道环节的价格，它是制定工业品的批发价、调拨价、零售价的基础，既关系到工业品生产者的切身利益，也决定了工业品批发价、零售价的价格水平，关系到工业品经营单位和广大消费者的切身利益。因此，合理制定工业品出厂价格，对于正确处理工商关系、促进生产发展、扩大商品流通、满足人民需要都有着重要的意义。

2. 农产品收购价格。它又叫农产品生产者价格，一般是指商业经营者和农产品加工企业向农产品生产者收购农产品的价格，同时，也是农产品生产者向商业单位或消费者出售农产品的价格。与工业品出厂价格一样，农产品收购价格也是农产品从生产领域进入流通领域的第一道环节的价格。它在整个市场价格体系中占有十分重要的地位，可以说是整个市场价格的基础。这是因为：第一，它是制定农产品批发价格、调拨价格、零售价格的基础，直接决定着市场农产品销售价格的高低，对市场物价水平有着决定性影响；第二，它在很大程度上决定着工业消费品，特别是以农产品为原料的工业消费品价格；第三，它在很多方面最终将间接影响到生产资料工业品价格和非商品收费水平；第四，它将直接或间接地决定着国家的财政收支状况，决定着整个国民经济和社会政治、文化进步的发展速度。因此，合理的农产品收购价格，对于正确处理国家与农民的关系、工人与农民的关系、工业与农业的关系，以促进工业与农业的发展，稳定市场物价，安定人民生活都有着十分重要的意义和作用。

3. 批发价格。它主要指批发商向零售商供应商品的价格。但在目前的实际经济生活中，凡购买商品的数量达到了一定的批发起点的购买者都可享受批发价格，因此，广义的批发价格是指成批销售商品时所采用的价格。如果按产品分，批发价格可分为工业品批发价格和农产品批发价格；如果按地区分，批发价格可分为产地批发价格和销地批发价格；如果按部分分，批发价格则可分为商业批发价格和物质批发价格，后者一般称为供应价格，专指生产企业和物资供应企业向工矿企业供应生产资料的价格。批发价格处于工业品出厂价格、农产品收购价格等最初价格之后，但在零售价格之前，因此属于一种中间价格。它一头联系着生产，一头联系着零售，在市场价格结构中起着"承上启下"的作用。合理的批发价格对于正确处理商业各个环节的关系，稳定市场物价有着重要的意义。

4. 调拨价格。它是指商业部门内部、物资部门内部以及外贸系统内部各个批发企业之间调拨商品时的一种内部结算价格。它一般低于批发价、供应价，高于出厂价、收购价，体现了对本部门、本系统内部经营单位在价格上的优惠。调拨价格在历史上曾发挥过积极的作用，但也存在一些明显的弊病。目前，这一种价格形式只适用于少数由国家指令性计划分配的商品物资，大部分商品和物资则被批量价格（参见本章第三节中的批量差价）所代替。

5. 零售价格。它一般是指零售商业或工业自销门市部向个人消费者和社会集团出售商品的价格，包括出售生活资料、部分农业生产资料（化肥、农药、农药器械等）以及一些零星工业生产资料的价格。零售价格是商品在流通领域中的最后一道环节的价格。它体现着国家、商品经营者、广大消费者之间的经济关系，与广大人民群众利益息息相关。它也涉及国家财政收支的关系，涉及积累与消费的比例，在整个价格体系中占有重要的地位。

在商品流通过程中，工业品出厂价格和农产品收购价格属于最初价格，批发价格和调拨价格属于中间价格，零售价格则属于最终价格。这些不同环节的价格由进销差价、地区差价、调拨差价、批量差价、批零差价等差价联系在一起，形成了商品差价体系。它是国民经济各个部门之间所形成的生产领域价格体系的继续和实现。

第二节 商品比价体系

一、商品比价的一般知识

（一）商品比价的涵义

商品比价简称比价，是指在同一个时期，同一个市场内不同商品价格之间的比例关系。它主要体现了各种不同商品价格之间的横向联系，反映了各种不同商品生产者之间的交换关系。市场上各种商品价格之间的比例，构成了商品比价体系，成为整个价格体系的重要内容。建立合理的价格体系，最重要的是要建立起合理的商品比价关系。

商品比价的实质是不同商品价值量之间的比例关系。也就是说，生产不同商品所耗费的社会必要劳动量之间的比例关系是不同商品价值量之间比例关系的基础，两种商品比价的倒数是两种商品之间的实物交换的比例。由于目前我们还无法直接计算商品的价值，对两种商品的比较只能用两种商品的价格进行比较。严格地讲，两种商品价格之比得出的是使用价值交换的比值，它不会完全准确地符合价值之比。所以，在研究比价关系时，不仅要研究两种商品价格之比，更应联系价值之比进行分析，比较现实的方法是联系成本或盈利的比例关系去进行对比。

（二）商品比价研究的范围和种类

市场上各种商品之间客观上都存在着比价关系，但我们不可能、也没有必要对任何商品都进行比价研究，而只能从成千上万种商品中，找出对商品价格形成和价格总水平有重大影响和对国计民生有重要作用的商品作为研究的对象。在实际工作中，商品比价研究的范围，一般是生产上或消费中有联系、有影响或者能互相代替使用的商品之间的比价。它大体包括以下几个方面：

1. 使用价值相似而品质不同的同类商品的比价，如棉织品与麻制品、化纤制品，米与面，猪肉与牛肉之间的比价等。

2. 使用价值相似而价值量不同的同类商品的比价，如大灯泡与小灯泡、大吨位与小吨位的船舶之间的比价等。

3. 使用上可以互相代替的商品之间的比价，如生产资料中的煤、气、油等燃料之间，新老原材料之间的比价等。

4. 生产过程相互衔接的产品的比价，如工业品中的原材料与最终产品、半成品与成品之间的比价等。

5. 配套产品的比价，如主机与辅机、零部件与整机的比价等。

此外，商品比价还有工业部门之间的各种产品的比价，国产工业品与进口工业品的比价等。如果按产品部门分，上述比价可分为农产品比价、工业品比价、工农产品比价三大类。

（三）商品比价的影响制约因素

商品的比价关系是商品价值比例关系的货币表现。因此，商品比价的实质是不同商品价值量之间的比例关系。也就是说，生产不同商品所耗费的社会必要劳动量之间的比例关系，是不同商品价格之间比例关系的基础。这是由价值规律对价格运动起支配作用所决定的。为了判断商品比价是否合理，首先要计算商品的价值，然后再看价格是否符合价值，通过价值比例来判断价格比例是否合理。但由于目前我们还不能用科学的方法精确地计算出商品价值，所以，实践中通常采用以下两种方法：一是通过了解成本变化和利润变化来大体掌握价值量的变化，以成本的比例关系和利润率的比例关系来进行比价关系的研究，这种方法称为商品价值比较法。二是运用历史资料，将现行比价与历史比价进行比价关系的研究，从而分析现行比价关系的合理程度，这种方法称为价格指数比较法或历史比价比较法。除了商品价值比例是商品比价形成的基础以外，市场供求关系对商品比价也有重大的影响和制约作用。一般来说，长期供不应求的商品，价格必然是上涨的趋势，其价格此时形成的基础一般会是劣等条件下生产该商品的个别价值，则这种商品与其他商品的比价呈上升趋势；反之则相反。因此，安排比价关系必须要考虑市场供求关系的变化。在实际的定价过程中，尤其是实行政府定价的商品，其比价的安排还在一定程度上受到国家自然资源的配置政策及其他经济政策的影响和制约，有时候要有意识地运用价格比例与价值比例的适当背离，来实现国家的某项经济政策的要求。此外，消费者的偏好、历史比价、消费习惯等，对商品比价的形成也有比较明显的影响作用。

（四）商品比价的计算方法

商品比价的计算方法是按商品比价的研究范围来确定的，分为单项比价法和综合比价法两种方法。

1. 单项比价法。它反映了单项交换品与被交换品之间的价格比例关系。交换品是指要进行计算或研究价格是否合理、是否需要调整的商品；被交换品是指用来与交换品进行比较的商品。其基本计算公式为：

$$单项比价 = \frac{交换品价格}{被交换品价格}$$

2. 综合比价法。它反映了各类商品价格水平的比例关系，通常以一定时期为基期，把交换品价格指数与被交换品价格指数都定为100，然后求出各自报告期的价格指数，最后进行比较，从而求出综合比价指数。其基本计算公式为：

$$交换品与被交换品综合比价指数 = \frac{交换品价格指数}{被交换品价格指数} \times 100$$

二、农产品比价

（一）农产品比价的概念和种类

农产品比价是指在同一个市场、同一个时期里不同农产品价格之间的比例关系。它包括收购价格之间的比例和销售价格之间的比例，其中主要是指收购价格之间的比例。农产品的种类繁多，研究农产品比价，既要研究农、林、牧、副、渔五类产品的比价关系，又要研究农业（主要指种植业）内部各种产品及林、牧、副、渔内部各种产品的比价关系。由于粮食在农业生产中处于基础和中心的地位，因此，在现实经济生活中，农产品比价研究的重点，主要是粮食与其他农副产品的比价关系。它包括以下几个大类：

1. 粮食与经济作物的比价，简称粮经比价，它是最重要的一种农产品比价，如粮棉比价、粮烟比价、粮麻比价等。

2. 粮食与畜禽产品的比价，如粮猪比价、粮蛋比价等。

3. 粮食与土特产品的比价，简称粮特比价，如粮茶比价、粮果比价等。

4. 粮食与水产品的比价，水产品目前主要是指淡水鱼产品。

5. 粮种比价，如稻谷与小麦或玉米之间的比价、主粮与杂粮之间的比价等。

（二）农产品比价的意义及应体现的原则

农产品比价的实质是同一个地区不同农产品的生产者之间以及不同地区的农产品生产者之间的收益高低的对比关系。价值规律对农业生产调节作用的一个重要方面，就是通过农产品比价起作用的。中华人民共和国成立以后，在绝大部分农产品实行计划生产、计划价格的情况下，我国原有的农产品比价主要是通过国家计划安排的。近年来，随着社会主义市场经济体制的确立，目前大部分农产品价格已经放开，无论是收购价格还是销售价格都主要由市场供求关系形成。因此，进入 21 世纪后除少数品种（如实行国家合同定购的粮食）以外，大多数农产品比价应以市场平均价格来计算，以便更贴近实际。合理的农产品比价，直接决定着各种农产品生产的品种和数量。它有利于调节土地的合理使用，实现对劳动力资源和农业生产资料的合理分配，对于促进农业生产发展，调整农业的产业结构，正确处理不同地区农产品生产者和同一个地区不同农产品生产者的经济利益关系，有着重要的意义和作用。今后，无论是国家有计划安排的极少数重要的农产品比价，还是绝大多数通过市场自发形成的农产品比价，都应体现以下几点要求：

1. 体现价值规律的要求。应使各种农产品的价格比例与价值比例基本相适应，从而使农产品生产者无论生产哪一种农产品，都能在正常年景、合理生产、中等成本的情况下，获得大体相当的农业纯收益。

2. 体现我国基本国情的要求。从我国人口多、耕地少、对粮食需求量大的实际情况出发，在全国范围内，应以粮食价格为中心，形成合理的农产品比价关系，在保证粮食生产有合理收益的同时，促进农、林、牧、副、渔各业的全面发展。从我国地域辽阔以及各地自然、地理条件差异较大的实际情况出发，使农产品比价有利于农业生产因地制宜、扬长避短、发挥优势，使集中产区的农产品生产者能有较多的收益，以促进农业生产专业化的发展。

以粮食价格为农产品比价的中心，其主要依据是：其一，农业是国民经济的基础，粮食又是农业的基础，是人类赖以生存的最基本的生活资料，是重要的战略物资，其生产、供应状况制约着农业乃至整个国民经济的发展。其二，"民以食为天"，"千事万事，吃饭是头等大事"，粮食在经济生活中，具有举足轻重、不可取代的重要地位和作用。其三，粮食在我国农业生产中，其产量占全部农产品产量的比重最大，种植面积所占比重最大。其四，在几千年商品交换的历史中，粮食始终起着实物货币的作用，是一个共同认定的比较标准。其五，粮食价格是整个市场物价的基础，"粮价稳，人心稳，市场稳"，粮价波动，百价震荡。党的十六大以来，党中央、国务院坚持把解决"三农"问题作为全党工作的重中之重，作出了一系列重大的、影响深远的战略部署，粮食安全的警钟要始终长鸣，巩固农业基础的经验要始终紧绷。近年来，国际市场粮价猛涨，更加深了我们对粮食安全的认识。因此，必须进一步认识解决粮食问题的重要性、紧迫性、艰巨性，把完善粮食等主要农产品价格形成机制作为深化价格改革的首要任务。农业是弱势产业，仅靠市场调节供求是不够的，还需加大国家对粮食生产的支持力度。国家的支持主要运用经济手段，发挥价格杠杆作用，并以价格为基础和依据来增加财政补贴。

3. 体现市场供求规律的要求。要考虑不同农产品的产销供求情况，以此作为调整农产品比价的一个重要依据。对由于比价不合理而造成的农业内部比例失调和供求矛盾，要采取适时调整比价的方法来解决。

4. 以历史上较长时期内正常年景的平均比价作为调整现行比价的参考依据。

（三）农产品比价的计算方法

根据研究农产品比价的需要，其计算方法一般有单项比价和综合比价两种。

1. 农产品单项比价。它是指一种农产品价格与另一种农产品价格之间的比例关系。其计算公式为：

$$农产品单项比价 = \frac{交换品价格}{被交换品价格}$$

公式中的交换品是指需要研究其价格是否合理、是否需要调整价格的商品；被交换品是指用来同需要研究的商品进行比较的商品，一般都是粮食或粮食中的主要粮种。因此，农产品比价研究和计算的一个显著特点是，其分母大多是粮食或粮食中的主要粮种的价格。

2. 农产品综合比价。它是指某一类农产品价格指数与另一类农产品价格指数之间的比例，如粮食类与经济作物类，粮食类与畜禽产品类的比价等。由于每一类农产品中都有若干个品种，而且各种农产品的使用价值也不相同，因此，不能简单地采用各个品种的价格直接比较来计算，而只能用各类农产品价格指数比较的方法来计算。综合比价主要用来研究各类农产品价格水平的状况和变动，其计算公式为：

$$农产品综合比价 = \frac{交换品价格指数}{被交换品价格指数} \times 100$$

衡量农产品比价是否合理的依据，可根据不同情况，分别采用成本比、纯收益率比、每亩净产值比、标准劳动日净产值比、历史比等不同方法。

三、工业品比价

（一）工业品比价的概念和种类

工业品比价是指在同一个时期、同一个市场里不同工业品价格之间的比例关系。不同工业品价格主要是指不同工业品的出厂价格和零售价格。与农产品相比，工业品的种类要多得多。客观上，任何工业品只要有价格，它与其他工业品就存在比价关系。但是，一般来说，工业品比价的研究范围主要包括以下两大类：

1. 生产上相互关联、相互影响的不同工业品价格之间的比例。它包括原材料、燃料、制成品之间的比价；同种原材料生产的不同加工品之间的比价（如针织品、棉织品之间的比价）；各种能源之间的比价；机器工业品与手工产品之间的比价等。

2. 消费上相互关联、相互影响的不同工业品价格之间的比例。它包括可以相互代替使用的各种工业品之间的比价（如棉、毛、丝织品与化纤织品之间的比价）；一般消费品与高档消费品之间的比价；进口商品与国产同类商品之间的比价等。

随着工业生产的不断发展和科学技术的不断进步，发生比价关系的商品品种将不断增加。

（二） 工业品比价的意义及应该体现的原则

工业品比价主要反映工业内部专业化和分工协作的关系，反映工业品生产和消费之间的比例关系。合理的工业品比价，有利于促进工业内部按比例发展，满足市场多方面的需要；有利于正确衡量不同部门、不同企业的经营成果，正确贯彻按劳分配为主体，资本、技术、管理等生产要素按贡献参与分配的原则；有利于合理开发和利用各种社会资源，节约社会财富。总之，合理的工业品比价对于工业生产和整个国民经济的协调发展，有着十分重要的意义和作用。随着社会主义市场经济体制的逐步形成，今后，除极少数重要的工业品比价仍由国家计划安排以外，大部分的工业品比价将通过市场形成。合理的工业品比价，应该体现以下几项原则：

1. 按照价值规律的要求，贯彻等价交换的原则。以商品价值量为基础，使各种工业品的价格比例与价值比例基本相适应，使生产和经营各种社会需要的不同工业品的生产者和经营者，在正常生产、合理经营、中等成本的条件下，都能在补偿各种合理的劳动耗费之外获得大体平均的利润。

2. 体现不同工业品产销供求情况，利用价格杠杆促进或限制各种工业品的生产和消费。

3. 有利于国内资源的合理配置。我国总资源特别是有些自然资源比较丰富，但人均占有量却相对贫乏，而且在资源品种分布上，有些资源比较多，有些资源相对较少。如何利用有限资源创造更多的国民生产总值，是合理形成工业品比价需要重点考虑的一个问题。

4. 体现国家在不同时期的经济政策要求，必要时应有意识地利用价格与价值之间的偏离，制定某种工业品较高或较低的价格，从而形成对其他工业品较高或较低的比价关系。

（三） 工业品比价的计算和研究方法

与农产品比价的计算和研究方法一样，对工业品既可以计算单项比价，又可以计算综合比价。计算单项比价时，可以用两种方法进行研究：

1. 用不同工业品的出厂价格进行对比，从生产角度研究工业品比价对不同工业品生产的影响。

2. 用不同工业品销售价格（主要是零售价格）进行对比，从消费者角度研究工业品比价对不同工业品市场消费的影响。

计算工业品综合比价时，则主要通过对不同种类的工业品的利润水平（如资金利润率、成本利润率）的相关数据进行比较，这样既可以从生产角度，又可从消费角度研究工业品比价关系对工业品生产和消费的影响，以便充分发挥工业品比价的影响作用和调节作用。应该说，综合比价的意义要大于单项比价的意义。

工业品比价的计算公式为：

$$\text{工业品单项比价} = \frac{\text{交换品价格}}{\text{被交换品价格}}$$

$$\text{工业品综合比价} = \frac{\text{交换品价格指数}}{\text{被交换品价格指数}} \times 100$$

四、工农产品比价

（一）工农产品比价的概念和涵义

工农产品比价是指在同一个时期、同一个市场里工业品零售价格与农产品收购价格之间的比例关系。它表示在不同的时期，农民用一定数量农产品能换回多少数量的工业品，或者说是在不同的时期，国家和工业用一定数量的工业品能够换回多少数量的农产品，因此，它又可以称为工农业商品的交换率。研究工农产品比价，就是要考察这种交换比例是否与工农业商品的价值比例相适应及研究其变化趋势，以便为国家和商品生产经营者正确进行价格决策提供依据。由于它所反映的是工业与农业、国家与农民的交换关系，因此，必须用在同一个时期、同一个市场里的工业品零售价格与农产品收购价格进行比较，否则就会失去可比性。

（二）工农产品比价的种类及其计算方法

工农产品比价包括单项比价和综合比价两种形式：

1. 工农产品单项比价是指在同一个时期、同一个市场里某种工业品零售价格与某种农产品收购价格之间的比例。它表示某种工业品与某种农产品相互交换的数量比例，能生动、直观地说明农民从工农产品价格变化中实际经济利益的变化情况，既为合理制定、调整某种工业品零售价格和某种农产品收购价格提供了参考依据，又是计算工农产品综合比价的基础。在实际经济生活中，需要研究和安排好的有密切经济联系的单项比价主要有三种：（1）主要农产品与农用生产资料之间的比价，如粮食、棉花、油料等农产品与化肥、农药、农机等农业生产资料之间的比价；（2）农产品原料和以它为原料的工业品之间的比价，如棉花与棉纱，羊毛与羊毛制品，原粮与成品粮之间的比价；（3）主要农产品与农民生活必需的工业品之间的比价，如粮食与棉布、火柴、食盐之间的比价等。工农产品单项比价有两种计算方法，其计算公式为：

$$\text{农产品换工业品的单项比价} = \frac{\text{某种农产品收购价格}}{\text{某种工业品零售价格}}$$

$$\text{工业品换农产品的单项比价} = \frac{\text{某种工业品零售价格}}{\text{某种农产品收购价格}}$$

2. 工农产品综合比价是指在某个时期内工业品零售价格指数与农产品收购价

格指数之间的比例。它是以某个时期为基期，分别计算报告期的工业品零售价格指数和农产品收购价格指数，并加以对比得到的。这样，既可以从动态上观察整个工农产品比价的变化趋势，又能从使用价值上反映工农之间、国家与农民之间在商品交换中的经济利益关系及其变化情况，成为国家合理制定调整经济政策和经营者适时调整工农产品价格的重要依据。综合比价分为正、逆两种指标。所谓正指标又叫农产品换工业品的综合比价指数，它是以农产品为交换品，工业品为被交换品，以工业品零售价格指数为基数（100）计算的，反映了农产品对工业品交换比例的变化，说明报告期与基期相比，农民用同样数量的农产品所换得的工业品的数量增减情况。所谓逆指标又叫工业品换农产品综合比价指数，它是以工业品作为交换品，农产品作为被交换品，以农产品收购价格指数为基数（100）计算的，反映了工业品对农产品交换比例的变化，说明报告期与基期相比，国家和工业部门用同样数量的工业品所换得的农产品的数量增减情况。两个指标的计算公式分别为：

$$\frac{农产品换工业品}{综合比价指数} = \frac{农产品收购价格指数}{工业品零售价格指数} \times 100$$

$$\frac{工业品换农产品}{综合比价指数} = \frac{工业品零售价格指数}{农产品收购价格指数} \times 100$$

（三）工农产品比价的变化和发展趋势

工农产品比价是工业与农业、城市与农村、国家与农民发生经济联系的一种主要形式，它的任何变化都会引起国民收入在国家与个人、积累与消费之间的重新分配。中华人民共和国成立以后，国家为消灭旧中国遗留下来的不合理的工农产品比价关系作出了极大的努力。在原来的以计划经济为主，绝大部分工农产品实行计划生产、计划价格的体制下，国家通过多次较大幅度地提高农产品收购价格，基本稳定以至适当降低某些工业品，特别是农业生产资料零售价格的办法，使农民从工农产品交换中得到了很大的好处。农民用同样数量的农产品所换得的工业品基本上一直呈不断上升的趋势。随着社会主义市场经济体制的逐步确立，今后的工农产品比价，将在价值规律的作用下，体现等价交换或近乎于等价交换的原则以及国家经济政策要求工农产品比价主要应通过市场形成。一般而言，由于工业的劳动生产率提高速度较快，而农业受土地资源、自然条件的限制，边际报酬递减的情况十分明显，生产效益提高较慢。因此，在当前和今后的一个时期内，农产品相对价格上升将是一种必然的趋势。合理的工农产品比价，将有利于正确处理国家与农民之间、城乡之间、工农之间的关系；有利于国民经济的协调发展；有利于推动工业对农业的技术改造，从而发挥重大的政治经济作用。

据历史资料记载，解放前我国的农产品换工业品综合比价指数一直呈不断下降的趋势，据四川大竹、广西百色、陕西安康、安徽六安四个农村市场典型调查显示，1948 年与 1936 年相比，农产品换工业品综合比价指数为 60.56，表明 1948 年

与 1936 年相比, 工业品换农产品增加了 65.11%, 相应地农产品换工业品下降了
39.44%, 也就是说, 1948 年与 1936 年相比, 农民要取得同样数量的工业品必须多
付出 65.11% 的农产品或者少换回 39.44% 的工业品。中华人民共和国成立以后,
情况发生了很大的变化。中华人民共和国成立初期, 党和国家针对当时通货膨胀、
物价飞涨的局面, 为了迅速稳定国民经济、安定人民生活, 把旧中国不合理的价格
体系大部分保留了下来, 然后, 随着国民经济的发展, 开始着手解决旧中国不合理
的工农产品比价, 国家通过多次提高农产品收购价格, 降低化肥、农药、农机具销
售价格, 并保持工业消费品零售价格相对稳定以至适当降低的办法, 逐步缩小了旧
中国遗留下来的不合理的工农产品比价, 到 1958 年, 工农产品比价就恢复到了抗
战前的平均水平。此后工农产品比价一直朝着向农民有利的方向发展, 农民用同等
数量的农产品所换得的工业品逐年有所增加。特别 1978 年党的十一届三中全会以
后, 我国进行了经济体制改革, 国民经济得到了快速发展, 价格总水平也有了较大
的提升。在农产品收购价格有了比较大的提高的同时, 工业品零售价格特别是农业
生产资料的销售价格上升幅度更大。1993 年以后的几年间, 由于农产品收购资金
紧缺, 仓容不足以及有些品种出现结构性过剩等原因, 工农产品比价又曾出现了对
农民不利的影响。进入 21 世纪以后, 党和国家对全面推进改革开放和社会主义现
代化建设作出了战略部署, 科学发展观的观念更加深入人心。为促进国民经济又好
又快发展, 近年来, 在加强农业基础建设设施, 扎实推行新农村建设上取得了可喜
的成绩: 政府投资继续加大了对农业的支持; 加强了农业基础设施的建设; 促进了
重要农产品 (特别是粮食、棉花、油料、生猪、奶业) 生产的稳定发展; 巩固、
加强和完善了涉农补贴政策; 健全了农业社会化服务体系, 拓宽了农民增收的渠
道; 全面实施了农村综合改革, 使工农产品比价朝着不断合理的方向发展。

五、工农产品价格剪刀差

(一)"剪刀差"的涵义和实质

工农产品价格剪刀差, 一般简称为"剪刀差"。它是指在工农产品交换中, 农
产品价格低于价值、工业品价格高于价值所形成的工农产品不等价交换关系及其趋
势。这种不等价交换关系在统计图表上按时间序列表现为剪刀张开状, 故被形象地
称为"剪刀差"。剪刀差是工农产品比价中的一种特殊形式, 它是一个历史范畴,
是商品经济发展到一定历史阶段后在一定社会经济条件下产生的。商品经济是其存
在的前提条件, 但不是决定性的条件。决定性的条件是工农业交换双方经济发展水
平悬殊, 而且市场竞争不充分, 从而发生工业部门产品在较长时间内维持较高价格
水平, 农业部门产品在较长时间内被迫接受较低价格水平, 因此, 剪刀差的实质是
工农产品的不等价交换。作为价格学上的一个专有名词, 它是在 20 世纪初被提出
来的。剪刀差这一个概念最早见于联共 (布) 中央第十三次代表大会的结论中,

斯大林在 1929 年对其概念和实质有如下说明："农民除了向国家缴纳普通税即直接税和间接税以外，还要缴纳一种超额税，即在购买工业品时多付一些钱，而在出卖农产品时少得一些钱。""农民缴纳的这种超额税是实际存在的，这是不是事实呢？是事实，我们还把它叫做什么呢？我们还把它叫做剪刀差。"①

（二）剪刀差的表现形式

剪刀差有两种表现形式：一是通过价格动态即工农产品综合比价指数变化来表现的剪刀差，通常称为比价剪刀差；二是通过价格背离价值程度来表现的剪刀差，通常称为比值剪刀差。当我们用工农产品综合比价指数，从动态上观察工农产品价格变化趋势时，如果报告期和基期相比，工业品换农产品综合比价指数不断扩大，农产品换工业品综合比价指数不断缩小，这种变化趋势在统计图表上反映出来，形成张开的剪刀状，故称为剪刀差扩大；反之，则称为剪刀差缩小。因为价值比例要通过价格比例反映出来，因此，进行比价剪刀差的研究是十分必要的。在工农业劳动生产率变化不大或变化方向、幅度差不多的情况下，它基本上可以反映农民劳动和工人劳动的数量变化情况及其趋势，反映农民在商品交换中所得到的实际利益的变化情况。但是，这种从价格动态表现的剪刀差有很大的局限性，因为工农产品的价值都是在不断变动的，特别是在工农产品价值变化方向或幅度存在较大差别的情况下，如果仅仅只在比价剪刀差的变化上进行分析，不仅抓不住剪刀差的实质，有时还会得出与实际情况相反的错误结论。根据马克思主义的价格理论，价值是一个可变量，价格是价值的货币表现，它除了受到商品价值本身的影响以外，还受其他多种因素的影响，有时会背离价值，同时，判断商品价格是否合理，不是依据价格自身的变化，而是依据商品价格的变化是否反映了价值的变化。所以，只有将工农产品价值量的变化也考虑在内，才能确切地反映剪刀差的状况，即在研究比价剪刀差的同时，我们还必须注重研究比值剪刀差。

（三）工农产品比价与"剪刀差"的关系

工农产品比价与剪刀差是既有联系又有区别的两个概念。在认识和使用上不可混淆，不能替代，也不能等同。

两者之间的联系表现在：剪刀差有两种表现形式，一是通过价格动态即工农产品综合比价指数的变化来表现的剪刀差，通常称为比价剪刀差；二是通过价格背离价值程度来表现的剪刀差，通常称为比值剪刀差。当我们用工农产品综合比价指数从动态上观察工农产品价格变化趋势时，如果报告期和基期相比，工业品换农产品综合比价指数不断扩大，农产品换工业品综合比价指数不断缩小，这种变化趋势在统计图表上反映出来，形成张开的剪刀状，故称剪刀差不断扩大；反之，则称为剪刀差缩小。因为价值比例要通过价格比例反映出来，所以，进行比价剪刀差的研究

---

① 《斯大林全集》第 12 卷，人民出版社 1955 年版，第 45 页。

是十分必要的。在工农业劳动生产率变化不大或者方向、幅度差不多的情况下，它基本上可以反映农民劳动与工人劳动的数量变化。

两者之间的区别主要表现在：第一，从问题的产生看，工农产品比价仅仅是两种价格或价格指数的比例关系，只要存在工农产品之间的交换，就必然存在比价关系，它不能回答是否等价交换的问题；而"剪刀差"则是一定历史阶段的产物，它反映的是工农产品之间的不等价交换关系。第二，研究的范围有所不同。工农产品比价主要研究的是工农两种商品价格之间的比例，而"剪刀差"则既要研究价格比例，又要研究价值比例。第三，存在的前提条件不同。研究工农产品比价是以工农业产品等价交换为前提的，如果两者之间有背离，也是不固定的，而"剪刀差"存在的前提是交换是在不等价交换原则下进行的，其典型状况是工业品价格高于价值，农产品价值低于价值，其背离是比较固定的、长期的，所以，将工农产品综合比价的缩小幅度直接说成是"剪刀差"缩小幅度是不正确的。从一定意义上说，工农产品比价是表层的、一般性的研究，而"剪刀差"是更为复杂深层的研究。

工业和农业作为社会两大产业部门都有为社会主义建设提供资金的义务，工业主要通过上交税金（增值税、所得税）形式，而且税金在整个税收总额中占有90%以上的比重，而农业从2006年开始即取消了长达2 600多年的农业税，此外，国家每年还要通过财政、信贷等途径，向农业投放巨额的资金，而农田基本建设、森林保护、农田水利、农技干部培养支出等都构成了农产品价值的一部分，这些都不能从价格中得到补偿。

（四）我国剪刀差的历史和现状

我国现存的剪刀差是历史上遗留下来的。1840年鸦片战争以前，我国工农业生产力水平都很低，资本主义还处于萌芽状态，基本上是封建的自然经济，工农产品交换基本上是等价的，并不存在剪刀差。鸦片战争以后，帝国主义列强侵入我国，同官僚买办勾结在一起，垄断了我国城乡市场。一方面，他们廉价购买中国的农产品原料；另一方面，他们高价出售工业品，使中国人民，特别是中国农民在工农产品交换中遭受了极大的剥削，剪刀差开始在我国存在。抗日战争开始以后，由于日本帝国主义的侵华战争和国民党反动派的连年内战以及投机商人和民族资本的中间剥削，造成我国生产力受到破坏、交通阻塞、物资交流困难，更是使旧中国的剪刀差一直呈不断扩大的趋势。这种状况一直持续到国民党反动统治垮台为止。中华人民共和国成立以后，情况发生了根本的变化，国家实行了逐步缩小剪刀差的方针，一方面，逐步提高了农产品收购价格；另一方面保持了工业消费品，特别是保持了农业生产资料零售价格的相对稳定。到1958年，以价格动态表示的剪刀差已缩小到抗战前的水平。此后，特别是党的十一届三中全会以后，历史上遗留下来的剪刀差有了更明显的缩小，农民用同样数量的农产品所换得的工业品不断增多，农民从剪刀差的缩小中得到了很大的好处。但是近年来，由于种种原因，如农业生产资料价格上涨过猛、农村摊派提留过多等，中华人民共和国成立以后，特别是党的十一届三中全会后曾经大大缩小了的剪刀差又有所扩大。剪刀差问题并没有得到彻底的解决的主要原因有：

1. 历史上形成并遗留下来的剪刀差难以在短时期内全部解决。

2. 国家发展工业，进行社会主义建设需要大量的资金，在一定时期内，通过剪刀差的形式向国家上交一部分财政收入，应看做是农民的一种责任和义务。

3. 在我国，由于生产力水平的限制，工业劳动生产率增长速度快于农业的状况还将继续在一个相当长的时期存在，这是剪刀差存在的潜在因素和物质前提。

（五）对我国现存剪刀差的认识

首先，必须认识到我国现存的剪刀差与旧社会的剪刀差有着本质的区别。旧中国的剪刀差是帝国主义、官僚买办、封建主义相互勾结，剥削农民的一种手段，它体现的是剥削关系；现存的剪刀差则可以看成是农民为社会主义建设提供资金的另一种形式。

其次，从量上看，我国现存的剪刀差比起旧中国的剪刀差来说大大缩小了。农民用同样数量的农产品所换得的工业品一般呈不断增多的趋势。

再次，剪刀差的存在说明工农产品仍然是不等价交换关系。它是违背价值规律要求的。如果长期过大地保留剪刀差，对农业现代化乃至整个国民经济发展都是不利的，剪刀差不能过大，偏大的剪刀差的存在时间不能拖得过长。从发展的观点来看，缩小乃至最后消灭剪刀差，实现工农产品等价交换或近乎于等价交换，应该作为我们的一项长期政策和今后应当努力实现的目标。

最后，缩小和最后消灭剪刀差是一个长期的过程，要根据需要与可能逐步解决。从需要方面来说，主要是要照顾农民的利益，一是要使农产品换工业品的数量逐年有所增加；二是要使农业生产者除了补偿生产费用以外，积累有所增加以及农业扩大再生产能力有所增强；三是使大多数农民收入与工人收入保持合理比例并逐步接近。从可能方面来说，主要是缩小和消灭剪刀差要与国家财政负担能力、与工业品供应能力相适应，避免引起财政赤字和工业品供应的紧张，避免发生通货膨胀、物价上涨的现象。

（六）缩小剪刀差的途径

根据剪刀差的性质和特点，在社会主义市场经济体制下，要实行工农产品等价交换和近乎等价交换，缩小剪刀差的途径主要有：

1. 努力提高农业劳动生产率，降低农业成本，使农产品价值相对下降。从长远看，这是解决剪刀差问题的根本出路，在目前也有着十分重要的经济意义。历史上，剪刀差问题在世界各国工业化过程中都出现过，它是先进的资本主义工业、城市对落后小农经济的农业的一种剥削，美国、加拿大、澳大利亚等国都是通过发展农业，提高农业劳动生产效率的经济手段解决剪刀差问题的。因此，我们要采取正确的农业经济政策和价格政策，加大工业对农业的"反哺"，解决历史上遗留下来的剪刀差问题。我国人口多、耕地少，发展农业生产、提高农业劳动生产效率大有潜力可挖。我们可以不断增加对农业的投入，改善农业的有机构成，调整农业结构，提高规模经济效益和集约化程度，走"高产高效"之路。

2. 调整和放开工农产品价格，通过市场机制的作用，自动地形成合理的比价。由于目前实行政府定价的农产品比重已经不大，所以重点应放在搞好宏观调控，更好地协调工业与农业、城市与农村的关系，并控制农业生产资料价格上涨的势头。

3. 解决剪刀差问题的根本出路是给农民"国民待遇"。要加强工业反哺农业，从总体上促进以城代乡，以工促农，实现农民市民化、国家城市化。

第三节　商品差价体系

一、商品差价的一般知识

（一）商品差价的涵义

商品差价简称差价，是指同一种商品由于购销环节、购销地区、购销季节、购销数量以及规格质量不同而形成的价格差额。它主要体现了商品价格运动的纵向联系，反映了商品生产、流通过程中的各种经济关系。

（二）商品差价的种类和实质

商品差价有多种表现形式。按流通环节分，有购销差价、批零差价；按流通的空间分，有各种地区差价；按流通的时间分，有各种季节差价；按购销的数量分，有批量差价、零售差价；按商品的规格质量分，有规格质量差价；上述各种差价一起构成了商品的差价体系，商品差价体系也是整个价格体系的重要组成部分。

除了规格质量差价以外，其余的各种差价实质上都是商品价值一部分的货币表现。这是因为商品生产出来后，必须经过流通过程的各个环节，才能最终进入消费领域，实现商品的价值和使用价值。流通过程的商品经营者，在组织商品流通的过程中，需要支付一定流通费用，取得一定的利润，还要缴纳一定的税金，这些流通费用、利润、税金应该从价格中得到补偿，这就决定了商品差价的存在。此外，商品差价的大小还受到市场供求、国家政策等因素的影响和制约。

（三）商品差价的计算方法

商品差价有差价额和差价率两种表现形式。其中差价额即构成商品差价的两种价格之间的差额。差价率即差价额占计算基价的百分比，在实际工作中，一般简称为差率，其一般计算公式为：

$$差价率 = \frac{差价额}{计算基价} \times 100\%$$

计算基价可以是出厂价格、收购价格、批发价格、零售价格、基期（旺季）平均价格、标准品价格等多种形式。如果用构成差价的两种价格中较低的价格作为计算基价，其差价率称为加价率；如果用较高的价格作为计算基价，其差价率称为折扣率或倒扣率。在实际工作中，前者一般简称为顺加，后者一般简称为倒扣。

二、购销差价

（一）购销差价的概念

购销差价也称进销差价。它是指同一个产地的同一种商品，在同一个时间内，商品经营者的购进价格与销售价格之间的差额。它包括农产品购销差价与工业品购销差价两种形式，分别反映产地批发商与农民的经济关系和产地批发商与工业品生产者的经济关系。

（二）农产品购销差价

农产品购销差价是指同一个产地的同一种农产品，在同一个时间内，收购价格与销售价格之间的差额。这里所说的销售价格，包括农产品的产地批发价格、调拨价格和产地零售价格。农产品购销差价主要由产地批发企业耗费的合理的流通费用和一定的利润两个部分构成，部分农产品的购销差价中还包括农林特产税（如茶叶、烟叶、水产品等）、技术改进费（如棉花、麻类等）、育林基金（林产品）等项目。由于各种农产品在生产和销售中具有不同的特点，经营单位对不同农产品的经营方式也有所不同，因此，农产品购销差价具有不同的形式，主要有：

1. 购零差价，即农产品收购价格与产地零售价格之间的差额。这种差价形式适用于那些产地批零兼营的商业经营者收购后不需加工，也不必再经过批发，而直接以零售价格向当地消费者销售的农产品，如水果、蔬菜、鸡蛋等。

2. 购批差价，即农产品收购价格与产地批发价格之间的差额。这种差价形式适用于那些产地批发商收购后以批发价格供应给当地的工业、手工业企业作为工业原材料和以产地批发价（调拨价）供应给外地批发商的农产品，这是农产品购销差价的主要形式。

3. 原成差价，即原料收购价格与成品零售价格之间的差额。这种差价形式适用于产地经销商以收购价格从农民手中收购农产品以后，需经过简单加工、复制以后，再以零售价格供应给当地消费者的农产品，如将稻谷加工成大米，油料加工成油脂，生猪加工成白肉等。

农产品购销差价的一般计算公式为：

农产品购销差价=产地销售（批发、零售）价格-产地收购价格

在实际工作中，购销差价表示农产品收购价格与销售价格之间的差额大小，商

业经营者在农产品收购价格既定的情况下，一般可根据有关主管部门规定（目前这种情况已越来越少）或根据历史经验数据及市场供求情况自定的购销差价率（目前这是主要形式），来计算和制定农产品销售价格。这里的购销差价率，一般是顺加率，即购销差价占收购价格的百分比，其计算公式为：

$$购销差价率 = \frac{购销差价}{收购价格} \times 100\%$$

销售价格 = 收购价格 ×（1+购销差价率）

（三）工业品购销差价

工业品购销差价一般称为进销差价，是指工业品产地批发商在同一个时间、同一个市场里购进和销售同一种工业品的购进价格和销售价格之间的差额，具体而言，即工业品出厂价格与产地批发价格之间的差额。工业品进销差价主要由产地批发商在组织商品流通过程中的合理流通费用和一定的利润构成。产地批发商对购买者（主要是销地批发商和大批量的购买者）实行了调拨折扣优待和批量折扣优待的商品，进销差价中还应加上调拨折扣和批量折扣，即实际上还包括了销地批发商和从产地批发商处大量进货的零售商的一部分流通费用和利润。

工业品进销差价计算的一般公式为：

工业品进销差价 = 产地批发价格−出厂价格

在实际工作中，进销差价主要有两个作用：

1. 厂商先制定出厂价，产地经销商根据有关主管部门规定（目前仅极少数商品如此）或由工商双方协商议定的进销差价率（这是一种顺加的差价率，即进销差价占出厂价格的百分比）制定产地批发价格。这种定价方式使批发价格随着出厂价格变动而变动，一般称为顺加定价法。其计算公式为：

$$进销差价率 = \frac{进销差价}{出厂价格} \times 100\%$$

产地批发价格 = 出厂价格 ×（1+进销差价率）

2. 先由经销商根据市场情况制定产地批发价格，然后倒扣一定比例的进销差价率（这是一种倒扣的差价率，即进销差价占产地批发价格的百分比），最后与工业部门结算，从而形成工业品出厂价格。这种定价方式使出厂价格随着批发价格的变动而变动，一般称为销价倒推法、向后定价法。在大部分商品形成买方市场、价格主要通过市场形成的情况下，这将是一种主要的定价方式，其计算公式为：

$$进销差价率 = \frac{进销差价}{产地批发价} \times 100\%$$

出厂价格 = 产地批发价格 ×（1−进销差价率）

（四）购销差价的意义和应该体现的原则

工农产品的购销差价都是商品从生产领域进入流通领域的第一道环节的差价。

它关系到商品生产者与经营者之间、国家与农民之间、经营者与消费者之间的经济利益。其实质是如何在生产者与经营者之间分配利润的问题。合理地安排工农产品的进销差价对于正确处理上述关系、促进社会经济协调发展，有着重要的意义和作用。在安排购销差价的时候，既要按照价值办事，兼顾各个方面的经济利益，使商品生产者在正常生产、合理经营的条件下，劳动耗费都能得到补偿，并能获得大体相当的盈利；又要根据不同商品的产销供求情况及其在国计民生中的地位，有区别地安排大小不同的购销差价。

三、地区差价

（一）地区差价的概念和种类

地区差价是指同一个商品在同一个时间、不同地区相应环节的价格之间的差额。相应环节价格之间的差额主要有三种情况：

1. 不同地区农产品收购价格之间的差额，包括同一种农产品在同一个时间内，产地初级市场与集散市场之间、主要产地与次要产地之间、集中产地与分散产地之间、老产区与新产区之间收购价格上的差额。

2. 不同地区工矿产品出厂价格之间的差额，这里主要指那些资源条件、技术条件相差悬殊，而且又是地产地销的工矿产品，特别是采掘工业品，需要根据不同地区产品的平均价值量制定不同的出厂价格，因而出现同一种产品在同一个时间内出厂价格之间的差额。

3. 不同地区工农产品销售价格之间的地区差价，包括不同地区工农产品批发价格之间和不同地区工农产品零售价格之间的差额，其中不同地区工农产品批发价格之间的差额是一种最主要的地区差价。

目前，对于大中型零售商业企业，大多数商品是从产地工厂企业或产地农产品批发企业直接进货的，这样，可以同时获得地区、批零两道差价，减少了流通环节，从而降低了流通费用。

（二）地区差价形成的原因

从总体上来看，地区差价形成的原因主要有：

1. 农产品收购价格的地区差价和工矿产品出厂价格的地区差价主要是由生产因素引起的。由于不同地区生产条件不同，劳动生产率高低不一致，产品生产成本即劳动耗费也不一样，因此，同一种商品在不同地区生产，其价值量是不同的。为了发展生产和满足社会需要，对生产条件存在差异的不同地区的同一种农产品和同一种工矿产品（特别是采掘工业品），价格上就应该存在一定的差异，因而形成了农产品收购价格的地区差价和工矿产品出厂价格的地区差价。

2. 工农产品销售价格的地区差价主要是由于商品流通因素引起的。因为相当一部分商品在生产上和消费上存在着地区上的矛盾，有的是一地生产多地消费；有的是分散生产集中消费；有的是农村生产城市消费；有的是城市生产农村消费。商品经营者在组织商品流通的过程中，需要耗费一定的物化劳动和活劳动，这些劳动耗费的货币表现就是商品流通费用。此外，商品经营者还应取得一定的利润并缴纳一定的税金，这些流通费用、利润及税金是形成工农产品销售价格地区差价的原因。

从以上两点来看，地区差价的存在是有其客观经济依据的。目前，我国大部分商品价格已经通过市场形成。对由于生产因素形成的地区差价，应该从有利于生产发展，有利于社会生产力合理布局的原则出发，使地区差价有利于因地制宜、扬长避短、发挥优势，让生产条件优越地区的生产者能得到较多的收益；对由于流通因素形成的地区差价，则应该从有利于扩大地区之间、城乡之间的商品流通的原则出发，合理地加以安排，使商品经营者在正常经营情况下的合理费用得到补偿并取得合理的利润。

（三）工农产品销售价格地区差价的计算

除地区差价以外，在实际工作中一般是用地区差价率来表示地区差价量的大小。地区差价率一般简称地区差率，它是地区差价额占起算地（产地或进货地）批发价格的百分比。销地批发商可在起算地批发价格的基础上，根据有关主管部门规定（适用少数实行计划价格的商品）或企业自定的地区差价率，制定销地批发价格。其计算公式为：

$$地区差价率 = \frac{销地批发价 - 产地（进货地）批发价}{产地（进货地）批发价} \times 100\%$$

$$销地批发价 = 产地（进货地）批发价格 \times (1 + 地区差价率)$$

四、季节差价

（一）季节差价的概念和种类

季节差价是指同一种商品在同一个市场、不同季节里的收购价格或销售价格之间的差额。它按商品种类分，有工业品和农产品的季节差价；按价格类型分，有收购价格（或出厂价格）的季节差价和销售价格的季节差价。

（二）季节差价形成的原因

各种季节差价的构成由于形成差价的客观因素不同而有所区别，但总的来说，形成季节差价的客观经济原因主要有：

1. 由于商品的生产和消费存在时间上的矛盾，要求有一定的季节差价。例如，工业品一般是常年性生产，季节性消费；农产品则一般是季节性生产，常年性消费。为了保证商品的季节供应和市场的常年需要，要求经营者或生产者必须将商品储存一段时间。无论是经营者还是生产者在储存这些商品的过程中，都需要支付一定的储存费用，如保管费、占用资金利息、商品损耗、人工费用等，为了使这些储存费用得到补偿，并使储者得到一定的合理储存利润，就要求在不同季节的收购价格或销售价格中保持一定的季节差价。

2. 由于不同季节生产同一种商品所耗费的劳动不同（这个原因在农产品上表现得尤为明显），为了使不同季节的劳动耗费得到补偿，就必须以不同季节生产商品所耗费的劳动，即以不同季节的生产成本为基础，制定不同季节的收购价格或销售价格，从而形成同一种产品不同季节价格上的差额。

3. 为了调节供求矛盾也要求有一定的季节差价。例如，对于农产品，为了鼓励生产者排开播种期，推迟或提前播种、采摘、上市，或者为了鼓励生产者淡季生产、增加淡季市场供给；对于工业品，为鼓励消费者淡季购买，减轻商业储存压力，都有必要安排一定的季节差价，使淡季价格高于或低于旺季价格。

(三) 季节差价的历史演变及应该体现的原则

中华人民共和国成立以来，我国工农产品的季节差价走过了一个缩小、取消、恢复的过程。在国民经济恢复时期，国家就有计划地取消了全部工业品的季节差价，缩小了农产品的季节差价。从第一个五年计划开始，随着大规模经济建设的展开，农产品供求矛盾日益突出，国家为及时掌握资源，从 1953 年开始，先后取消了粮食、棉花、花生、生猪、烤烟等主要农产品的季节差价，到 20 世纪 60 年代，主要农产品的季节差价都取消了，只有蔬菜、水果、鲜蛋、水产品四类鲜活产品仍保留季节差价，而且一般都偏小或时有时无。改革前的季节差价不足已成为我国原有价格体系不合理的一个重要方面。从 1984 年开始，随着价格改革的不断深入，季节差价逐步得到恢复。目前，对于大部分季节性的工农产品已实行了季节差价。

季节差价反映着一定的经济关系。农产品季节差价反映着农商之间、农民与城市居民之间的经济关系；工业品季节差价反映着工商之间、商业各个环节之间以及国家、商业企业与消费者之间的经济关系。因此，季节差价的安排必须在符合价值规律的要求、坚持等价交换原则的指导下，使季节差价有利于季节性商品的生产、流通、储存；有利于促使商品经营者改善经营管理、加速资金周转、提高经济效益；有利于调节市场供求、正确指导消费；有利于正确处理好各个方面的经济关系。具体来说，对同一种商品不同生产季收购价格之间的季节差价（主要是农产品），应以同一种商品不同季节价值量的差额为基础，使生产者在不同季节付出的社会必要劳动得到补偿，并取得大体相当的收益；对同一种商品不同季节销售价格的季节差价（包括工业品和农产品），要以正常合理的储存费用为基础，使生产者或经营者除了补偿储存费用以外，还能得到合理的储存利润；对为调节淡旺矛盾、减轻商业储存压力、鼓励消费者淡季购买而安排的季节差价，则应以商品的储存利息为基础，使季节差价既适当高于储存利息，又不至于太大，以免加重商业负担。不同商品季节差价的大小应视储存的时间长短、费用高低、损耗大小而分别确定，以鼓励储存者改善储存技术并减少商品损耗。

（四）季节差价的制定和计算方法

由于季节差价形成的原因不同，其制定方式也有所区别。它主要有以下三种方法：

1. 储存成本法，又称储存差价法，这是以旺季最低价格为基础，加上储存费用和利润，计算淡季价格的一种方法。这种方法既可用来制定、计算淡季收购价格，也可用来制定、计算淡季销售价格。其计算公式为：

$$\text{淡季价格} = \frac{\text{旺季价格} \times \left(1 + \frac{\text{储存费率}}{}\right) \times \left(1 + \frac{\text{商品合理}}{\text{周转天数}} \times \frac{\text{日利息率}}{}\right)}{(1 - \text{损耗率})} + \text{旺季价格} \times \text{利润率}$$

2. 差率法，又叫比较法。这种方法是收集、整理某种产品历史上若干年中各个季节的平均价格，观察其各个季节价格的变化趋势，以旺季价格为基价，求出其他季节价格与旺季价格的差额占旺季价格的百分比，即该商品历史上各个季节的季节差价率，然后根据该商品的当年产销供求情况，参考历史上的季节差率，确定当年各季节的季节价格。其计算公式为：

$$\text{季节差价率} = \frac{\text{历史上某一个季节平均价格} - \text{历史上旺季平均价格}}{\text{历史上旺季平均价格}} \times 100\%$$

某一个季节价格 = 旺季价格 × （1 + 季节差价率）

3. 季节成本法。这种方法与前两种不同，它只能用于制定淡季收购价，以补偿淡季生产成本的差别。其计算公式为：

$$\text{某一个季节收购价格} = \frac{\text{某一个季节生产成本} \times （1 + \text{成本收益率}） + \text{应摊农业税}}{\text{某一个季节平均产量}}$$

五、批零差价

（一）批零差价的概念和形成的客观基础

批零差价是指同一种商品在同一个市场、同一个时间内批发价格与零售价格之间的差额。它是由零售商在经营商品的过程中形成的。零售商在从批发商（有时甚至从生产厂家）购进商品以后，一般要经过运输、整理、挑选、分装、拆零、储存、保管、销售等活动，花费一定的活劳动和物化劳动，才能使商品最终到达消费者手中，实现商品的价值。这部分追加的活劳动和物化劳动所形成的价值及生产领域劳动者创造的价值转移到零售环节的部分，是批零差价形成的客观基础。其具体构成要素主要包括以下三个方面：

1. 零售商的流通费用，包括市内运杂费、占用资金的利息、商品损耗、经营管理费等。

2. 零售商应取得的合理利润。

3. 商品从生产到零售各个环节所缴纳的增值税。

（二）批零差价应该体现的原则

商品零售是商品流通过程的最终环节。批零差价的合理与否，既关系到零售商的劳动耗费能否得到补偿，并获取必要的利润，又关系到消费者的切身利益。因此，合理的批零差价有利于调动零售商的积极性，并促使其加强经营管理，提高经济效益；有利于正确处理批发商与零售商、零售商与消费者之间的关系；此外，合理的批零差价还有利于稳定市场物价。因此，批零差价在整个差价体系中占有重要地位。随着市场形成价格为主的价格机制的初步形成，目前，除极少数关系国计民生的商品的批零差价仍由政府主管部门规定以外，绝大部分商品的批零差价已由经营者自行确定。不论是政府定价商品，还是市场定价的商品，批零差价安排中应该体现的原则是：

1. 有利于正确处理批发与零售之间的关系，促进商品合理流转。因此，要根据不同商品的经营难易、周转快慢、损耗大小、单价高低等因素，综合考虑差价大小，使批发商和零售商的劳动耗费得到合理补偿，并获得大体相当的利润。

2. 正确处理积累与消费之间的关系，有利于稳定市场、稳定物价，有利于安定人民生活。因此，在安排批零差价时，既要保证国家有一定的积累、企业有一定的利润，又要有利于稳定市场、稳定物价；既要考虑经营者的经济利益，又要考虑消费者的负担。

3. 依据不同商品对国计民生的重要程度和市场供求情况，有区别地确定批零差价。对少数高档消费品或供不应求的非生活必需品，批零差价可适当大一些；对居民生活必需品或供过于求的商品，批零差价可适当小一些。

（三）批零差价的制定和计算方法

批零差价的大小可用批零差价额和批零差价率两种形式来表示。批零差价额即零售价与批发价之间的差额；批零差价率则是批零差价占批发价的百分比，称为顺加批零差价率，即通常所说的批零差价率。在已知商品的批发价格和批零差价率的情况下，零售商可根据批发价格和上级规定或企业自定的批零差价率确定商品的零售价格。其计算公式为：

不含税批零差价＝不含税零售价格－批发价格

含税批零差价＝含税零售价格－批发价格

其中，不含税批零差价可用不含税批零差价率表示，含税批零差价则可用含税批零差价率表示，其计算公式分别为：

$$\text{不含税批零差价率} = \frac{\text{不含税批零差价}}{\text{批发价格}} \times 100\%$$

不含税零售价格＝批发价格×（1＋不含税批零差价率）

含税零售价格＝不含税零售价格×（1＋增值税税率）

$$含税批零差价率 = \frac{含税批零差价}{批发价格} \times 100\%$$

含税零售价格 = 批发价格 × (1+含税批零差价率)

在实际经济生活中，有相当一部分商品是先确定了含税零售价格后再确定批发价格的，这时，除可采用批零差价率以外，还可采用倒扣批零差价率或称零批差价率，即批零差价与含税零售价格的百分比来确定批发价格。在含税零售价格基础上确定批发价格的计算公式为：

$$倒扣批零差价率 = \frac{含税批零差价}{含税零售价格} \times 100\%$$

$$批发价 = \frac{含税零售价格}{1-增值税税率} \times (1-倒扣批零差价率)$$

六、批量差价

（一）批量差价的概念和种类

批量差价是指同一种商品在同一个时间、同一个市场里由于商品成交的批量大小不同而形成的价格差额。它是批量作价中的一种差价形式，主要反映商品经营者之间的利润分配关系。它可以分为出厂环节、批发环节、零售环节的批量差价（其中批发环节的批量差价是最主要的），分别在出厂价、批发价、零售价的基础上打一定的折扣。

（二）批量差价的历史沿革和作价原则

批量差价本是商品买卖中的一种传统做法，即单价购买，按零售价；购买达到一定的数量（即起批点）可以按批发价购买，如果买得更多，还可以在批发价基础上打一定的折扣。可是1956年以后，这种方法被硬性地取消了。在批发和零售的划分上，由按成交数量划分改为按购买对象划分，只有属于转卖或加工后转卖的购买者，才能以批发价进货，不属于这个范围的，买得再多也只能按零售价购买。而且同样是商业企业的购买者，还要看其自身的行政级别，级别不一样，成交时适用的价格也不一样。1979年以后，随着"三多一少"流通体制的出现，批量作价的方法又重新开始在绝大多数的商品经销中恢复。这是因为批量作价具有强大的生命力，有许多特有的积极作用。其一，它比较灵活，适应多种经济形式，便于国家、集体、个人一起上。因为它打破了按对象划分批零的限制，地不分南北，系统不分内外，一视同仁。其二，它符合经济合理的原则。对卖方来说，大批量销售可以加速商品周转，减少单位商品应摊的流通费用，增加单位商品营利；对买方来说，大批量购买，可以降低进价，从而得到价格上的优惠。所以，批量作价是一种对买卖双方都有利的作价办法。在实际经济生活中，批量差价一般由卖方或买卖双方协商议定。在安排批量差价大小时，要掌握以下两点原则：

1. 正确处理量与价之间的关系。总的来说，量与价成反比关系，即量大价低，量小价高，但两者之间应有一个合理的"度"。卖方价格低到一定限度，即保本价格时，价格就不能再低；买方购买得越多，占压资金越多，周转越慢，费用越高，所以购买量也不能太大。

2. 符合商品流通的合理流向，有利于减少环节，加速商品周转，将企业的经济效益与社会效益结合起来。买方不能贪便宜盲目进货，不能搞倒流运输；卖方不能搞无益竞争，任意扩大折扣率。

（三）批量作价的方法

批量作价主要采用倒扣法，即在正常销售价格的基础上，根据成交数量（金额）和市场供求情况两个方面因素，确定不同的批量折扣率及批量价格。其计算公式为：

批量差价＝正常销售价格－批量价格

$$批量折扣率＝\frac{批量差价}{正常销售价格}×100\%$$

批量价格＝正常销售价格×（1－批量折扣率）

批量作价具体有三种做法：

1. 按每次每种商品成交数量划分折扣率的档次，以此为依据分别作价，即以一次性成交一种商品数量的多少来划档作价。这种方法适用于大宗、大件、单价高、计量单位单一的商品。其优点是比较灵活，可考虑商品供求情况，灵活制定不同商品的不同折扣率，便于推销商品；其缺点是对不同商品分别划档作价费时费事，每种商品折扣率的档次也很难制定得准确，而且这种方法也不利于鼓励买方勤进快销。

2. 按每次全部商品的成交金额划分折扣率档次，也称为批额作价。这种办法实行起来比较简单，易于计算，可比性也强，是批量作价的一种主要形式；其缺点是不分品种、不分供求，显得过粗了一些。

3. 按累计成交数量（或金额）划分折扣率档次，实行批量作价，即在一段时间内（如一季、半年、一年）记录成交数量或金额，然后到一定时间后再按累计数量划分折扣率档次，形成不同的批量价格。这种方法特别适用于不宜大量进货的商品。其优点是：对买方，可以分批进货、减少损耗，压缩库存、节约费用、勤进快销；对卖方，可以吸引固定客户，扩大商品销售。其缺点是由于是事后结算，有时效果不如前两种方法明显，而且累计计算也比较麻烦。

在实际交易中，为了方便顾客，扩大批量作价的范围，还可以采用其他一些比较灵活的作价形式，如联购批量作价，即由几个购买者联合进货，达到批量要求者，也可享受批量差价。这种方法既有利于卖方扩大商品销售，也有利于购买方，更适用于购买力较小或分散的小本经营者。

不论采用上述哪种方法，划分批量折扣的档次都不宜太多，一般以 3～5 档为宜。除上述倒扣计算批量价格的方法以外，有些商品也可采用顺加的方法，即在商品进价的基础上，根据不同的成交数量实行不同的加价率，从而形成不同的批量价格。其计算公式为：

批量价格＝商品进价×（1+不同的加价率）

七、规格质量差价

（一）规格质量差价的概念和种类

规格质量差价一般简称为质量差价。它是指同一种（类）商品在同一个时间、同一个市场里，由于规格质量不同而形成的价格差额。它有多种表现形式：按规格质量差价的内容分，有规格差价、品种差价、品质差价、等级差价、花色式样差价、造型差价、包装差价、牌誉差价、新陈差价、死活差价等具体形式；按流通环节分，有收购价格的质量差价、销售价格的质量差价，前者是后者的基础。

（二）规格质量差价形成的客观基础

形成规格质量差价的客观原因主要有以下三点：

1. 商品价值的差别，即社会必要劳动消耗的差别是其形成的客观基础。一般来说，要获得质量比较好的商品，需要耗费比较多的社会必要劳动，因此，对于质量好的商品应该安排比较高的价格，这是价值规律的客观要求。

2. 使用价值的差别，即非标准品与标准品使用价值的差别是其形成的直接原因。这是因为使用价值是价值的物质承担者，没有使用价值也就没有价值，而使用价值又是以一定质量标准为前提的。在商品价值相同，使用价值又可以比较的情况下，使用价值质量的高低就可以作为价格高低的决定性因素，这也是价值规律的客观要求。形成上述价值差别和使用价值差别的具体原因大体有如下几个方面：一是劳动对象的不同，即所使用的原材料质量不同；二是劳动手段的不同，即生产技术条件的不同；三是劳动力素质不同和投入活劳动数量不同；四是生产的自然条件不同（这一点在农产品和矿产品中表现尤为突出）；五是商品包装及运输条件的不同。

3. 为了平衡供求、指导消费、满足不同层次的消费需要，也应该有一定的质量差价。

（三）规格质量差价的安排办法

制定规格质量差价一般要做好以下几项工作：

1. 正确划分商品类别，切实做到在同种（类）商品范围内进行质量比较。商品分类应该根据各种（类）商品的情况恰当地确定，既不能太多、又不宜过少。

2. 正确确定各种（类）商品的质量标准。质量标准应该包括商品的内在质量、外观质量和包装质量三个方面的差别。它的确定可以采用科学鉴定、社会评估等不同办法，应该有文字、图片、实物等资料。

3. 正确选定标准品并制定标准品价格。一般应该选择同种（类）商品中产量大，具有相当质量而且质量比较稳定、生产正常、在价格水平上有代表性的规格、品种作为标准品。随着生产的发展和技术水平的提高，产品质量必然会不断提高，当标准品失去代表性时，则应重新选定，不能固定不变。

4. 按照一定的方法，制定标准品价格，然后以标准品价格为依据，制定非标准品价格。

（四）规格质量差价的计算方法

1. 质量差率法，就是先求出非标准品价格与标准品价格的差额占标准品价格的百分比，然后在标准品价格的基础上加减质量差率来制定非标准品价格，即：

$$质量差率 = \frac{非标准品价格 - 标准品价格}{标准品价格} \times 100\%$$

非标准品价格 = 标准品价格 × （1±质量差率）

2. 质量比率法，就是先确定非标准品价格占标准品价格的百分比，然后在标准品价格基础上按质量比率来制定非标准品价格，即：

$$质量比率 = \frac{非标准品价格}{标准品价格} \times 100\%$$

非标准品价格 = 标准品价格 × 质量比率

3. 质量差额法，就是先确定非标准品价格高于或低于标准品价格的差额，然后在标准商品价格基础上加减质量差额来制定非标准品价格，即：

非标准品价格 = 标准品价格 ± 质量差额

本 章 小 结

● 价格体系是国民经济中各种各样的价格相互联系、相互制约所形成的价格有机整体。它在本质上是一定社会经济关系的反映，有什么样的经济体系就有与之相适应的价格体系。

● 价格体系可分为生产领域的价格体系和流通领域的价格体系。

● 生产领域的价格体系即商品比价体系，是指在同一个时间、同一个市场里，不同商品价格之间的比例关系。它主要有农产品比价、工业品比价、工农产品比价。商品比价的实质是价值量之间的比例关系。合理的商品比价有利于正确处理各个产业、各个部门、各个企业、各个产品、各个地区以及各个生产者之间的经济利益；有利于社会资源的合理配置；有利于国民经济持续、快速、健康发展。

● 流通领域的价格体系是同一种商品在流通过程中，由于购销环节、购销地区、购销数量、购销季节以及商品规格质量不同而形成的价格之间的差额。它主要有购销差价、地区差价、批零差价、批量差价、季节差价、规格质量差价。除规格质量差价以外，其余的差价都是商品价值一部分的货币表现。

复习思考题

1. 什么是价格体系？它的本质是什么？
2. 价格体系可以从哪几个方面进行分类？
3. 什么是商品比价？其实质是什么？影响商品比价的制约因素有哪些？
4. 如何合理安排农产品比价？
5. 什么是工农业商品价格的"剪刀差"？缩小"剪刀差"的途径是什么？
6. 什么是商品差价？各种差价形成的原因是什么？
7. "按量论价"与"按质论价"是什么关系？

第五章　市场竞争与价格

学习目的和要求　通过本章的学习，理解完全竞争市场、完全垄断市场、垄断竞争市场和寡头垄断市场上企业的需求曲线及其价格形成规律，掌握在这四种市场上进行价格和产量决策的基本原则。

在社会主义市场经济条件下，商品或服务价格的形成不仅受到商品或服务的价值和市场供求关系的制约，而且还受到市场竞争程度的制约。市场竞争程度通常由市场结构来反映。所谓市场结构，是指一个行业内部买方和卖方的数量及其规模分布、产品差异的程度和新企业进入该行业难易程度的综合状态。市场结构通过对卖方集中度、买方集中度、产品差异化程度和进入条件等项指标的分析，主要考察卖者之间、买者之间、买者和卖者之间、现有卖者与潜在进入者之间等四种基本市场关系。

根据市场竞争程度的强弱，可以把市场划分为四种类型的市场结构：完全竞争市场、垄断竞争市场、寡头垄断市场和完全垄断市场。在不同的市场结构中，价格形成具有不同的特点。

价值规律是市场经济的基本规律，它调节着资源的配置。市场竞争是价值规律正常运行的基本条件。如果没有竞争，价值规律的作用就无从发挥。通过竞争，价格才能围绕价值上下波动，既反映价值，又反映供求关系，从而形成合理的价格体系和价格水平。

第一节　完全竞争市场的价格形成

一、完全竞争市场的特征

1921年，奈特在《风险、不确定性和利润》一书中，继承了古诺、杰文斯、瓦尔拉斯、帕累托和马歇尔等人的研究成果，首次就完全竞争的市场状态作了全面阐述。完全竞争市场又叫纯粹竞争市场，是一种纯粹理论上的典型意义的市场，是完全自由化的市场。

完全竞争市场具有以下特征：

1. 市场上有很多生产者和消费者。他们的规模都很小，以致对市场不能产生任何影响。每个生产者或消费者都只是市场价格的接受者，而不是市场价格的决定者。

2. 市场上的商品都是同质的、无差异的。对卖方而言，不可能凭借自己出售商品的特色而抬高价格。对买方而言，对任何一家企业出售的商品都是一样的偏好，不会为任何一家企业同质的商品付出较高的价格。

3. 各种生产要素可以自由地进入、退出市场。生产要素的自由流动意味着：（1）资本可以自由流动，即资本或企业可以无困难、无壁垒地进入或退出某一行业。（2）劳动力可以自由流动，即劳动力在地理位置和工作种类上可以自由变换。

4. 生产者、消费者都具有完全的市场信息。完全的市场信息包括原材料信息、商品信息、价格信息、产量信息、需求信息、供给信息等。消费者和生产者都是依据完全的市场信息，作出经济决策的，因而他们的决策是理性的。

5. 没有任何外在力量和内部勾结力量的控制和干预。它既没有政府的干预，也没有企业之间、消费者之间相互勾结阻碍市场机制发挥作用的现象发生。

此外，在完全竞争市场，生产和消费之间不存在流通环节，交易在瞬间完成，没有交易费用等。

实际上，在现实生活中，根本就不存在完全符合以上特征的市场结构，也就是说，在现实生活中，不存在完全竞争市场。但是，小麦、玉米等农产品市场类似于完全竞争市场。抽象地分析这种市场结构的必要性在于：完全竞争理论既是主流微观经济学市场理论的标准，又是产业组织理论的传统分析标准。完全竞争理论能够产生良好的市场结构绩效特征，如不存在超额利润、无效率厂商、交叉补贴，能够实现成本最小化、帕累托有效定价等。

二、完全竞争市场上企业的需求曲线

在任何一个商品市场中，消费者对整个行业的需求曲线称为行业所面临的需求曲线，简称为行业的需求曲线，消费者对行业中单个企业的需求曲线称为企业所面临的需求曲线，简称为企业的需求曲线。行业的需求曲线与企业的需求曲线是不相同的。由于整个行业所面临的需求数量就是整个市场上全部消费者的需求总量，所以行业的需求曲线就是市场的需求曲线，它一般是一条向右下方倾斜的曲线。在短期内，假定生产要素的价格不变，那么，完全竞争行业的短期供给曲线就是行业内所有厂商的短期供给曲线的水平加总而构成的。一般而言，行业的短期供给曲线是一条向右上方倾斜的曲线。

在完全竞争市场，由于任何一个买者或卖者都不能影响或控制价格（在完全垄断市场、垄断竞争市场、寡头垄断市场，卖者都可以影响或控制价格），所以这种市场的价格是由整个行业的需求与供给曲线决定的。

在图 5-1 中，行业的供给曲线 S 与需求曲线 D 的交点 E，就是均衡点，它对应着市场均衡价格 P_0 和均衡产量 Q_0。

由于价格是由整个行业的供给需求曲线决定的，单个企业只是价格的被动接受者，只能按照既定的价格出售其产品，所以，企业所面临的需求曲线是一条由既定的市场均衡价格水平出发的、与横轴平行的水平线，如图 5-2 中的 d 曲线。它表示，在每一个既定的市场价格水平，单个企业总是可以把它愿意提供的任何数量的商品卖出去。如果单个企业要提高价格，它的产品就会卖不出去。因为消费者会到其他企业购买相同的产品。如果单个企业要降低价格，只会导致损失。

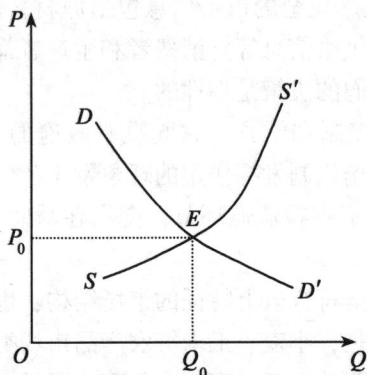

图 5-1　完全竞争市场上的行业供求曲线　　　图 5-2　完全竞争市场上的企业的需求曲线

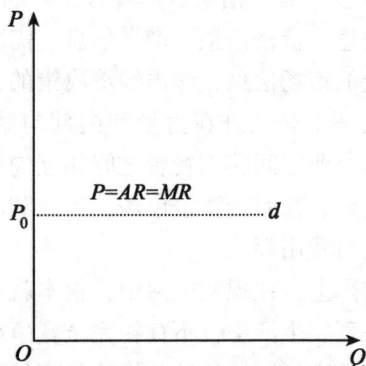

完全竞争市场中单个企业的需求曲线，同时也是该企业的边际收益曲线和平均收益曲线。也就是说，在完全竞争市场，单个企业的平均收益 AR 曲线、边际收益 MR 曲线、需求曲线是重叠的，这是因为在价格不变的情况下，单个企业的边际收益等于单位产品的价格，单个企业的平均收益也等于单位产品的价格。

三、完全竞争市场上短期价格的形成

（一）行业短期价格的形成

在短期，完全竞争市场条件下的行业市场价格由市场供给和市场需求共同决定。在生产要素价格不变的前提下，把完全竞争行业内所有厂商的短期边际成本（SMC）曲线上等于或高于平均可变成本（AVC）曲线最低点的部分水平相加，便得到该行业的短期供给曲线。行业的短期供给曲线与行业的短期需求曲线相交，便得到行业的均衡价格和均衡产量。

一般而言，行业的市场需求是瞬息万变的，但行业的市场供给却具有相对稳定性，或者说市场供给的变动具有滞后性。市场往往是随着需求的变动从而带动价格

的变动，从一个短期均衡进入到另外一个短期均衡，从一个短期均衡价格变成另一个短期均衡价格。图 5-3 表明了行业的三种短期均衡价格。

如果需求低时需求曲线为 D_1，那么均衡价格 P_1 也低。按照这一价格出售商品，也许大部分企业要遭受亏损。但是，由于需求等于供给，P_1 还是一种均衡价格，能够使总产量保持稳定。如果短期内需求增加到 D_2，那么新的均衡价格为 P_2。按照这个价格出售商品，也许只有少数企业遭受亏损，许多企业可能会赢利。如果短期内需求增加到 D_3，那么新的均衡价格为 P_3。按照这个价格出售商品，也许全部企业都能赢利。

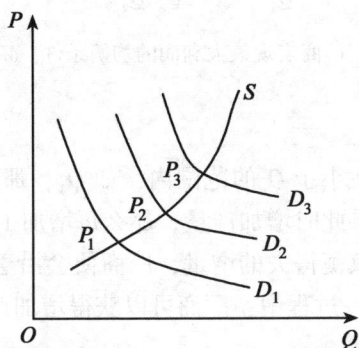

图 5-3　完全竞争市场上短期均衡价格随需求变动图解

（二）企业短期价格的形成

在完全竞争市场上，价格是由整个行业的供给与需求共同决定的。任何一个企业在自己的生产能力范围内，无论生产多少商品，销售多少商品，都不会对市场价格产生任何影响。任何一个企业只能是既定市场价格的接受者，只能按照既定的市场价格出售商品。

（三）短期内企业决定产量的基本原则

企业生产活动的目的是为了追求利润，因此，企业的利润最大化原则就是企业决定自己产量（也称生产规模）的原则。在短期内，完全竞争厂商是既定市场价格的接受者，因此，他只能通过对产量的调整来实现利润最大化。厂商进行产量决策，实现最大利润的原则是：边际收益等于边际成本（即 $MR = MC$）。为什么边际收益等于边际成本时，企业的利润最大呢？下面用图 5-4 来加以说明。

图 5-4 中的横轴代表产量 Q，纵轴代表价格 P。厂商生产活动中的生产成本状况可以用短期边际成本 SMC 曲线和短期平均成本曲线 SAC 来表示，厂商的收益状况可以用水平的需求曲线 d 来表示。在需求曲线上，$P = MR = AR$。根据 $MR = MC$ 的均衡条件，SMC 曲线与 MR 曲线的交点 E 就是厂商实现最大利润的均衡点，对应

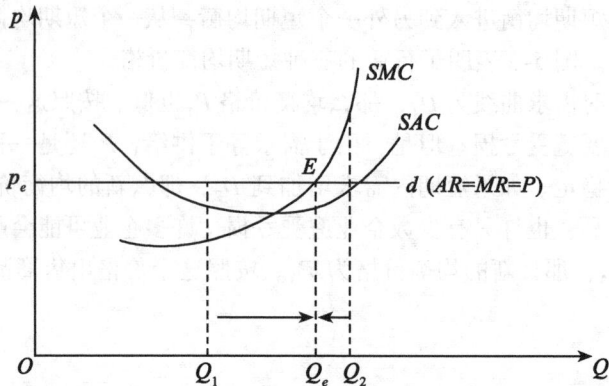

图 5-4　厂商实现最大利润的均衡条件：$MR = MC$

的最优产量为 Q_e。

　　如果厂商选择的产量在小于 Q_e 的范围内，如 Q_1，那么此时厂商的边际收益大于边际成本，表明厂商如果此时增加产量，那么每增加 1 单位产量所得到的收益增量大于付出的成本增量。权衡得失的增量，厂商便会沿着从 Q_1 到 Q_e 的方向增加产量，一直到 Q_e 为止。在这一过程中，厂商可以获得增加产量的全部经济上的好处，获得最大利润。

　　相反，如果厂商选择的产量在大于 Q_e 的范围内，如 Q_2，那么此时厂商的边际收益小于边际成本，表明厂商如果此时增加产量，那么每增加 1 单位产量所得到的收益增量小于付出的成本增量。权衡得失的增量，厂商不会增加产量，相反会减少产量，以增加利润，一直到 Q_e 为止。在这一过程中，厂商得到了他所能得到的最大利润。

　　这里需要强调指出的是，虽然在图 5-4 的分析中，厂商在 $MR = MC$ 的均衡点上获得了最大的利润，但这并不等于说，在任何情况下，只要厂商实现了 $MR = MC$ 的均衡条件，厂商就一定能获得利润。对 $MR = MC$ 时所处的均衡状态的全面的、正确的理解应该是：在 $MR = MC$ 的均衡点上，厂商可能是赢利的，也可能是亏损的。当市场需求下降时，短期内企业接受的市场价格 P 小于平均成本 AC，企业便是亏损的。如果厂商是赢利的，那么这时的利润就一定是相对最大的利润；如果厂商是亏损的，那么这时的亏损就一定是相对最小的亏损。总之在厂商实现 $MR = MC$ 的均衡条件时，不管是赢利还是亏损，厂商都处在由既定的收益曲线和成本曲线所能产生的最好结果当中。

　　（四）短期内企业产量、价格与利润之间的关系

　　短期内，企业投入生产的不变要素投入量是固定不变的，企业只能用既定的生产规模来生产，而且，企业只能接受由市场决定的市场价格。但是，市场需求随时

都有可能发生变化，因此，企业接受的市场价格可能高，也可能低。所以，企业只有通过对产量的调整来实现 $MR=MC$ 的均衡条件。企业短期均衡时的盈亏状况可以用图 5-5 来说明。

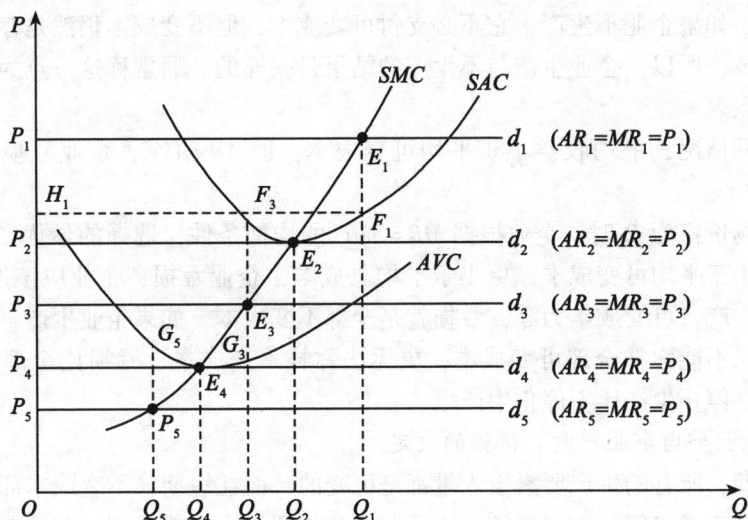

图 5-5 完全竞争厂商的短期均衡

第一种情况：平均收益大于平均总成本，即 $AR>SAC$，企业获得利润。

当市场价格较高为 P_1 时，企业根据 $MR=SMC$ 的均衡条件，选择的最优产量为 Q_1。此时，企业可以获得较高的利润。但这种情况容易导致竞争，吸引其他企业进入，导致生产与供给增加，使得价格下降，利润逐步降低。

第二种情况：平均收益等于平均总成本，即 $AR=SAC$，企业的利润为零。

当市场价格为 P_2 时，企业根据 $MR=SMC$ 的均衡条件，选择的最优产量为 Q_2。此时，平均收益等于平均总成本，企业的利润为零，但是企业的正常利润可以实现。由于在这一点上，企业既无利润，也不亏损，所以称为收支相抵点。

第三种情况：平均收益小于平均总成本，但大于平均可变成本，即 $AVC<AR<SAC$，虽然企业亏损，但应该生产。

当市场价格为 P_3 时，企业根据 $MR=SMC$ 的均衡条件，选择的最优产量为 Q_3，平均收益小于平均总成本，企业亏损。此时，企业虽然亏损，但应该生产。因为企业如果不生产，企业就不能弥补在短期内总是存在的不变成本，亏损就是不变成本。企业如果生产，企业在用全部收益弥补全部可变成本之后，还能弥补部分不变成本。所以，在这种情况下，生产比不生产强。

第四种情况，平均收益等于平均可变成本，即 $AR=AVC$，企业亏损，处于停止营业点。

当市场价格为 P_4 时，企业根据 $MR=SMC$ 的均衡条件，选择的最优产量为 Q_4，平均收益等于平均可变成本，但小于平均总成本，企业亏损。此时，企业可能生产，可能不生产。如果企业生产，全部收益只能弥补全部的可变成本，不变成本则全部亏损。如果企业不生产，它不必支付可变成本，但不变成本仍然是存在的，要全部亏损掉。所以，企业生产与不生产的结果是一样的。通常称这一点为停止营业点或关闭点。

第五种情况，平均收益小于平均可变成本，即 $AR<AVC$，企业亏损，停止生产。

当市场价格为 P_5 时，企业根据 $MR=SMC$ 的均衡条件，选择的最优产量为 Q_5，平均收益小于平均可变成本，更小于平均总成本，企业亏损，企业应该停止生产。如果停止生产，可变成本为零，亏损就是全部不变成本。如果企业生产，企业的全部收益不仅不能弥补全部可变成本，更无法弥补不变成本，亏损比全部不变成本大，所以，停止生产比不停止生产强。

（五）长期内企业产量、价格的决定

在长期，所有的生产要素投入量都是可变的；而在短期，不变成本部分是固定不变的，可变成本部分是可变的，这是短期和长期最根本的区别。在长期，企业是通过对全部生产要素投入量的调整，来实现利润最大化的均衡条件 $MR=LMC$ 的。

在完全竞争条件下，企业在长期内对全部生产要素的调整可以表现为两个方面：一是企业进入或退出一个行业，这是行业内企业数量的调整；二是企业对生产规模的调整。企业的长期均衡就是通过这两个方面的调整来实现的。在本部分的分析中，不考虑企业对生产规模的调整，仅仅分析行业内企业数量的变化对企业长期均衡的形成所产生的影响。

在长期内，如果行业内的单个企业可以获得利润，就会吸引其他新的企业加入到该行业的生产中来。随着新企业的加入，行业内的企业数量增加，整个行业的供给就会增加，在需求不变的情况下，市场价格就会下降，一直下降到使单个企业的利润消失为止。相反，如果行业内单个企业的生产是亏损的，那么，行业内原有厂商中的一部分就会自动退出该行业的生产。随着原有企业的退出，行业内企业的数量就会减少，整个行业的供给就会减少，在需求不变的情况下，市场价格就会上升，一直上升到使单个企业的亏损消失为止。最后，由于行业中的每一个企业都处于一种既无利润又无亏损的状态，行业内企业的进入和退出也就停止了，于是，完全竞争的企业就处于一种长期均衡状态。下面以图 5-6 来说明这一具体过程。

假定完全竞争行业中所有的企业是完全相同的，也就是说假定每一个企业的生产成本与它所面临的需求状况是完全相同的。在长期内，当市场价格较高为 P_3 时，根据 $MR=LMC$ 的利润最大化均衡条件，单个厂商在 E_3 点实现均衡，并且获得利

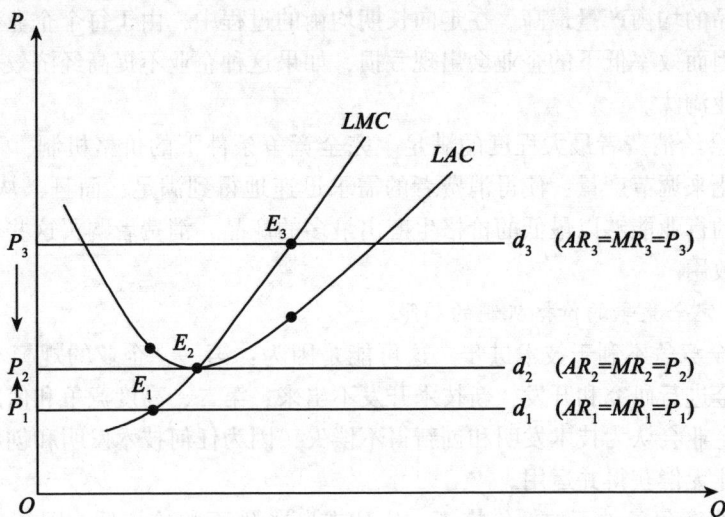

图 5-6　完全竞争厂商的长期均衡

润。在利润的刺激下，新的企业进入该行业进行生产，这导致该行业供给增加和市场价格下降。当市场价格降为 P_1 时，单个企业在 E_1 点实现均衡，企业是亏损的。在亏损的情况下，行业中原有的一部分企业就会退出该行业，这导致行业供给下降和市场价格上升。最后，不管是新企业的加入，还是行业内原有厂商的退出，单个企业所面临的需求曲线都会运动到图 5-6 中 d_2 曲线的位置。在这一位置上，该曲线相切于 LAC 曲线的最低点 E_2，LMC 曲线经过这一点，这一点就是 $MR = LMC$ 的均衡点。在均衡点 E_2，单个企业的平均收益等于最低的长期平均成本，单个厂商在长期内既无利润，又无亏损，即利润为零。这时，行业内的企业数量不再变化，单个企业实现了长期均衡。

四、对完全竞争的价格机制的评价

任何事物都有其利弊，经济机制也有其利弊。全面地评价完全竞争条件下的价格机制，有利于我们深入地认识完全竞争条件下的价格决定与调节方式。

（一）完全竞争的价格机制的优点

1. 它有利于行业间优化资源配置。在完全竞争的市场条件下，价格由行业的供给与需求决定，人们的需求将通过价格的变化反映出来。价格将引导企业进入或退出该行业，从而使得经济资源在行业间优化配置，人们的多种需要得到满足。

2. 它有利于企业提高经济效率。经济效率是指利用经济资源的有效性，高的经济效率表示对资源的充分利用。在完全竞争条件下，企业的需求曲线是一条水平线，企业的长期利润为零，所以，在完全竞争企业的长期均衡时，产品的均衡价格最低，产品的均衡产量最高。在走向长期均衡的过程中，由于每个企业都是价格的接受者，因而效率低下的企业会出现亏损，如果这种企业不提高经济效率，在长期会被该行业淘汰。

3. 它会给消费者最大程度的满足。完全竞争条件下的价格机制，不但能够通过价格变化来调节产量，使得消费者的需求迅速地得到满足，而且，从长期来看，完全竞争的行业能够以最低的价格生产出最多的产品，消费者购买这些产品能够获得最大的效用。

（二）完全竞争的价格机制的局限

1. 完全竞争不利于技术进步。这可能是因为：第一，企业的规模小，难以支付大量资金进行研究和开发，新技术开发不出来；第二，高度竞争和信息的快速传播，使得企业会认为技术发明和创新得不偿失，因为任何技术发明和创新会很快地被其他企业无偿获得并运用。

2. 完全竞争条件下的低价格不一定比垄断条件下的价格低。因为完全竞争下的任何一个企业的规模都很小，是整个行业微不足道的一分子，很难形成规模经济。如果该行业形成垄断性生产与经营，就有可能获得规模经济，使得生产成本甚至比完全竞争时更低，虽然此时企业获得了超额利润，但也使消费者可获得更低的市场价格。

第二节　完全垄断市场的价格形成

市场经济中，除完全竞争市场外，还存在不完全竞争市场，不完全竞争市场是或多或少带有一定垄断因素的市场。不完全竞争市场分为完全垄断市场、寡头垄断市场和垄断竞争市场。在这三种市场类型中，完全垄断市场的垄断程度最高。不完全竞争市场企业价格和产量的决定，与完全竞争市场有很大的不同。

一、完全垄断市场的特征

完全垄断市场是指整个行业中只有一个企业的市场结构。具体而言，完全垄断市场具有如下特征：（1）整个市场上只有一个企业生产和销售商品；（2）该企业生产和销售的商品没有任何相近的替代品；（3）其他任何企业进入该行业都极为困难或不可能。

在这样的市场中，任何竞争因素都被排除，一个垄断企业控制了整个行业的生产和销售，所以，垄断企业可以控制和操纵市场价格，这与完全竞争市场是完全不同的。

形成垄断的原因主要有以下几种：

第一，自然垄断。有些行业或行业某环节的生产具有这样的特点：生产的规模效益需要在一个很大的产量范围和相应的巨大的资本设施设备的生产运行水平上才能得到充分的体现，以致只有在整个行业的产量都由一个企业来生产时才有可能达到这样的生产规模。并且，只要发挥这一企业在这一生产规模上的生产能力，就可以满足整个市场对产品的需求。在我国如邮政、铁路、电力、城市供水等行业就是如此。

第二，政府特许。政府凭借其特殊的地位，为了实现特定的社会经济目标，往往在某些行业实行垄断的政策，于是，独家企业就成了这些行业的垄断者，如中国的烟草专卖、盐业专卖等。

第三，独家企业控制了生产某种商品的全部资源或基本资源的供给。这种对生产资源的独占，排除了其他厂商生产同种产品的可能性。

第四，独家企业拥有生产某种商品的专利权。政府对专利权的保护使得独家企业在一定时期内垄断该商品的生产。

二、完全垄断企业的需求曲线与收益曲线

(一) 完全垄断企业的需求曲线

因为垄断行业中只有一个企业，所以，垄断企业面临的需求曲线就是市场的需求曲线，它是一条向右下方倾斜的曲线，如图 5-7 中的 d 曲线。假定商品市场的销售量等于需求量，那么，垄断企业的向右下方倾斜的需求曲线意味着垄断企业可以通过改变销售量来控制市场价格：以销售量的减少来抬高市场价格，以销售量的增加来压低市场价格。这与完全竞争市场中的企业是完全不同的。

(二) 完全垄断企业的平均收益曲线与边际收益曲线

完全垄断企业面临的需求状况直接影响企业的收益。下面，将分析与垄断企业所面临的向右下方倾斜的需求曲线相对应的平均收益曲线、边际收益曲线的特点。

表 5-1 是某一个完全垄断企业的收益表。从表中可以看出：(1) 商品的市场价格 P 随着垄断企业商品销售数量的增加而下降。(2) 垄断企业的平均收益 AR 等于商品的价格 P，平均收益 AR 也是不断下降的。(3) 垄断企业的总收益 TR 是先递增后递减的。(4) 垄断企业的边际收益 MR 也呈不断下降的趋势。(5) 在每一个销售量上，边际收益 MR 都小于平均收益 AR。这是因为，边际收益是最后增加 1 单位商品销售量所带来的收益增量，在商品价格随着销售量的增加而减少的情况下，边际收益应该等于销售最后 1 单位商品从卖价中得到的收益增量减去由于增加这 1 单位商品销售量而引起的商品价格下降所带来的收益减少量。如，销售 1 单位商品时，平均收益等于 11，边际收益也等于 11，销售第 2 单位商品时，平均收益等于 (10+10) /2＝10，但边际收益等于销售第 2 单位商品从价格中带来的收益增量 10，减去由于销售第 2 单位商品带来的第 1 单位商品的价格下降 1 (11-10＝1)，

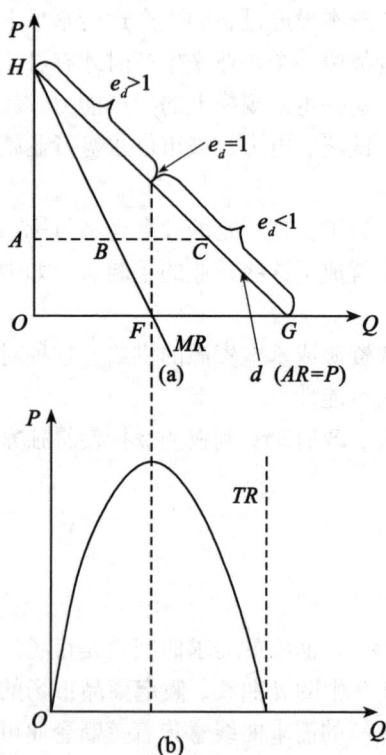

图 5-7　某垄断厂商的收益曲线

其值等于 9。

图 5-7 中的曲线体现了完全垄断企业需求曲线 d、平均收益曲线 AR、边际收益曲线 MR、总收益曲线 TR 之间的关系。图中的曲线表现出如下特征：

第一，完全垄断企业的平均收益曲线 AR 与需求曲线 d 重合，它们是同一条向右下方倾斜的曲线，这表示在每一个销售量上厂商的平均收益都等于商品的价格。

第二，完全垄断企业的边际收益曲线 MR 也是向右下方倾斜的，且位于平均收益曲线 AR 的左下方，这表示在每一个销售量上企业的边际收益都小于平均收益。

特别地，如果垄断企业面临的需求曲线是直线型的，那么，MR 曲线也呈向右下方倾斜的直线型。需求曲线 d 和边际收益曲线 MR 在纵轴上的截距是相等的，边际收益曲线 MR 在横轴上的截距是需求曲线 d 在横轴截距上的一半，边际收益曲线 MR 平分由纵轴到需求曲线 d 之间的任何一条水平线。

第三，完全垄断企业的总收益曲线 TR 先上升，达到最高点后再下降。这是因为，在每一个销售量上的 MR 值，都是相应的 TR 曲线对应点切线的斜率，所以，当 $MR>0$ 时，TR 曲线的对应点切线斜率为正，即 TR 曲线上升。当 $MR<0$ 时，TR 曲线的对应点切线斜率为负，即 TR 曲线下降。当 $MR=0$ 时，TR 曲线的对应点切线斜率为零，即 TR 曲线达到极值点。

表 5-1　　　　　　　　　　　某个垄断企业的收益表

商品销售量（Q）	商品价格（P）	平均收益（AR）	总收益（TR）	边际收益（MR）
1	11	11	11	11
2	10	10	20	9
3	9	9	27	7
4	8	8	32	5

续表

商品销售量（Q）	商品价格（P）	平均收益（AR）	总收益（TR）	边际收益（MR）
5	7	7	35	3
6	6	6	36	1
7	5	5	35	−1
8	4	4	32	−3
9	3	3	27	−5
10	2	2	20	−7

三、完全垄断企业边际收益、价格和需求的价格弹性之间的关系

当完全竞争企业的需求曲线向右下方倾斜时，企业的边际收益、价格和需求的价格弹性之间的关系如下：

假定完全竞争企业的反需求函数为：$P = P(Q)$，则有 $TR(Q) = QP(Q)$

$$MR(Q) = \frac{\mathrm{d}TR(Q)}{\mathrm{d}Q} = P + Q\frac{\mathrm{d}P}{\mathrm{d}Q} = P\left(1 + \frac{\mathrm{d}P}{\mathrm{d}Q}\frac{Q}{P}\right)$$

即 $MR = P\left(1 - \dfrac{1}{e_d}\right)$　其中 e_d 是需求的价格弹性，$e_d = -\dfrac{\mathrm{d}Q}{\mathrm{d}P}\dfrac{P}{Q}$　　　　（5.1）

式（5.1）表示的就是完全垄断企业的边际收益、价格和商品的需求价格弹性三者之间的关系。

假定商品的销售量等于商品的需求量，那么可以根据式（5.1）来考察商品的需求的价格弹性与完全垄断企业总收益 TR 之间的关系。

情况 1：当商品的需求价格弹性 $e_d > 1$ 时，由式（5.1）可知，$MR > 1$，说明完全垄断企业的总收益 TR 与商品的销售量同向变动。在这个销量区间，如果完全垄断企业降价，可以增加销售量，从而使得总收益 TR 增加；如果完全垄断企业提价，则销售量减少，从而使得总收益 TR 降低。

情况 2：当商品的需求价格弹性 $e_d < 1$ 时，由式（5.1）可知，$MR < 1$，说明完全垄断企业的总收益 TR 与商品的销售量反向变动。在这个销量区间，如果完全垄断企业降价，可以增加销售量，从而使得总收益 TR 减少；如果完全垄断企业提价，则销售量减少，从而使得总收益 TR 增加。

情况 3：当商品的需求价格弹性 $e_d = 1$ 时，由式（5.1）可知，$MR = 0$，说明完全垄断企业的总收益 TR 达到极值点，还说明完全垄断企业的总收益 TR 不受商品销售量变化的影响。

四、完全垄断企业的短期均衡

在短期内，完全垄断企业没有办法改变不变要素的投入量，它是在既定的生产规模下通过对产量和价格的同时调整，来实现 $MR = SMC$ 的利润最大化原则的。这与完全竞争市场不同。在完全竞争市场上，企业只是根据既定的市场价格来调整产量，从而实现利润最大化原则。

完全垄断企业和完全竞争企业的成本曲线是相同的。这是因为完全垄断企业在生产要素投入和具体的生产过程方面与完全竞争企业是一样的。完全垄断企业的均衡产量与均衡价格的确定可以用图 5-8 来说明。

图 5-8 中的 SMC 曲线和 SAC 曲线表示完全垄断企业既定的生产规模，d 曲线和 MR 曲线表示完全垄断企业的需求和收益状况。完全垄断企业根据 $MR = SMC$ 的利润最大化的均衡条件，将产量和价格分别调整到 Q_1 和 P_1 的水平，均衡点为 E。完全垄断企业的总利润等于图中阴影部分的矩形面积。从图 5-8 可以看出，与完全竞争企业相比较，在完全垄断市场条件下，企业向市场上提供的商品数量较少，而价格较高。完全垄断企业为了获取超额利润，把价格定在了边际成本之上。

实际上，完全垄断企业在短期内根据 $MR = SMC$ 的利润最大化原则来确定产量和价格，可能获得利润最大化的结果，也可能获得利润为零的结果，还可能获得亏损最小化的结果。造成完全垄断企业亏损的原因，可能是既定的生产规模的成本过高，其相应的成本曲线的位置过高，也可能是企业面临的市场需求过小，其相应的需求曲线的位置过低。完全垄断企业短期亏损的情况如图 5-9 所示。

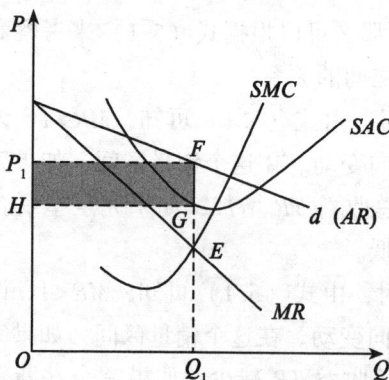

图 5-8　垄断厂商的短期均衡（一）　　图 5-9　垄断厂商的短期均衡（二）

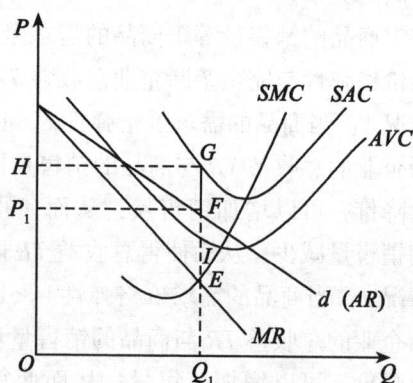

需要特别说明的是，完全垄断企业无法得到一条企业的短期供给曲线。供给曲线表示在每一个价格水平，企业愿意而且能够提供的产品数量，表现了产量和价格

之间的一一对应关系。在完全竞争市场条件下，由于每一个企业都无法控制市场价格，其面临的需求曲线是一条水平直线。企业根据 $P = SMC$ 的原则来确定产量，随着需求曲线的上下移动，每一个价格将对应唯一的均衡产量。这种价格和产量之间一一对应的关系，是构造完全竞争企业短期供给曲线的基础。但是，在完全垄断市场条件下情况就不同了，完全垄断企业是通过对产量和价格的同时调整来实现 $MR = SMC$ 的原则的。随着完全垄断企业所面临的向右下方倾斜的需求曲线的位置移动，完全垄断企业的价格和产量之间不再必然会出现一一对应的关系，而是可能出现一个价格水平对应几个不同的产量水平，或一个产量水平对应几个价格水平的情况。

更一般地说，在带有垄断因素的不完全竞争市场中，包括完全垄断市场、垄断竞争市场与寡头垄断市场，单个企业的需求曲线向右下方倾斜，不存在企业和行业的短期供给曲线。分析过程同上。

五、完全垄断企业长期价格的形成

与短期不同，完全垄断企业在长期内可以调整全部生产要素的投入量即生产规模，从而实现利润最大化。因为垄断行业排除了其他企业进入的可能性，所以，与完全竞争企业不同，如果完全垄断企业在短期内可以获得利润，那么在长期内其利润不会因为新企业的进入而消失，是可以保持利润的。

完全垄断企业在长期内对生产的调整可以有三种可能的结果。第一种结果：完全垄断企业在短期内是亏损的，但在长期中，不存在一个使它获得的利润大于或等于零的生产规模，完全垄断企业决定退出生产。第二种结果：完全垄断企业在短期内是亏损的，但在长期内，它通过对最优生产规模的选择，摆脱了亏损，甚至获得利润。第三种结果：完全垄断企业在短期内利用既定的生产规模获得了利润，在长期中，它通过对生产规模的调整，可以获得更多的利润。下面利用图 5-10 对第三种情况进行分析，第一、二种情况可以类推。

假定起始时，完全垄断企业是在由 SAC_1 曲线和 SMC_1 曲线所代表的生产规模上进行生产。在短期内，完全垄断企业只能按照 $MR = SMC$ 的原则，在现有的生产规模上将产量和价格分别调整到 Q_1 和 P_1。在短期内，完全垄断企业获得的利润是阴影部分的矩形面积 HP_1AB。

在长期中，完全垄断企业可以通过对生产规模的调整，进一步扩大利润。它遵循 $MR = LMC$ 的长期均衡原则，完全垄断企业的长期均衡点为 E_2，长期均衡产量和价格分别为 Q_2 和 P_2，它选择的最优生产规模由 SAC_2 和 SMC_2 所代表。这时，完全垄断企业获得的利润更大，为图中的阴影部分面积 IP_2FG。

六、价格歧视

完全垄断企业根据市场需求状况和自身的成本状况，按照边际收益等于边际成

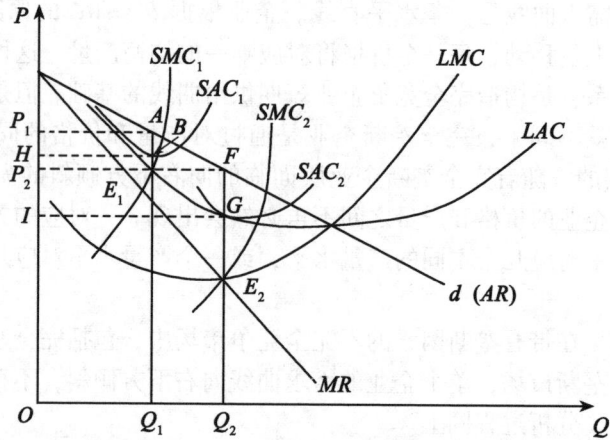

图 5-10　垄断厂商的长期均衡

本的原则，确定均衡产量与均衡价格。这种价格对于所有消费者来说都是相同的。然而，在实际经营中，完全垄断企业往往在同一时期内对同一种商品向不同的购买者或购买不同数量的同一个购买者索取两种或两种以上的价格，这就是所谓的价格歧视。根据庇古的传统分类，价格歧视有三种类型。

（一）一级价格歧视

一级价格歧视也称为完全价格歧视，是指完全垄断企业按不同的价格出售不同单位的产品，如消费者购买 3 单位产品，购买第 1 单位产品出价 10 元，购买第 2 单位产品出价 9 元，购买第 3 单位产品出价 8 元，总共支付 27 元，或指完全垄断企业根据每个消费者愿意为一单位产品付出的最高价格而为每一单位产品制定不同的销售价格，如果所有消费者的偏好不同，那么完全垄断企业向每一个消费者索取的价格也不相同。

在一级价格歧视条件下，不会产生消费者剩余，所有的消费者剩余都被生产者占为己有。在一级价格歧视条件下，完全垄断企业为使其利润最大，应在价格等于边际成本的产量水平上进行生产，或者说在其边际成本曲线与其需求曲线的交点上经营，或者说将企业所面临的需求曲线当成了企业的边际收益曲线。

完全垄断企业的一级价格歧视，导致了帕累托效率的结果，像完全竞争市场中的那样。不同的是，在这种情形下，生产者最终得到了这个有效率的产量水平的全部剩余，而消费者在消费与不消费这种商品之间没有差异。

一级价格歧视是一种较为少见的情况。某些个体服装经营者不明码标价，总是根据不同的顾客进行喊价，并讨价还价，直到成交，这实际上就是一级价格歧视。

（二）二级价格歧视

二级价格歧视指完全垄断企业按不同价格出售不同单位的产量，但是每个购买相同数量商品的人支付相同的价格，因此，不是不同的人之间，而是不同的商品数量之间存在价格歧视。如煤气公司鼓励人们消费煤气，当消费者每月消费煤气在10单位以下时，每单位煤气收费2元。当消费者消费煤气在10单位到20单位之间时，前10个单位煤气每单位按2元的价格收取，超过10个单位的，每单位按照1.5元收取。当消费者消费煤气在20单位到30单位之间时，前10个单位按照每单位2元的价格收取，接着的10个单位每单位按照1.5元的价格收取，超过20单位的部分，按照每单位1元的价格收取。从几何图形上看，是一个分段函数，因此，这类价格歧视又称为非线性定价。

（三）三级价格歧视

三级价格歧视是指完全垄断企业对不同的人按不同的价格出售产品，但是卖给特定个人每单位产量都按相同的价格出售。通俗一点说，指完全垄断企业将消费者划分为两个或两个以上的类别，对每一个类别的消费者收取不同的价格。如在我国，旅游景点对学生的票价优惠就属于此类价格歧视。

七、对完全垄断市场价格机制的评价

（一）完全垄断市场价格机制的弊端

1. 完全垄断市场商品的价格高于完全竞争市场形成的商品价格，消费者受到了"剥削"，完全垄断企业以损害消费者利益而取得永久性的超额利润，这是不公平的。

2. 完全垄断市场商品的产出量低于完全竞争条件下的产出水平，完全垄断企业没有生产出足够数量的产品来满足消费者的需求，导致资源配置不合理。消费者需要这种商品，而且也愿意支付能够补偿其成本和正常利润的价格，但完全垄断企业不愿意满足这种需求。

3. 由于缺乏竞争，完全垄断企业往往效率低下。并且完全垄断企业能够凭借其垄断地位获取超额利润，这在一定程度上削弱了完全垄断企业提高效率的动力。为了巩固其垄断地位，完全垄断企业会把主要精力集中于排挤新的竞争者方面，这在一定程度上阻碍了经济发展。

（二）完全垄断市场价格机制的优点

1. 完全垄断企业往往能作出长远规划，并进行耗资巨大的开发研究。完全垄断企业因为没有直接的竞争者，所以它能够从较为长远的观点来考虑投资和技术创新问题，并且大型企业有人力、物力和财力进行需要耗费巨资的技术研发。

2. 完全垄断企业能够获得规模经济效益。完全垄断企业因为生产规模庞大，能够获得规模经济效益，同时，也保证了完全垄断企业在出口市场上的竞争力。

3. 完全垄断有利于形成一个稳定的市场。在完全竞争市场上，市场供给与需求的频繁变化必然引起市场价格的经常波动。完全垄断市场因为只有一个垄断生产者，市场价格由完全垄断企业自行决定，面对市场需求的剧烈变化，完全垄断企业可以在价格上不作出反应，而在产量上作出反应。

第三节　垄断竞争市场的价格形成

完全竞争市场和完全垄断市场是微观经济学理论分析中两种极端的市场结构，在现实经济生活中几乎不存在。现实经济生活中的市场结构比较接近于垄断竞争和寡头垄断两种市场结构。其中，垄断竞争市场结构比较接近完全竞争市场结构，寡头垄断市场结构比较接近完全垄断市场结构。

垄断竞争理论几乎由美国哈佛大学的张伯伦和英国剑桥大学的罗宾逊夫人同时提出。张伯伦关于"垄断竞争"的观点，并不是导源于斯拉法1926年发表在英国《经济学杂志》上的论文《在竞争条件下的报酬诸规律》。罗宾逊夫人1933年发表的《不完全竞争经济学》，在垄断竞争方面的观点主要是受益于斯拉法在1926年发表的这篇论文。

在垄断竞争市场结构中，有许多企业生产和销售有差别的同种产品。垄断竞争市场是既有垄断又有竞争的市场，以竞争为主，同时存在垄断。它不同于完全竞争市场，也不同于完全垄断市场。在完全竞争和完全垄断市场条件下，行业的含义是很明确的，指生产同一种无差别的产品的企业的总和。但在垄断竞争市场，产品差别这一重要特点使得上述意义上的行业不存在。因此，在垄断竞争理论中，把市场上大量的生产非常接近、但有差异的产品的厂商的总和称为生产集团。在现实经济生活中，垄断竞争的市场结构在零售业和服务业中是很普遍的。

一、垄断竞争市场的特征

第一，在生产集团中有大量的企业生产有差别的同种产品，这些产品都是非常接近的替代品。一方面，由于市场上的每种产品之间存在差别，所以，每个企业对自己产品的价格具有一定的垄断力量。另一方面，由于有差别的产品相互之间有很强的替代性，所以，市场中又具有竞争的力量。这样，垄断因素和竞争因素并存就构成了垄断竞争市场的基本特征。这里所说的产品差别，不仅指同一种产品在质量、构造、外观、销售服务条件等方面的差别，还包括商标、广告方面的差别，以及以消费者的想象为基础的差别。

第二，一个生产集团中的企业数量非常多。每个企业都认为自己的行为对市场的影响很小，不会引起竞争对手的注意和反应，自己不会受到竞争对手的任何报复措施的影响，所以，它往往不会考虑其他企业的行为而自行其是。

第三，企业的生产规模较小，进入和退出一个生产集团比较容易。由于垄断竞争市场中企业的规模都不大，所以只要具备一定的实力，企业就可以自由进出该行业。阻碍新企业进入的主要障碍是现有企业已经建立起来的信誉。

在垄断竞争市场模型中，西方经济学家总是假定生产集团内的所有企业都具有相同的成本曲线与需求曲线，并以代表性企业加以分析。这一假定既能够使得分析简化，又不影响结论的实质。

二、垄断竞争企业的需求曲线

因为垄断竞争企业可以在一定程度上控制自己产品的价格，所以，与完全垄断企业相同，垄断竞争企业所面临的需求曲线也是向右下方倾斜的。与完全垄断企业不同的是，因为各垄断竞争企业的产品相互之间具有很强的替代性，竞争性因素使得需求曲线具有较大的弹性，所以，垄断竞争企业的向右下方倾斜的需求曲线较为平坦。

垄断竞争企业的需求曲线有两种，分别被称为主观需求曲线 d 和实际需求曲线 D。下面用图 5-11 来说明两种曲线。

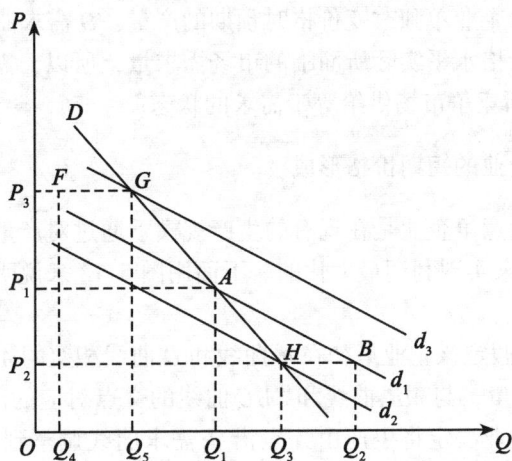

图 5-11 垄断竞争厂商的需求曲线

主观需求曲线 d。它表示在垄断竞争生产集团中的某个企业改变价格，而其他企业的产品价格保持不变时，该企业的产品价格与产量之间的关系。该企业认为，它降价后，别的厂商不会对它的降价作出反应，不仅能增加自己产品原来买者的购买量，而且还能把买者从生产集团内的其他企业那里吸引过来。反之，该企业认为，它涨价后，别的厂商也不会对它的涨价作出反应，它的销售量会减少。在图

5-11 中，当商品价格由 P_1 下降为 P_2，它预期它的销售量会沿着 d_1 曲线由 Q_1 增加为 Q_2。当商品价格 P_1 上升为 P_3，它预期它的销售量会沿着 d_1 曲线由 Q_1 减少为 Q_4。

实际需求曲线 D。它表示在垄断竞争生产集团的某个企业改变产品价格，而集团内的其他所有企业也使产品价格发生相同的变化时，该企业产品的价格与销售量之间的关系。在图 5-11 中，当某垄断竞争企业将价格由 P_1 降为 P_2 时，垄断集团内其他所有企业也将价格由 P_1 降为 P_2，该垄断竞争企业的实际销售量是 D 需求曲线上的 Q_3，这是因为集团内其他企业的买者没有被吸引过来，每个企业的销售量增加仅来自整个市场价格水平的下降引起的需求量的增加。需求曲线 d_1 也沿着 D 曲线平移到需求曲线 d_2 的位置。需求曲线 d_2 表示当整个生产集团将价格固定在新的价格水平 P_2 以后，该垄断竞争企业单独变动价格，其他所有企业保持价格不变时，该垄断竞争企业各个价格下的预期销售量。反之，当该垄断竞争企业将价格从 P_1 提高到 P_3 时，垄断集团内的其他所有企业也将价格从 P_1 提高到 P_3，该垄断竞争企业的实际销售量是 D 曲线上的 Q_5。

从以上的分析中可以得到主观需求曲线 d 和实际需求曲线 D 的一般关系：第一，当垄断竞争集团内的所有企业都以相同方式改变价格时，整个市场价格的变化使得单个垄断竞争企业的 d 需求曲线沿着 D 曲线上下平移。第二，由于 d 需求曲线表示单个垄断竞争企业单独改变价格时预期的产量，D 需求曲线表示每个垄断竞争企业在每一市场价格水平实际所面临的市场需求量，所以，需求曲线 d 和需求曲线 D 相交意味着垄断竞争市场供给等于需求的状态。

三、垄断竞争企业的短期价格形成

在短期内，垄断竞争企业是在现有的生产规模下通过对产量和价格的调整，按照 $MR=SMC$ 的原则来实现利润最大化的。下面用图 5-12 来说明垄断竞争企业短期均衡的形成过程。

在图（a）中，假定该企业最初在 d_1 曲线和 D 曲线相交的 A 点上进行生产，但 A 点对应的价格与产量，与 MR_1 曲线和 SMC 曲线的交点对应的产量 Q_1 和价格 P_1 相差很远。于是，该企业决定将生产由 A 点沿 d_1 需求曲线调整到 B 点，对应的产量和价格为 Q_1 和 P_1。然而，由于生产集团内的其他所有企业也将价格降为 P_1，所以，该企业在价格降为 P_1 时，产量是 Q_2。相应地，该企业的 d_1 曲线也沿着 D 曲线平移到了 d_2 曲线的位置。第一次降价的结果使得该企业的生产经营位置由 A 点移动到 C 点。

C 点对应的产量和价格为 Q_2 和 P_1。这与 MR_2 曲线和 SMC 曲线交点对应的产量和价格 Q_3 和 P_2 是不一致的。于是，该企业将价格进一步降为 P_2。后面的分析同第一次降价的分析。该企业的降价过程一直要持续到该企业没有理由降价为止，将使得 d 曲线和 D 曲线交点上的产量与价格，刚好是 $MR=SMC$ 时均衡点所要求的产量

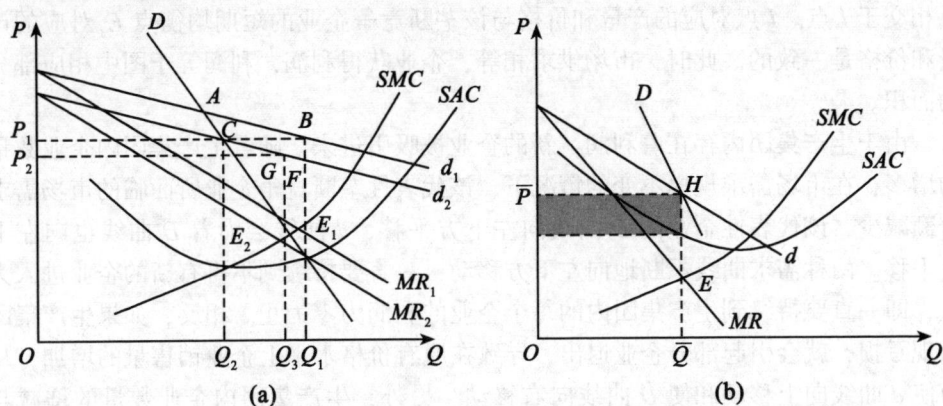

图 5-12 垄断竞争市场代表性企业的短期均衡

和价格，如图（b）所示。

垄断竞争企业在短期均衡点上，可能获得最大利润，可能利润为零，也可能蒙受最小亏损。

四、垄断竞争企业的长期价格形成

长期内，垄断竞争企业不仅可以调整生产规模，而且还可以加入或退出生产集团。这表明，垄断竞争企业在长期均衡时的经济利润必然为零。在垄断竞争企业的长期均衡点上，d 需求曲线必定与 LAC 曲线相切。下面用图 5-13 来说明垄断竞争企业的长期均衡的实现过程。

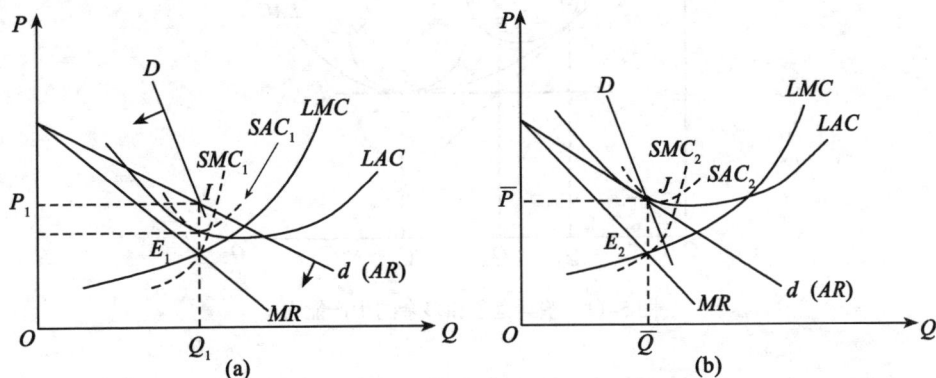

图 5-13 垄断竞争市场代表性企业的长期均衡

在图 (a)，假定代表性垄断竞争企业开始时在 I 点上生产经营。曲线 d 和曲线 D 相交于 I 点。I 点对应的产量和价格与该垄断竞争企业的短期均衡点 E_1 对应的产量和价格是一致的。此时，市场供求相等，企业获得利润，利润等于图中相应部分的面积。

由于生产集团内存在着利润，新的企业被吸引进来。随着生产集团内企业数量的增多，在市场需求规模不变的情况下，该代表性垄断竞争企业所面临的市场需求份额减少，该代表性企业的 D 曲线向左下方平移，d 曲线会沿着 D 曲线也向左下方平移。两种需求曲线不断地向左下方移动，一直要持续到不再有新的企业进入为止，即一直要持续到生产集团内的每个企业的利润为零为止。相反，如果生产集团出现亏损，就会引起部分企业退出，导致在原有价格水平上企业销售量的增加，从而使 d 曲线向上移动和使 D 曲线向右移动。另外，生产集团内企业数量的增减与生产规模的变化会引起企业成本曲线变动。当生产集团存在利润、大量企业进入时，会使生产要素价格上涨，使得企业成本曲线上移。反之，当市场萧条时，生产要素价格下跌，导致企业的成本曲线下移。企业最终在图 (b) 中的 E_2 点实现长期均衡。在长期均衡产量上，垄断竞争企业的利润为零。

五、多余生产能力与过度竞争

垄断竞争企业的多余生产能力，下面用图 5-14 来说明。

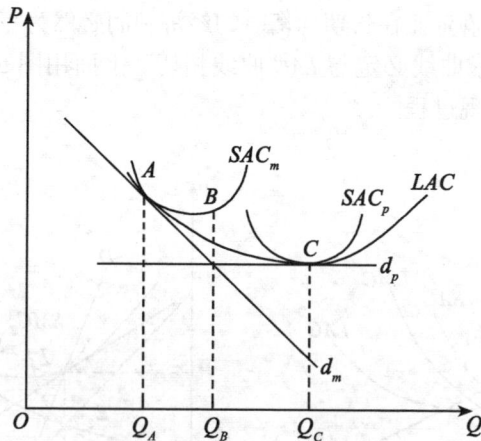

图 5-14　垄断竞争和多余的生产能力

在图 5-14 中，d_m 曲线表示垄断竞争企业面临的 d 需求曲线，d_p 曲线表示完全竞争企业所面临的需求曲线。由于垄断竞争企业所面临的 d_m 曲线是向右下方倾斜的，所以，在长期均衡时，d_m 曲线只能相切于 LAC 曲线最低点左边的 A 点。如果该企业是一个完全竞争企业，那么，在长期均衡时，完全竞争企业所面临的水平的 d_p 需求曲线必定相切于 LAC 曲线的最低点 C。西方经济学家一般把完全竞争企业在长期平均成本最低点对应的产量称为理想产量，把实际产量与理想产量之间的差额称为多余的生产能力。多余的生产能力分为两个部分，一是企业没有充分地利用现有的生产设备，由 $Q_A Q_B$ 表示。一是企业没有更多地利用社会资源，扩大生产规模，将生产的总成本降低到 LAC 曲线的最低点，并在该点上进行生产，由 $Q_B Q_C$ 表示。可以将多余的生产能力看作是想得到产品的多样化而付出的代价。

在现实的经济活动中，企业并不一定始终追求利润最大化，在某些情况下，它会追求成本最小化、扩大市场占有率等目标，如将成本降低到现有的生产设备的成本最低点，就会扩大生产，从而造成严重的供过于求，引发激烈的价格竞争，最终形成过度竞争。如我国的 VCD 市场，过度竞争带来的是资源的浪费和社会福利的损失。因此，要采取各种措施避免过度竞争。最常用的办法是加强技术创新，改进产品功能，使之升级换代，开拓新的市场，避免在旧的市场竞争。企业利用非价格竞争等手段树立自身品牌形象，巩固对某些客户的垄断地位。

六、对垄断竞争价格机制的评价

（一）垄断竞争价格机制的优点

1. 对企业而言，垄断竞争可以使企业在短期内获得超额利润。如果消费者对企业有差别的产品有很高的忠诚度，那么企业将有相对稳定的销售额，可以使企业免于激烈的竞争。

2. 对消费者而言，不同质量、形状、档次、规格的同一种商品可以满足不同消费者的不同需要。如有些消费者愿意消费高档香烟，有些消费者喜欢消费中档香烟，有些消费者愿意消费低档香烟等。产品长期在质量、形状、档次、规格上保持一致，有利于消费者的购买活动。

3. 垄断竞争企业为了避免竞争，投入大量的广告、宣传费用，客观上起到了缓解信息不对称的作用，促使市场信息更加充分。

（二）垄断竞争价格机制的缺陷

1. 商品的边际社会价值大于商品的边际社会成本，表明该行业没有实现有效的资源配置，相对于该商品的需求而言，该商品的供给是不足的。在长期内产量低于生产能力，价格高于最低平均成本，经济效率低下。

2. 造成了一定程度的社会浪费。为了避免竞争，垄断竞争企业会花费很大的人力、物力和财力进行广告、包装和产品设计。如果不在这些方面进行大量的投入，产品的平均成本与价格可以降低一部分。如果产品差别是一些虚假的、非真实性的差别，会给消费者带来损失。

3. 由于市场上大量企业生产不同品牌的同种商品，很难形成规模经济。同种商品品种花色过多，会使消费者花费精力、时间进行消费决策，实际上增加了购买成本。

4. 垄断竞争降低了市场的竞争性。这主要表现在两个方面：一是降低了行业内现有企业的竞争性，消费者对某一企业的特殊品种产生了忠诚，使产品之间的替代性减弱。二是消费者对现有的产品产生了忠诚，使其他企业进入这个行业的门槛升高。

第四节　寡头垄断市场的价格形成

寡头垄断市场，是指少数几个企业控制整个市场的产品的生产和销售的市场结构。这是一种以垄断为主，同时存在竞争，更接近完全垄断的市场形态。它不同于完全垄断市场，也不同于完全竞争市场。它是一种较为普遍的市场结构，如美国的汽车业、电气设备业等，被几家企业所控制。

形成寡头垄断市场的主要原因有：行业中几家企业对生产所需的基本生产资源供给的控制；某些产品的生产必须在相当大的生产规模上进行才能达到最好的经济效益；政府的扶植和支持等。与完全垄断市场形成的主要原因基本相同。

一、寡头垄断市场的特征

1. 在一个行业中，只有少数几家企业生产经营。如在美国，汽车、香烟生产被几家公司控制。每一家企业都对整个市场的价格和产量具有控制力。因为每个企业的产量都会在全行业的总产量中占据一个较大的份额，每个企业产量和价格的变化都会对竞争对手乃至整个行业产量和价格的变化产生相当大的影响。

2. 企业之间存在着相互影响的复杂关系。每个寡头垄断企业在作出某个经济决策之前，必须考虑到：自己行动对其他企业的影响以及其他企业可能作出的反应，然后再采取最有利的行动。动态地看，会形成连锁反应。所以可以说，有多少关于竞争对手反应方式的假定，就有多少个寡头垄断市场的模型，也就有多少种不同的结果。

3. 市场价格较为稳定，非价格竞争激烈。在寡头垄断市场上，不管产品有无差异，价格一旦确定就很难变动。这是因为，市场上的企业往往势均力敌，价格竞争往往导致一场毁灭性的价格战。在这种情况下，寡头垄断企业多采用非价格竞争手段，展开激烈的竞争。

4. 新企业进入行业非常困难。在寡头垄断市场上，不论是生产规模，还是资金、技术、信誉、原材料等方面，新企业都难以同现有企业抗衡。

寡头垄断市场可以按如下方式分类：

1. 按构成行业的寡头垄断企业数目，可以分为双头垄断市场、三头垄断市场和多头垄断市场。

2. 按产品特征分类，可以分为纯粹寡头垄断市场和差别寡头垄断市场两类。纯粹寡头垄断市场中，企业生产的产品没有差别，如钢筋、水泥等。差别寡头垄断市场中，企业的产品有差别，如汽车、冰箱等。

3. 按行动方式分类，可以分为非串谋性寡头垄断市场（独立行动寡头垄断市场）和串谋性寡头垄断市场。

二、非串谋性寡头垄断市场的价格形成

在不存在串谋的情况下，各寡头垄断企业是根据其他垄断企业对自己决策可能作出的反应来调整自己的产量与价格，以达到利润最大化的目的。这里简单介绍古诺模型、斯塔克博格模型、伯特兰德模型、斯威齐模型。

（一）古诺模型

古诺模型是早期的寡头垄断模型。它是由法国经济学家古诺 1838 年提出的，通常被作为寡头垄断理论分析的出发点，该模型也被称为"双头模型"，它的结论很容易推广到三个或三个以上的寡头垄断企业的情形中去。

古诺模型假定：（1）市场上只有 A、B 两个企业生产和销售相同的产品；（2）它们的生产成本为零；（3）它们共同面临的市场需求曲线是线性的，两个企业都准确地知道市场的需求曲线；（4）两个企业都是在已知对方产量的情况下，即在每一轮，将竞争对手的产量当作固定的，各自确定能给自己带来最大利润的产量，决策是同时作出的。

古诺模型产量和价格的决定用图 5-15 来说明。

在图 5-15 中，D 曲线是两个企业共同面临的线性的市场需求曲线。由于生产成本为零，所以图中没有成本曲线。

在第一轮，A 企业首先进入市场。由于生产成本为零，所以企业的收益等于利润。A 企业将产量定为市场总容量的 $\frac{1}{2}$，即产量为 $OQ_1 = \frac{1}{2} OQ_0$，将价格定为 OP_1，从而实现利润最大化，利润量等于图中矩形 OP_1FQ_1 的面积。因为该矩形是三角形 P_0OQ_0 内面积最大的内接矩形，所以说实现了利润最大化。然后，B 企业进入市场，B 企业准确地知道 A 企业本轮留给自己的市场容量为

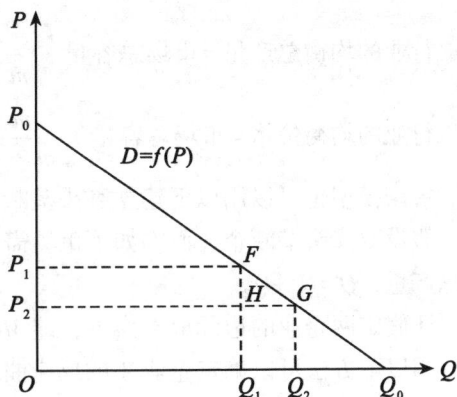

图 5-15　古诺模型

$Q_1Q_0 = \frac{1}{2}OQ_0$，B 企业也按相同的方式行动，生产它面临的市场容量的 $\frac{1}{2}$，即产量为 $Q_1Q_2 = \frac{1}{4}OQ_0$。这时，市场价格下降为 OP_2，B 企业获得的最大利润等于图中矩形 Q_1HGQ_2 的面积，A 企业的利润因价格的下降减少为矩形 OP_2HQ_1 的面积。在第二轮，A 企业知道 B 企业在本轮中留给它的市场容量为 $\frac{3}{4}OQ_0$，为了实现最大的利润，A 企业将自己的产量定为自己所面临的市场容量的 $\frac{1}{2}$，即产量为 $\frac{3}{8}OQ_0$，同上一轮相比，A 企业的产量减少了 $\frac{1}{8}OQ_0$。随后，B 企业再次进入市场。A 企业在本轮留给 B 企业的市场容量为 $\frac{5}{8}OQ_0$，于是，B 企业生产自己所面临的市场容量的 $\frac{1}{2}$ 的产量，即 $\frac{5}{16}OQ_0$，同上一轮相比，B 企业的产量增加了 $\frac{1}{16}OQ_0$。

在这样周而复始的过程中，A 企业的产量逐渐减少，B 企业的产量逐渐增多，最后达到两个企业的产量都相等的均衡状态为止。在均衡状态中，两个企业的产量都为市场总容量的 $\frac{1}{3}$，行业的总产量为 $\frac{2}{3}OQ_0$，均衡价格为 $\frac{2}{3}OQ_0$ 产量所对应的价格。

上述古诺模型的结论可以推广，假设寡头垄断企业的数量为 m，那么可以得到一般结论如下：

每个寡头垄断企业的均衡产量 = 市场总容量 $\cdot \dfrac{1}{m+1}$

行业的均衡总产量 = 市场总容量 $\cdot \dfrac{m}{m+1}$

行业的均衡价格 = 市场总容量 $\cdot \dfrac{m}{m+1}$ 对应的价格

古诺模型也可以用以下建立寡头垄断企业的反应函数的方法来说明。

假设双寡头垄断企业面临如下市场需求曲线：$P = 30 - Q$，其中，Q 是两个企业的总产量，$Q = Q_A + Q_B$。

还假定两企业的边际成本为零，即 $MC_A = MC_B = 0$

用以下方法可以确定企业 A 的反应曲线。企业 A 的总收益：

$$R_A = PQ_A = (30 - Q)Q_A = (30 - Q_A - Q_B)Q_A = 30Q_A - Q_A^2 - Q_BQ_A$$

企业 A 为使自己的利润最大化，令边际收益等于边际成本。

$$MR_A = \frac{\partial R}{\partial Q_A} = 30 - 2Q_A - Q_B = MC_A = 0$$

可以得到企业 A 的反应函数：$Q_A = 15 - 0.5Q_B$，同理可以得到企业 A 的反应函数：$Q_B = 15 - 0.5Q_A$。

均衡产量就是两条反应曲线交点对应的 Q_A、Q_B 的值。古诺均衡时：$Q_A = Q_B = 10$，生产的总产量等于 20，均衡价格 $P = 30 - (Q_A + Q_B) = 10$。市场总容量为 $Q = 30$（当 $P = 0$ 时对应的 Q 值）。

（二）斯塔克博格模型

古诺模型假定两个寡头垄断企业是同时作出它们的产量决策的。斯塔克博格模型讨论的是如果两个企业中的一个能先决定产量会发生什么。假定企业 A 先决定它的产量，企业 B 在看到企业 A 的产量后作出自己的产量决策。企业 A 在设定自己的产量时，必须考虑企业 B 会如何反应。这与古诺模型同时作出产量决策是不同的。

为了便于比较，仍然假定市场需求曲线为：$P = 30 - Q$，其中，Q 是两个企业的总产量，$Q = Q_A + Q_B$。

由于企业 B 是在企业 A 之后作出产量决策，所以它可以将企业 A 的产量看作是固定的。企业 B 的利润最大化产量由它的反应曲线给出：$Q_B = 15 - 0.5Q_A$

企业 A 为了使利润最大化，它选择的 Q_A 要使它的边际收益等于它的边际成本，即等于零。企业 A 的总收益为：$R_A = 30Q_A - Q_A^2 - Q_B Q_A$

因为 R_A 取决于 Q_B，所以企业 A 必须要预计企业 B 要生产多少。企业 A 知道企业 B 将根据反应曲线来决定 Q_B。将企业 B 的反应曲线代入企业 A 的总收益等式，可以得到企业 A 的总收益：

$$R_A = 30Q_A - Q_A^2 - Q_A (15 - 0.5Q_A) = 15Q_A - 0.5Q_A^2$$

它的边际收益为：$MR_A = 15 - Q_A$

令 $MR_A = 0$，可以得到 $Q_A = 15$

将 $Q_A = 15$ 代入企业 B 的反应曲线，可得 $Q_B = 7.5$

市场均衡价格为 $P = 30 - (15 + 7.5) = 7.5$

从上可见，企业 A 的产量是企业 B 的 2 倍，企业 A 的利润也是企业 B 的 2 倍。这说明，首先行动给了企业 A 一种优势，一种利益。

古诺模型和斯塔克博格模型是寡头垄断行为的不同类型。到底哪种模型更适合一些，取决于不同的产业。一般而言，如果一个行业的企业的经营地位大致相当，古诺模型大概更适合一些。如果一个行业有一个大企业在推出新产品或定价方面占主导，斯塔克博格模型可能更符合实际。

（三）伯特兰德模型

伯特兰德模型是由法国经济学家约瑟夫·伯特兰德 1883 年提出的。假定两个企业生产同样的商品，在本模型里它们选择价格而不是产量来竞争。

在以上的古诺模型里，如果假定边际成本为 $MC_A = MC_B = 3$，在两个企业同时选择产量时，得到古诺均衡是 $Q_A = Q_B = 9$。

如果两个企业选择价格而不是产量来竞争，这种情况下的纳什均衡就是完全竞争的均衡，即两个企业都将价格定在等于边际成本上：$P_A = P_B = 3$，行业产量为 27个单位，每个企业都生产 13.5 个单位。由于价格等于边际成本，两个企业的利润都为零。如果企业 A 提高它的价格，那么它就会将它的全部销售量让给企业 B，如果企业 A 降低它的销售价格，它会夺得整个市场，但是它会亏损。所以，两个企业都没有偏离均衡价格的冲动。通过将策略选择变量从产量改为价格，得到了与古诺模型不同的结果。在古诺模型中，每个企业生产 9 单位产品，市场价格为 12 美元。在伯特兰德模型中，每个企业生产 13.5 个单位的产品，市场价格为 3 美元。伯特兰德模型受到了如下批评：一是当各企业生产相同的产品时，通过产量竞争比通过价格竞争更自然。二是各企业即使都选择了价格竞争，销售量在各企业之间平分，不存在必然是这样的理由。

伯特兰德模型描述的是相同产品的价格竞争，差异产品的价格竞争可以参考中级微观经济学教材。

（四）斯威齐模型

斯威齐模型也被称为弯折的需求曲线模型，由美国经济学家斯威齐 1939 年提出。该模型可以用来解释一些寡头垄断市场上的价格刚性现象。该模型假设：如果一个寡头垄断企业提高价格，行业中的其他寡头垄断企业不会跟着改变自己的价格，所以，率先提价的企业销售量会减少很多。如果一个寡头垄断企业率先降低价格，行业中的其他企业也会将价格降低到相同的价格水平，以避免销售份额的减少，所以，该寡头垄断企业销售量的增加是有限的。

根据以上假设条件，可以推导出寡头垄断企业的弯折的需求曲线。用图 5-16来说明。

图中有一条 d 需求曲线和一条 D 需求曲线，其含义与垄断竞争企业所面临的两条需求曲线含义相同。假定开始时的市场价格为 d 需求曲线与 D 需求曲线的交点 B 所对应的价格 P_0，那么，根据模型的假设条件，该垄断企业由 B 点出发，提价面临的曲线是 d 曲线上的 dB 段，降价所面临的曲线就是 D 曲线上的 BD 段。这两段曲线共同构成该寡头垄断企业的需求曲线 dBD，这是一条弯折的需求曲线，需求曲线与平均收益曲线是重合的。

由弯折的需求曲线可以得到间断的边际收益曲线，间断部分为垂直虚线 FG。只要边际成本曲线 SMC 的位置变动不超出边际收益曲线的垂直间断范围，寡头垄断企业的均衡价格 P_0 和均衡数量 Q_0 都不会发生变化。如果边际成本曲线 SMC 的位置变动超出边际收益曲线的垂直间断范围，寡头垄断企业的均衡价格 P_0 和均衡数

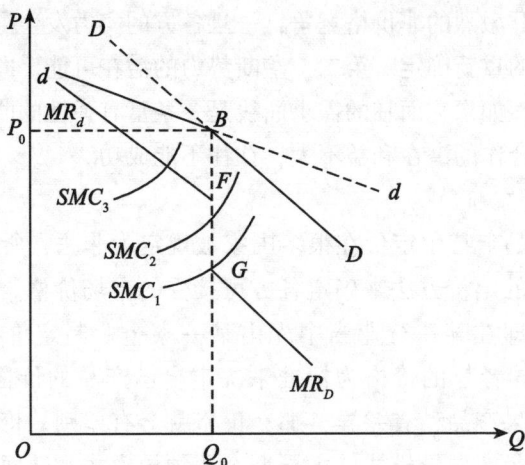

图 5-16　弯折的需求曲线模型

量 Q_0 就会发生变化。

三、串谋性寡头垄断市场的价格形成

寡头垄断企业往往以公开或秘密的方式进行串谋，共同决定市场价格。如果串谋的各方严格遵守串谋协议，那么，它们获得的利润往往大于非串通时的利润。

（一）公开统一定价

卡特尔是公开和正式建立的串谋性协议。当某一个市场建立了卡特尔之后，通常会由卡特尔的管理机构通过预测和市场调查分析，计算出市场的需求曲线与各个企业的边际成本曲线。在不考虑其他因素时，总边际成本曲线可以由各个企业的边际成本曲线加总得到，然后使用 $MR = MC$ 的原则确定市场的统一价格和产量。随后，卡特尔的管理机构会对成员企业分配产量份额，一般是按企业的实力确定，有时也会按地区划分销售市场。

卡特尔往往是国际性的。世界上很多国家的反垄断法禁止企业串通，但由于执法力度不一样，有些国家的反垄断法没有得到很好的贯彻与实施。并且，没有办法防止国家，或由外国政府控制的公司形成卡特尔。如欧佩克卡特尔就是产油国政府之间的一个国际协定。小部分卡特尔成功了，但是大部分卡特尔失败了。如一个国际铜卡特尔一直运营到今天，从来没有对铜价有任何影响。

卡特尔成功至少需要两个条件：第一，一个稳定的卡特尔组织必须在其成员对价格和产量达成一致并遵守协议的基础上才能形成。卡特尔的成员经常受到通过略微降低价格来夺取比分配给它的更大的市场份额的诱惑，如果卡特尔的成员禁不住这种诱惑，卡特尔就会解体，价格就会回到非串谋时的状态。另外，在规定统一价格后，各成员会展开激烈的非价格竞争，一旦各方的实力发生了变化，就会导致卡特尔的解体和价格的重新确定。第二，垄断势力的潜在可能。即使一个卡特尔能解决它组织上的问题，如果它面临的需求曲线是一条富有弹性的曲线，那么它就只有很小的涨价空间，合作的潜在利益不大，往往不能成功。

（二）价格领导定价

由于公开串谋的卡特尔定价在很多国家被规定为非法，所以，寡头垄断企业转向以非公开串谋的定价方法来确定各方可接受的市场价格。常用的定价方法就是价格领导模式，即在某一行业当中先由某一家企业制定价格，其他企业作为"跟随者"以"领导者"的价格为标准来决定自己产品的价格。如果产品同质，那么价格一致。如果产品稍有差异，那么价格就会有差别。价格领导定价通常有三种模式：低成本企业领导模式、主导型企业领导模式和晴雨表型领导模式。

1. 低成本企业领导模式。先由行业中成本最低的寡头垄断企业制定价格，其他企业然后再根据这个价格来确定自己产品的价格。假设市场中有三家寡头垄断企业，三家寡头垄断企业的成本不同，但产品相同，每家企业面临的需求曲线相同，它们默认，市场由三家企业平分。成本最低的企业 A 首先按照 $MR=MC$ 的原则将价格确定为 P_A。如果企业 B、C 也想利润最大化，那么它们也将按照 $MR=MC$ 的原则确定价格 P_B、P_C。但是，在产品相同的情况下，由于价格 P_B、P_C 高于 P_A，会使企业 B、C 的市场份额被企业 A 夺走，企业 B、C 根本无法实现最大的利润，所以，企业 B、C 会跟随企业 A 将价格也定为 P_A，避免相互价格竞争。

2. 主导型企业领导模式。市场价格的制定者是在该行业中占统治地位的企业，价格的跟随者是一些规模较小的企业。由于反垄断的限制，这个统治型企业不能将其他企业排挤出市场，但它可以确定该行业产品的市场价格。统治型企业往往先估计出自己的市场需求曲线和自己的成本曲线，然后按照利润最大化原则 $MR=MC$ 确定产品的市场价格，其余企业被动地接受统治型企业确定的市场价格。

3. 晴雨表型领导模式。行业中有一家企业不一定是行业内规模最大、效率最高的企业，但是它能够较准确地预测市场行情，能准确地反映整个行业的成本和需求状况的变化，起着晴雨表价格的作用。行业中所有其他企业都响应这家企业的价格及其变动。起晴雨表作用的企业的定价权是有限的，因为只有在合理的范围内，其他企业才会跟随它的价格及其调整。如果仅仅从本企业的利益出发去制定价格、调整价格，超出了合理的范围，其他企业是不会盲目跟进的。一般而言，只要现行价格有利可图，并且被广大消费者接受，晴雨表型企业就不会作出不利于其他企业的价格调整。

四、对寡头垄断市场价格形成机制的评价

（一）寡头垄断市场价格形成机制的缺陷

1. 非价格竞争激烈，造成了社会资源浪费。寡头垄断企业为了避免价格竞争，会花费很大的人力、物力和财力进行广告、包装和产品设计。如果不在这些方面进行大量的投入，产品的平均成本与价格可以降低。

2. 各个寡头垄断企业之间会以或明或暗的方式进行串谋，往往会抬高价格，这样会损害消费者的利益，降低社会福利水平。

3. 寡头垄断市场降低了竞争性，比较接近于完全垄断市场。

（二）寡头垄断市场价格形成机制的优点

1. 寡头垄断企业可以实现规模经济，降低生产成本，提高经济效益。寡头垄断企业比完全垄断企业的竞争性强，经济效率要高。在完全垄断行业，引入寡头竞争，往往会降低价格，增进社会福利。

2. 它有利于促进技术进步。寡头垄断企业拥有雄厚的资金与技术实力，有能力进行新技术与新产品的研发。

3. 容易形成稳定的市场。在寡头垄断市场上，不管产品有无差异，价格一旦确定就很难变动，市场需求量也相对稳定。

4. 非价格竞争，在客观上，起到了缓解信息不对称的作用。

本 章 小 结

市场按其竞争程度的不同，可以分为完全竞争市场、完全垄断市场、垄断竞争市场、寡头垄断市场四种类型的市场结构，由于竞争程度的不同，其价格的形成过程也不相同。

完全竞争市场是一种理想化的市场结构，是评价市场绩效的基准。其价格的形成与变动完全由市场供求关系来决定。完全竞争市场的价格与平均收益曲线、边际收益曲线是相同的。在长期，企业的价格与最优生产规模的平均成本曲线的最低点、长期平均成本曲线的最低点重合，也等于边际成本，企业的利润为零。

完全垄断市场是一家独占、完全不存在竞争的市场，完全垄断市场的价格由垄断者根据自身利润最大化的需要来决定，其价格高于边际成本。在短期，企业的利润可以大于、等于或小于零，在长期，企业的利润大于零。

垄断竞争市场是既有垄断，又有竞争，且以竞争为主的市场。在这种市场条件下，价格形成带有垄断与竞争的双重特征。企业的短期均衡价格与完全垄断条件下企业的价格决定大体相同，企业的利润可以大于、等于或小于零，长期均衡价格的形成以竞争引起的超额利润为零为特征。

寡头垄断市场是既有垄断，又有竞争，且以垄断为主的市场。在非串谋情况下，有的选择产量策略来竞争，有的选择价格策略来竞争。寡头垄断价格由反应曲线的交点来确定，价格一旦确定，很难改变。在串谋的情况下，寡头垄断价格由少数寡头垄断企业通过协议或默契来决定。

复习思考题

1. 在市场经济中，市场结构共分为几种？其划分依据是什么？
2. 简述完全竞争市场结构的特征和企业的需求曲线。
3. 简述完全竞争市场上短期价格形成，并说明短期均衡条件以及获利情况。
4. 简述完全竞争市场上长期价格形成，并说明长期均衡条件以及获利情况。
5. 简述完全垄断市场结构的特征和企业的需求曲线。
6. 简述完全垄断市场上短期价格形成，并说明短期均衡条件以及获利情况。
7. 简述完全垄断市场上长期价格形成，并说明长期均衡条件以及获利情况。
8. 为什么在完全竞争市场上平均收益等于边际收益，但在完全垄断市场上平均收益大于边际收益？
9. 简述垄断竞争市场结构的特征和企业的需求曲线。
10. 简述垄断竞争市场上短期价格形成，并说明短期均衡条件以及获利情况。
11. 简述垄断竞争市场上长期价格形成，并说明长期均衡条件以及获利情况。
12. 简述寡头垄断市场结构的特征。
13. 简述非串谋性寡头垄断市场上的价格形成。
14. 简述串谋性寡头垄断市场上的价格形成。
15. 简述四种市场结构中价格形成机制的优点和缺陷。

第六章　企业定价条件

学习目的和要求　通过本章的学习，了解企业定价的含义、种类和作用，理解和掌握企业定价的宏观环境条件、市场环境条件和企业内部条件的主要内容，认识企业定价环境作为一种不可控因素对企业定价的作用，以及客观地分析和正确地利用企业定价条件，以此来保证企业价格行为的合理性。

第一节　企业定价的含义和作用

在社会主义市场经济体制确立的过程中形成新的市场价格机制。形成新的市场价格机制的一个重要内容是定价主体的相应转换。价格行为主要是企业行为。企业定价内涵如何？地位和作用怎样？这些应当成为本章首先要研究的问题。

一、企业定价内涵

（一）直接定价

企业定价是指生产经营企业在国家规定的权限范围内，根据自身劳动消耗和市场供求状况而自行确定商品和劳务价格的定价形式。企业定价是具有法人资格的独立核算的企业和事业单位直接确定的价格。企业定价是企业自身决策的价格，从本质上来说，它不同于政府职能部门和业务主管部门规定的作价原则、作价方法，而是由企业计算的价格。通俗地讲，就是谁生产的商品谁定价；谁经营的商品谁定价；谁付出的劳务谁定价。很显然，企业定价有一个主体含义。定价是企业的一种有意识的价格行为，因为企业有自身的利益，它不同于政府的价格行为，不能用政府定价的政府行为要求企业的行为，也不应把生产者或经营者个人的作价当成企业定价。另外，企业的直接定价有权限的含义，因为我国价格管理体制的改革是从扩大企业定价权限开始的，企业要在法规允许的权限范围内行使价格自主权。随着法规对企业定价权限的逐步放开和不断调整，企业的定价权限在总体上呈扩大趋势，但是，在体制转换过程中一定会有曲折。因此，企业定价又总是与定价权限的调整和管理方式的变化相适应的。

（二）竞争开放条件下的现代企业定价

市场竞争是价值规律运行的基本条件。只有通过竞争、价格围绕价值在一定幅度内的波动，商品生产的价值规律才能得到实现，社会必要劳动时间决定商品价值、商品价值决定商品价格的基本水平才能成为现实。相反，没有竞争，形成垄断，甚至超经济垄断，就会刺激企业定价误入歧途，形成混乱的市场价格信号。例如，某一种产品在同一个市场、同一个时期、同一个销售条件下，价格水平悬殊从根本上来说是缺乏竞争造成的。竞争是个别劳动转化成社会劳动、企业定价转化成市场价格的不可缺少的条件。

企业定价作为市场经济体制下我国市场价格的主要定价形式，毫无疑问包含着现代文明的含义。因为人类社会已经发展到21世纪的今天，不能简单地认为企业定价就是"政府放权或还权给企业"，就是"愿打愿挨"。在这种似是而非的说法的影响下，价格欺诈行为普遍抬头，有些商业贸易行为倒退到野蛮时代。连当代资产阶级都摒弃的做法，一些企业还奉若神明，这是很有害的。虽然实现价格机制转换要达到一定程度，才具备将企业的价格行为进行有效规范的必要条件，但任何时候都应当促进文明、反对愚昧，更何况市场经济发达国家的企业价格行为已有许多可借鉴之处。

（三）法制含义

市场经济就是法治经济，从微观行为充满活力和宏观法制约束的对立统一观点来看，是很有道理的。人们形象地把微观行为与法制约束比喻成运动员与比赛规则的关系：运动员必须按比赛规则平等竞争，才能赛出水平；行为不按规则就成绩无效，犯规要处罚，以此来保证比赛的正常秩序。当然，裁判员不得干涉运动员的个性行为。价格领域内的法制也包括了两个方面的内容：一方面是企业作为独立的法人，只能在法规允许的范围内行使价格的自主权；另一方面是企业在法规允许的范围内行使价格权利应受到法律保护。任何单位或个人，不得无法律依据地干预企业的价格行为。近几年来，国家相继颁布的《中华人民共和国价格法》、《价格违法行为行政处罚规定》、《关于制止低价倾销行为的规定》、《制止牟取暴利的暂行规定》等，都是重要的价格行为的法律规定。有法必依、执法必严才能保持正常的市场秩序。

（四）政府统一管理下的企业定价

企业定价属于市场决定价格的范畴，但又不能完全由市场自发决定。因为单靠市场带动经济的发展是不可能的。这早已为20世纪30年代资本主义世界的经济危机所证明，也已为我国经济体制改革以来曾一度放松对市场价格管理的教训所证明。在计划经济体制向市场经济体制转换的过程中，必须加强和改进政府统一管理下的企业定价。

政府对企业价格行为的管理，从方式上可以分为两种类型：一种是正常情况下的日常管理，它是由价格主管部门按照"统一领导，分级管理"的原则进行的。这种管理是管好企业定价的基础。另一种管理是价格矛盾突出时候的政府干预或宏观调控，它不仅仅是价格职能部门的管理，而且是更高层次、更大范围内的协同配合。企业定价要沿着健康的道路发展，使企业真正成为市场主体，必须由政府来统一管理。

二、企业定价的种类

（一）价格种类

我国统一市场体系中的价格体系，依据不同的角度有不同的分类方法。

1. 按照定价权限或主体划分。定价权限是指定价权利的限度。定价权限是根据商品生产、商品流通的客观要求，社会经济发展的总体需要，以及市场竞争类型等因素划分的。我国按照权限划分的价格是：政府定价、政府指导下的企业定价、企业自主定价、生产者或经营者个人定价等。

2. 按照价格变动的灵活程度划分。按照价格在一定时期内相对稳定或变动的幅度、频率的不同，可以分为固定价格、幅度浮动价格、自由浮动价格。

3. 按照价格的性质划分，可以分为计划价格和非计划价格。计划价格可以进一步分为指令性计划价格、指导性计划价格、自上而下衔接平衡的价格；非计划价格可进一步分为自下而上衔接平衡的价格、主要由市场调节的价格和完全由市场调节的价格。

4. 按照价格在全国或地区之间的统一程度的不同来划分，可以分为国家统一价格、地区价格、地方价格、企业价格等。

从以上几种价格的分类可以看出，企业定价是以定价权限或定价主体划分的一种价格形式。我国统一市场体系中的价格，无论从哪个角度进行分类，其中都有相当一部分是企业制定的价格。各种类型的价格既相互联系、彼此作用，又相互影响、相互制约，构成了一个有机的市场价格体系（如图6-1所示）。

（二）企业定价种类

企业定价是一种权限或主题概念。在我国社会主义市场经济条件下，企业定价也是相对政府定价而言的。企业定价的具体形式多种多样。随着我国经济管理体制的改革，价格管理体制会相应发生变革，企业定价的具体形式也会有些变化，但其基本形式在一定历史时期内是相对稳定的。

1. 政府指导下的企业定价。它是以政府制定的统一计划价格为基准，在一定的幅度内，允许企业对具体产品相对自主地制定的价格。它的典型形式是政府规定基价和浮动幅度，企业确定具体价格。例如，一些相对重要的商品，或者商品相对不重要，但花色品种繁多、挑选性强、市场供求关系变化大，供求难以平衡的商品，比较适合这种价格形式。

2. 完全由市场调节的企业定价。它是指企业根据自己的生产经营情况和供求关系自主确定的价格。政府对这种价格不做计划，由企业根据市场情况自主生产、购销

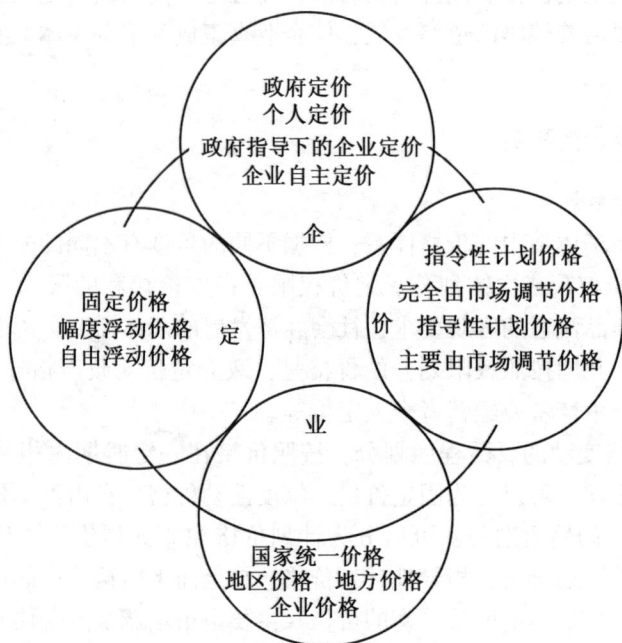

图 6-1　价格种类与企业定价关系示意图

或者进行劳务活动。当前，完全由市场调节的企业定价的品种最多、范围最广。

市场调节价格在价值的基础上完全由市场供求关系所决定。但有一些比较重要的或者大宗商品，在严重供不应求时，价格可能暴涨，或者严重供过于求时，价格可能暴跌。在这种情况下，按照价格法的规定，政府可以采取干预措施。

三、企业定价与政府定价的关系

（一）我国市场价格体系的基本格局

按照《中华人民共和国价格法》的规定，我国现行的价格形成主要有以下三种形式。

1. 市场调节价。它是指由经营者自主定价，通过市场竞争形成的价格。

2. 政府指导价。它是指由政府价格主管部门或者其他有关部门按照定价权限和范围规定基价及其浮动幅度，指导经营者制定的价格。

3. 政府定价。它是由政府价格主管部门或者其他有关部门按照定价权限和范围制定的价格。

与三种价格形式相对应，有三个定价主体：政府及其各级价格管理机构、企业、个人。政府定价和政府主体是完全吻合的。对于政府指导价，企业是不完全的定价主体。对于市场调节价中的一部分，企业是定价主体；对于市场调节价中的另一部分是完全自由价格，包括农村集贸市场价格和城市农贸市场价格，是由买卖双方个人随时议价的。它们之间相互联系、交叉渗透，形成了价格形式与价格主体之间的有机联系（如表 6-1 所示）。

表 6-1　　　　　　　　　　　　**价格形式与定价主体关系**

价格形式		定价主体
政府定价		政府
政府指导价		政府、企业
市场调节价	企业定价	企业
	自由价格	个人

（二）企业定价与政府定价的关系

1. 共同性。无论是政府定价还是企业定价，都必须反映价值规律的要求。价值决定价格是马克思主义价值、价格理论的基本观点，也是衡量价格体系是否合理的重要标志。价格反映价值规律的要求，首先表现为大多数商品价格基本符合价值，不能脱离价值；其次，在价值量变化到一定程度时，价格会变动，但偏离的幅度不能过大、时间不能过长。

供求是决定市场价格的重要因素，企业定价或政府定价都必须真实地反映市场供求关系。真实的供求关系是经济意义上的供求关系。权力调拨、滥发实物、公款消费等形成的虚假供求关系不是真实的供求关系，不是价格要反映的，也不是价格所能反映的。供求关系必须是市场上的供求关系，超越市场、远离市场、以物易物，都会使价格反映的供求关系受到歪曲。另外，商品的特点不同，商品的供求由不平衡→平衡→新的不平衡的运动方式也不同。还要区分临时性的供求不平衡、趋势性的供求不平衡以及滞后性的供求不平衡等。

2. 相关性。企业定价和政府定价是相互联系、相互影响的。在正常情况下，政府定价和企业定价的价格应当基本衔接。反映在不同种类的商品上，如果是有某一种联系的商品，其价格比例应当是协调的；反映在同一种商品上，价差应保持在一定的幅度内，以不给再生产过程带来混乱为度。在有些情况下，一种价格形式的变动，可以促进两种价格形式之间的进一步协调；在有些情况下，一种价格形式的变动，也可能造成两种价格形式间的更加不协调。要尽量避免和尽快扭转第二种情况。

3. 转化性。政府定价和企业定价可以互相转化。从总体上来讲，什么商品应当由政府定价，什么商品应当由企业定价，是有一定规律性的，但也不是固定不变的，在一定条件下它们可以互相转化。在社会主义市场经济体制改革过程中，互相转化的情况会多一些。在不同时期、不同地区，各种价格形式的品种范围和所占的比重不可能相同，根据具体情况进行及时的适当调整是有必要的。

(三) 企业定价和政府定价的区别

1. 定价主体不同。企业定价的主体是商品的直接生产者或经营者。政府定价的主体是不直接从事商品生产或经营的各级政府（职能机构）。政府定价和政府主体是相符合的。企业定价和企业主体并非完全符合。对于政府指导下的企业定价，企业是不完全的定价主体。对于市场调节价中的一部分，企业是完全的定价主体。

2. 定价目的不同。实行政府定价和政府指导价的商品价格，应当接近价值，反映供求关系，符合政府政策。在一般情况下，政府定价和政府指导价的商品价格或服务收费标准（特别是政府定价）其目标是趋于平均利润。这些价格在全国各地的人民生活中都是十分重要的，在市场力量的作用下，价格不是不能更高或更低，而是不希望更高或更低。所以，政府的定价目标更多地是为了满足当时条件下扩大再生产所需要的一般利润目标要求，而不允许有超额利润的利益冲动。作为典型意义的企业定价是市场调节价中完全由企业自主确定的价格。在这个领域中，企业的定价目标在正常情况下是一般平均利润；在非常有利的市场条件下是追求超额利润；在非常不利的市场条件下只能是暂时求得生存。

3. 定价依据不同。首先，作为不同的定价主体，企业定价与政府定价在制定价格时考虑问题的角度不同。由于政府定价是站在政府角度，较多考虑的是宏观经济运行层次上的问题；企业定价是站在企业角度，较多考虑的是微观经济运行层次上的问题。其次，具体价格水平及其变动依据不同。由于政府定价是站在宏观角度，所以多侧重于考虑构成价格的最基本的因素、共性因素和客观性因素；由于企业定价是站在微观角度，所以更侧重于考虑个性因素、特殊性因素和主观性因素。

4. 定价政策、策略和方法不同。在政府定价中，在商品价值和供求关系的基础上，政府的价格政策对价格的形成有明显的指导作用；在企业定价中，在商品价值和供求关系的基础上，企业定价策略对价格的形成有具体的指导作用。政府的上述价格政策对企业定价是一种外部环境条件，外部环境条件不可能不形成制约因素，但它毕竟是间接的。企业的定价策略对企业定价的影响更为直接。企业定价策略对企业来说，有很强的针对性和特殊的作用效果。在具体的定价方法上，企业定价也表现出与政府定价的区别。在政府定价中，一般要计算出该种产品的部门加权平均成本，在成本的基础上结合商品供求关系和政府的价格政策，制定出具体价格，生产该种产品的企业只需要认真执行价格；在企业定价方法中，正常情况下，一般制造品的基本价格水平的确定与政府定价相同；在特殊条件下，不同的企业类型在不同时期，对不同商品可以采用不同的定价方法。总之，政府定价品种少，竞争程度弱，所以定价方法相对少，有利于统一；企业定价品种多，竞争激烈，情况复杂多变，所以定价方法较多，有利于选择。

5. 价格形成机制不同。政府定价注重价格的基础是价值。为了使制定出来的价格尽可能地符合价值，反映长期的商品供求关系，符合政府的经济政策、价格政策和国际上同一种商品价格的变化趋势，价格形成机制中充分体现了参谋者、决策者、监督者和保证者之间的作用关系。企业定价更注重市场供求关系的变化。企业自主定价的自由度是成本和需求之间的差额。市场供求关系的变化既给企业提供了自主选择价格的机会，同时也制约着企业定价权利的范围。抓对趋势、把握时机，通过制定有利于企业的价格，可以实现较好的经济效益；抓错趋势、失去机会，也将承担由此造成的损失。所以商品供求关系是企业定价变化的基本原则。

四、企业定价的地位与作用

（一）企业定价对市场经济体制确立的作用

1. 资源配置与企业之间存在着内在的联系。计划经济体制与市场经济体制是两种不同的资源配置方式。计划经济体制是自上而下，按照行政命令、指标分解、调拨等方式，由政府配置资源。市场经济体制是企业按照供求关系变化引起的价格变化为依据，由市场配置资源。

按照经济学的一般原理，稀缺资源有效配置的基本原理是成本最低而效益最高。现代生产是社会的、协作的生产。为了协调当事人之间的经济行为和有效配置资源，社会通常形成一定的制度和规则来处理这种内外关系。处理内外关系有两种基本方法，即行政命令和协议买卖。选择的标准是哪种方式成本最低。同样选择组织的基本原则也是追求成本最低而效用最大。

企业这种经济组织实体的特点，是在外部通过市场交易取得各种投入资源，然后在内部用行政命令的方式组织资源的合理利用。具有一定经济规模的企业比较容易实现效益最大化，同时实现社会资源配置相对优化。

2. 企业定价为社会主义市场经济体制的确立创造了条件，也构成了市场经济体制的重要内容。20世纪70年代末，议购议销价格作为我国农产品的一种市场调节价格，是我国经济体制改革以来价格改革的突破口。此后不久，各地先后多次放开了工业品中的小商品定价和服务收费，形成了一定范围的市场调节价格。20世纪80年代中期，经济体制改革的重点由农村转入城市。增强企业活力，特别是国有大、中型企业活力，成为以城市为重点的整个经济体制改革的中心环节。企业权利，包括生产计划权、进货渠道选择权、产品销售权、经营方式选择权、财务自主权、定价自主权、一定的劳动人事权等，开始被人们逐渐认识。人们通过实践认识到，没有企业定价自主权，就不可能有企业的活力和市场的繁荣，也不可能有社会主义市场经济。

3. 企业定价是建立和健全以市场形成价格为主的价格机制的基础。在市场经济中，价格调节国民经济的作用在大大增强，社会主义经济愈发展，价值规律对国民经济的调节作用就表现得愈突出，价格的地位和作用也就愈重要。企业是市场竞争的主体，企业定价是以市场形成价格为主的价格机制的主要内容。在我国加强与改善政府对经济的宏观调控，是克服自身弱点和消极作用所必须采取的措施，这一切又必须通过规范企业定价来实现。

4. 企业定价是实现国内市场与国际市场广泛联系必须具备的条件。我国加入世界贸易组织后，与世界的经济联系更为广泛，相互依赖程度更大。这一方面使我国得到如下一些好处：削减贸易壁垒，取消对我国出口数量限制与进口技术限制及其歧视性规定，享受最惠国待遇，以及恢复共享成员国贸易资料的资格等；另一方面，我国必须承担相应的义务，并按国际惯例办事，表现在价格行为应主要是企业行为，而不能主要是政府行为。所以，企业定价既是我国建立以市场形成价格为主的价格形成机制的基础，也是参与国际市场竞争，把国内市场与国际市场联系在一起的条件。

(二) 企业定价在企业市场营销中的地位和作用

1. 企业定价是企业营销决策中的重要因素。市场营销是引导产品和劳务从生产者到达消费者或用户手中所进行的企业活动。这些企业活动主要包括：预测需求、产品计划、渠道规划、销售促进、价格制定和售后服务。在市场经济条件下，市场营销功能是企业的一项基本功能。同时，市场营销部门就成为企业里非常重要的一个业务部门，由这个部门负责完成上述一系列企业活动，这称为市场营销管理。市场营销管理包括计划、执行和控制三大职能，其中最重要的是计划职能。市场营销计划是在分析营销环境和市场需求的基础上作出一系列的选择和决策，主要包括选择目标市场和制定市场营销组合策略。市场营销组合策略是企业一系列市场营销中的核心决策。就生产企业而言，其市场营销组合包括产品、价格、地点和促销四大要素。这四大要素是生产者市场营销成功的四大支柱。产品因素，即为目标市场提供适当的产品，使产品在质量、花色和式样等方面最适合目标顾客的愿望。地点要素，即为目标顾客提供购买方便的地点，通过适当的渠道和中间商，使目标顾客在想买的地点和时间买到该企业的产品。价格因素，即为产品制定适当的价格。适当的价格应为目标顾客所接受，并能为企业带来合理的利润。促销因素，即通过把有关产品、地点和价格的信息传递给目标顾客，以诱导或劝说他们购买该企业的产品。这四大要素相互支持、相互配合、缺一不可，但重要性并不相同。产品因素是决定性因素，如果产品不好，其他方面因素的工作再好也不会取得成功。价格因素是四大要素中最敏感的因素，是市场营销组合策略中最复杂的决策。价格一方面关系到顾客的钱袋，另一方面关系到企业的利润。不适当的价格可能导致产品销不出去或赚不到利润而使经营失败，所以企业定价是市场营销中的重要因素。

2. 价格是企业补充资金的惟一渠道。在市场经济条件下，作为自主经营的企业，价格是其补充资金的惟一来源，而其他企业活动均表现为资金投入。企业可以从银行贷款或发行股票等渠道获得资金，但这些资金都要偿还和付出利息。生产企业活动中的产品、分销和促销，零售企业的商店、商品、服务、促销和气氛，都以必要的资金投入之后有所剩余才算是真正的资金流入。这种资金流入或利润的获得是一个企业得以生存和发展的惟一保证。一般来说，一个不能使投入的资金增值或不能获得利润的企业是没有前途的，它不能长期存在。因为除了特殊原因之外（如企业的存在对社会安定和人民生活必不可少，或者是其他企业生存发展的必要条件），社会和人民不需要的企业才没有利润。

3. 价格是一种有力的竞争武器，有利于提高企业在竞争中的灵活性。市场经济是竞争的经济，从一定意义上来说，上述所有市场营销组合要素都是竞争武器或手段。企业在与同行的竞争中，通过变化自己的市场营销组合，突出或强调某一个要素，可以同竞争者相区别，从而可以获得某一种差别优势和竞争优势。在其他方面基本相同的情况下，强调或突出价格因素、定出较低的价格，可以获得低价优势来吸引更多的顾客，通过扩大销售量来增加总收入而取得竞争的胜利。价格与其他因素灵活配合更可以增加竞争的灵活性。例如，强调产品的高质量和最新款式可配以很高的价格来获得更多的利润。这是因为，这种情况下的价格提高部分常常能大于因为提高质量和改进款式而引起的成本增加部分。又如，针对高收入目标市场，在提供高质量服务的同时，配合很高的价格也同样能获得更多的利润，并使顾客十分满意。另外，很少的服务配合明显的低价也是一种竞争方法，在一些发达国家，这是折扣商店和仓库商店得以成功的基本竞争战略。

第二节　企业定价宏观环境分析

一个国家或地区的社会经济宏观环境，直接影响和形成企业生存和发展的市场环境，并直接或间接地制约着企业的经营活动。现代企业的经营管理决策者，在定价决策过程中必须认真分析研究影响企业定价决策的宏观环境，充分考虑宏观环境对企业定价决策的影响和制约力。从我国当前的企业定价决策实际来看，宏观经济环境主要包括政治、法律、经济、社会文化与心理、科技进步等方面的内容。

一、企业定价的政治、法律环境

政治、法律环境是指在一定时期内国家的有关法律、法规、方针、政策等方面的制定和调整，以及国家政治局势和法律秩序等因素对市场价格和企业定价决策活动的影响。随着我国政治经济体制改革的不断深化、社会主义市场经济迅速发展、市场制度不断完善，并在此基础上形成了多种经济形式的企业，不管是外资企业、合资企业、国有企业还是民营企业，其经营活动都必须遵守和执行国家有关价格的法律、法规、方针和政策的各项规定。政治、法律环境根据政府的宏观导向，对企业的经营活动会起到激励或制约、促进或抑制、引导或规范的作用。企业在定价决策中，必须认真考虑上述政治、法律环境因素的作用，这是企业定价决策的性质和社会主义国家的性质所决定的。政治、法律环境对企业定价决策作用的特点主要表现在：

1. 政治因素对企业定价决策的影响是指为了上层建筑的某种需要来判定调整价格，这种人为的、不考虑或较少考虑商品价值和市场供求状况的价格政策或价格管制，具有较大的主观性，不受市场规律、价值规律和供求规律的制约。随着我国市场经济的发展，单纯依靠政治力量来影响企业定价决策的行为越来越少。由于在实行市场经济制度的国家，政治与经济是互相渗透、互相依存的，政治对企业定价决策的作用，一般都通过间接的经济政策来影响企业定价决策，但不排除由于某些特殊的政治需要，政府可能会对企业定价进行直接的、短期的管制。

2. 影响企业定价决策的法律环境的作用表现为，在市场经济条件下，国家为了人民能够安居乐业、市场经济有序运行和调整各社会阶层的矛盾，制定和颁布了一系列价格法规，强制各个企业或有关社会成员执行，如公司法、广告法、价格法、反不正当竞争法等。这是政府定价强制性干预企业定价决策的一种手段，是企业定价决策的法律准绳。法律环境影响企业定价决策具有强制性和直接性，对企业定价行为的规范和制约作用见效快。

3. 影响企业定价决策的政治、法律环境会随时间和空间的变化而变化。随着我国政治经济体制改革的不断深入，政府会根据市场经济发展的需要，在不同的阶段和不同的地区，制定不同的政治、经济改革的法规，随着社会经济环境变化动态地调节市场行为和企业的定价行为。当前我国加入 WTO 和实现西部大开发战略，就随之出台了一系列的政治、经济的法律、法规和政策，如开放汽车价格，使企业定价决策与经济国际化的汽车价格接轨。

二、企业定价的宏观经济环境

宏观经济环境是指在一定时期内社会经济发展的总体状况和国内外经济形势对企业经营活动的影响。一个国家或地区，在一定时期内的社会生产力发展的水平和速度、消费结构和消费水平及宏观经济形势的好坏，是由多种因素决定的。这些构成宏观经济环境的因素，直接或间接地影响着企业的定价决策。主要的宏观经济环境因素有：

（一）自然条件和人口因素

国家的潜在资源、土地面积、地形、气候等自然条件，必然影响经济结构、生产发展以及价格结构等。另外，人口因素也是一个重要的条件。人口是构成市场的基本要素，也是社会经济活动的主体。人口增长或减少的速度直接影响到市场需求规模，从而影响企业定价决策的选择。人口年龄结构、收入结构、家庭结构和知识结构等变化都会直接或间接地影响市场结构的形成或变化，企业在定价时应根据市场结构变化的主要特征，选择适宜的价格策略组合。人口的流动或迁徙也会影响市场，从而对企业定价决策产生影响。例如，随着我国工业化、都市化和小城镇化等发展，这种趋势对我国具有鲜明特征的城市与农村二元结构的市场将产生深远的影响，而开发农村市场或大都市市场的产品价格策略则有较大差异，如农村市场以物美价廉策略为主导，大都市市场则以品牌定价策略为主导等。企业在定价决策中，对人口因素的现状及其发展趋势要认真进行分析，把握住市场需求的基本规律、结构和发展变化的态势，从而进行科学的定价决策。

（二）经济政策因素

它是直接作用于企业定价决策的环境因素。其中对企业定价决策影响较直接的是国家的货币政策、财政税收政策、收入分配政策及价格管理体制等。

1. 货币政策。它的制定或调整决定着在--定时期内的市场货币流通量的多少。货币流通量是市场价格的函数，在一定时期内的货币供应量的多寡直接影响着市场物价总水平的升降，过量的货币供应还会导致通货膨胀。作为广义货币的各种信用工具及其政策的变化，也会影响企业的价格制定。利息率作为货币的价格直接影响企业成本，从而影响价格的构成。

2. 财政税收政策。国家选择赤字财政或紧缩财政政策直接影响着市场物价水平及其变动，而财政性投资规模的变化及财政分配结构的变化都会直接或间接影响市场的供求价格。增值税、营业税、消费税等税收则作为价格的重要组成部分，其变动直接造成价格变化；所得税等税收的变动则通过国民收入的分配或再分配影响国家、企业和消费者个人的有购买力需求的变化，从而制约着企业的定价决策。

3. 收入分配政策。消费者的多种收入形成市场购买力，而消费者的购买力的大小对价格十分敏感。市场消费需求是人们有支付能力的需求，仅仅只有购买欲望，并不能创造市场，必须既有购买欲望，又有购买力，才能转化为现实的消费需求。由于市场经济形成了人们收入的多样化，决定了企业定价决策的差异性。

4. 价格管理体制。它是国家经济体制的重要组成部分，是国家调节市场经济活动的重要手段之一。价格管理体制不仅影响着价格体系的形成和价格机制的运行，还直接影响或决定着企业的定价决策权的大小。价格管理机制创造市场价格环境，其好或差直接影响企业平等竞争的市场条件，制约着企业价格决策目标和行为的选择或确定。

三、企业定价的社会文化及心理环境

社会文化是一个国家或地区由其历史积淀下来的民族特征、价值观念、生活方式、风俗习惯、宗教信仰、伦理道德、教育水平、语言文字等因素的总和。社会文

化对企业定价决策的影响是全方位的、渗透性的和多层次性的。千百年来的历史所形成的社会主体文化对企业的价格决策有着巨大的影响，如价值观、人生观等。价值观念的差异直接影响着消费者对同一种商品的不同的价值判断。例如，对于绿色产品的价值判断，美国消费者与中国消费者、都市人与农村人的差异就很大。

在特定社会文化基础上形成的社会心理，如性格、态度、爱好和情绪等精神和意识都直接影响着人们的消费行为。在特定时期和区域内的社会心理不仅影响着国家价格管理体制的决策，还直接作用于企业的价格决策。影响企业定价决策的社会心理因素很多，主要表现为价格预期心理、求廉的价格心理、价格攀比心理、价格偏好心理、价格价值判断心理等。在价格预期心理作用下，涨价预期消费者抢购和囤积，跌价预期消费者观望；在求廉的价格心理作用下，消费者只要看见商家以较大的折扣或低价出售商品，就会产生强烈的购买欲望；在价格价值判断心理的作用下，由于信息不对称，消费者常常以价格高低来判断商品的内在价值，认为价格高的商品价值就高，便宜则没好货等。

四、科技进步环境

科学技术是第一生产力，科技的进步和发展对企业定价决策有着直接的影响。首先，科技进步直接导致劳动生产率的提高，减少了商品生产经营的人类劳动耗费，引起了生产经营成本发生变化，从而影响了企业定价决策。其次，以信息技术高速发展为先导的知识经济的出现，改变了商品中各个生产要素的构成，人力资源在高新科技产品，特别是信息产品、金融产品中的成本比例日益上升，从而成为影响企业定价决策的重要因素。再次，科技进步和创新为企业创造了广阔的市场空间和巨大的市场机会，迅速发展的信息或网络业，迫使企业必须在经济全球化的概念中寻求其规模经济效益。在迅速发展的生产力的推动下，技术创新加快，产品升级换代频繁，产品生命周期缩短。伴随着创新与淘汰的更替，以成本领先或规模经济导向的价格大战不断引爆，如近几年出现的彩电价格大战、空调价格大战、手机价格大战、汽车价格大战、电脑价格大战等。它迫使企业定价决策必须认真研究科技进步对劳动耗费、生产经营成本、价格形成等的直接或间接作用。最后，科技进步催生了网络营销和电子商务，互联网引发一场新的营销革命——"排挤中间层"的革命，BtoB、BtoC、供应链管理（SCM）、客房关系管理（CRM）、连锁店、行业或企业流程再造（BPR）等，迫使大量的中间商和零售商退出了历史舞台，超越和取消了过去十分重要的中间性生产和分销环节，大大降低了市场交易成本。例如，在美国，20世纪80年代的销售与存货的比例是10∶17，而2000年的比例则降为100∶8。互联网创造了一个肉眼看不见的、巨大的电子商务平台——网络市场。在传统市场上有十分活跃的买家和卖家以及创造金钱和利润的产品或服务，而在网络市场上只有生产商和客户。传统市场的操作既有开始，也有结束，而网络市场却是一个"24乘以7"的信息十分透明的世界。当代科技进步为人类社会的发展创造了巨大的福利，但科技进步对某一个行业或企业来说并非福音。技术进步、新的消费观念和新需求迫使企业必须在科技进步的基础上考虑定价决策、动态性的价廉物美策略和性能价格比等。

第三节　企业定价市场环境分析

一、垄断与竞争条件下的企业定价

企业定价的市场环境从市场结构所形成的定价条件来看，根据卖主之间的竞争程度的差异，可以分为完全竞争市场、垄断竞争市场、寡头垄断市场和完全垄断市场四种市场环境。完全竞争市场和完全垄断市场的定价只能在理论上成立，所以本节重点从企业角度分析相对竞争市场的定价和相对垄断市场的定价，并对价格竞争与非价格竞争作适度讨论。

（一）竞争条件下的企业定价

在竞争较为充分的市场条件下，买卖双方的选择性较大，市场价格机制比较灵敏。商品或服务的价格水平不能由单一的企业决定，而是由整体市场的竞争格局或行业的供求状况决定。市场竞争推动价格变动，价格变动引起市场供求变化。在充分竞争的市场条件下，价格能够较为准确地反映行业或企业的生产经营耗费，体现商品或服务的现实价值。企业必须根据市场供求和市场竞争所引发的价格波动，及时、科学地选择或调整自己的定价策略，在短期内，企业必须使自己的定价策略服从或适应变动的市场价格，而从长期看，企业必须努力实现规模经济效益或通过技术创新、产品创新等，力争使其平均总成本低于行业的或社会的平均成本。企业之间的市场竞争必然导致市场价格水平的下降，使消费者获益，并促进市场资源配置的不断优化，从而为社会生产力的总体发展不断创造经济上的动力。

在充分竞争的市场条件下，由于卖主很多，行业主要由中小企业构成，企业进出该行业较为自由。但是，企业之间的产品或服务由于生产经营管理水平、自然资源条件、地理位置等的差异而导致产品或服务存在差异。这些差异可能基于某些实质性的因素，如水果、花卉、粮食等的品质差异可能是由于生产的自然条件引起的；汽车、电脑、通信设备等工业品的性能差异大多数情况下是由生产技术或经营管理水平引起的。然而产品或服务的差异也可能是由非物质性心理因素或其他因素引起的，如广告、包装、品牌、服务态度或经销网点的地理位置都可能使消费者产生对产品或服务的不同心理感受。这种感受越强烈，顾客对其所喜欢的产品依赖性越大，被其他同类产品替代的可能性就越小。企业在定价决策中即使提高价格，也不会失掉全部顾客，竞争对手降低价格，也不可能把大多数顾客吸引走，企业在某种程度上可以控制其产品的价格。

企业在充分竞争的市场条件下制定价格还必须注意风险的防范。市场激烈的竞争会导致价格大幅度波动，产品或服务的市场价格会呈无序状态运动。不管是由供给还是由需求引起的，企业在定价过程中，如果不能理性地看待其波动，如果不能选择正确的价格策略，那么一旦盲目参与价格大战，就会给企业乃至行业带来灾难性的冲击。

（二）垄断条件下的企业定价

市场经济中的垄断主要是指寡头垄断，完全垄断或纯粹垄断只是理论分析的假设或管制经济中的政府垄断，一个行业完全由一家企业控制的状况，目前在中国只剩铁路运输一家了，而且铁路运输也随市场经济的发展和经济体制改革的深化，正在进行市场化改造。电力供应虽属垄断行业，但却有煤气、石油或其他能源的供应与之竞争，而且政府也正在积极推进电力的市场化改造，消除完全垄断的格局。因此，这里主要分析的垄断是指寡头垄断。在垄断条件下，几家大企业的生产和销售控制了整个行业的大部分产品。例如，美国七大汽车公司的产量占了全国产量的95%以上，六大飞机制造商的产量占了全国的80%以上，市场竞争主要发生在几家大企业之间。企业在制定自己的产品价格时，并不完全取决于内部条件，还必须考虑竞争对手的反应。根据产品的差异程度不同，竞争对手的反应也会不同。

在无差异的同质产品上，如钢铁、石油、糖、棉花等寡头垄断的原料市场上，各家企业生产的产品差异不大，而且行业明确规定了产品的型号和标准，顾客更多的是关心产品的型号、规格和价格，较少考虑生产厂家的品牌。一家企业降价，会迫使其他几家企业降价或增加其附加服务，否则产品就会积压滞销。如果各家企业都降价，可能会吸引来一些新顾客，但不可能把竞争对手的客户都拉过来。反之，如果一家企业涨价，竞争对手并不随之涨价，涨价者就会失去原来的买主。这类市场的价格较稳定，如果没有充分的准备，企业不宜轻易调整价格政策。

在产品存在品牌差异的寡头垄断市场上，各个企业的产品由于受文化、宣传、广告、CI 等影响，在顾客看来是存在差别的，如汽车、电脑、服装、鞋帽等。顾客不仅关心产品的价格、规格等，还十分关心产品的商标、品牌、生产厂家，因而每一个企业设法通过各种市场营销策略，创造产品的品牌，使顾客相信其产品与别的企业的产品不同、不具有替代性。这样就可以把产品价格定得较高，从而获得差别利润或垄断利润。这种垄断利润的获得主要靠经济实力、技术进步和经营管理水平等。

然而在垄断市场上，的确也存在某些行业或企业由于种种原因而获得某种超经济的力量支持，从而人为地制定垄断性的高价或低价。

（三）价格竞争与非价格竞争

在市场经济中，价格竞争和非价格竞争都是市场竞争的表现形式，企业在制定价格策略时，对两种不同的表现形式都应该加以考虑。市场竞争涉及企业生产经营管理的各个方面，不仅是企业之间的价格竞争，同时还存在着产品或服务的品种、质量、销售服务、品牌、企业形象等多元化的竞争。在现实的市场经济活动中，价格竞争与非价格竞争是很难明确区分的。价格竞争离不开品牌、质量、销量服务及企业形象等，而在非价格竞争中，不管是产品创新、服务创新、营销方式创新、企业形象塑造都涉及成本变动，从而引起价格变动。但价格竞争与非价格竞争在其作用的基础、方式上又存在着差异：

1. 竞争的基础不同。价格竞争的基础是个别企业的生产成本低于或高于社会平均成本。成本领先的企业在激烈的市场竞争中，常以其成本领先的优势，率先降低价格，排挤或淘汰成本高于社会平均成本的企业。而非价格竞争则以消费者需求的多样化、动态化和个性特性、品牌、营销差异、服务特色等形成自己的市场竞争力，一般来说，市场需求变化越快，非价格竞争就越激烈。

2. 竞争的环境不同。企业价格竞争决策的选择，首先，是产品市场生命周期已进入衰退期，生产成本或价格已成为市场产品销售惟一的可比性时，企业被迫选择价格竞争；其次，在社会经济发展水平较低或消费者收入水平不高的市场条件下，消费者对价格变动十分敏感，企业选择价格竞争策略具有较强的市场竞争力。而企业非价格竞争策略的选择主要是当社会经济发展已进入一个较高的水平（如从温饱型进入了小康型）或消费者收入水平迅速提高，价格变动对消费者不具备冲击或诱惑力时，企业只得选择非价格竞争，通过品牌、质量、服务等差异化来形成其产品或服务的市场竞争力。

3. 竞争战略选择的不同。价格竞争是企业选择成本领先竞争战略的必然结果。成本领先竞争战略的手段主要是通过提高生产经营效率、降低单位产品的生产经营成本，从而为降低产品价格提供较大的可能性，使企业一方面可以获得较丰厚的利润，另一方面又可以主动选择价格竞争策略来攻击竞争对手。而非价格竞争则是企业选择差异化创新竞争战略的必然。这一战略选择主要是通过产品或服务的品种、质量、品牌、包装和销售服务的创新，形成产品或服务的差异化，引导或适应市场消费需求的变化，形成企业的市场竞争力。

二、不同市场供求状态下的企业定价

市场需求是指在一定时期内特定市场上消费者对某一种商品有支付能力的需求的总和。市场需求由生产性消费需要和生活性消费需要构成，由于时空条件的不同、消费心理动机的差异、购买力的不同和商品适用范围的差异，市场需求的变化十分复杂。市场供给是指在特定的时空条件下，某一种商品的所有生产者提供或能够提供给市场交换的商品总量。市场供给的主要内容包括：时空条件、特定的价格水平和有效供给的能力。市场需求与市场供给实质上是商品货币交换过程中同一个问题的两个方面。需求引起供给，供给服务需求并创造新的需求。两者互相依存、互相制约、互相促进，共同推动着市场经济的发展。

（一）市场供求与企业定价的辩证关系

从企业定价决策的微观角度分析，市场价格变化决定市场供求，而市场供求影响着市场价格。价格与供求之间存在着相互联系、相互制约的辩证关系。

首先，市场价格决定企业供给和消费者需求。在市场经济条件下，企业的生产或经营的直接目标是追求利润的最大化，当市场价格较高、利润较大时，就会刺激生产、增加市场供给；而市场价格较低、企业获利空间较小时，就会抑制生产、减少市场供给。从价格决定市场需求来看，消费者购买商品是为了获得商品的使用价值，如果价格高，等量购买力获得的使用价值就少，需求就受到抑制；而如果价格低，等量的货币购买到的使用价值就多，消费需求就会扩大。在充分竞争的市场上，价格与供求的这种关系十分典型。企业在定价决策过程中应密切关注这种关系，如果产品价格定得较高不仅会吸引竞争对手参与该产品的供给，同时还会压制消费者的购买需求。如果定价较低，虽然利润少但却可以吸引更多的消费需求，既可以得到规模经济效益又可以排斥新的竞争对手进入市场。

其次，市场供求影响企业定价。在充分竞争的市场条件下，如果市场供给超过市场有购买力的需求，就会引起卖者之间的竞争，消费者在自身利益的驱动下，倾向于购买价格较低的商品，竞争的结果必然导致价格下降。而当市场需求大于市场供给时，供不应求刺激消费者的购买竞争，买方之间的竞争会推动价格上升。供不应求引起价格上涨和供过于求迫使价格下降都是供求影响价格的表现形式。供求关系如果发生严重失衡，就会导致价格的大幅度波动，引起经济动荡。只有市场供求基本平衡时，价格才会围绕商品的价值适度偏离、上下波动地调节市场经济相对平稳的运行。

最后，市场价格与供求之间存在着相互依存、相互作用、相互制约的辩证关系。从短期来看，市场供求的状况决定着特定时空条件下的商品价格；而从长期来看，市场价格的高低或变动对市场的供求起着决定性作用。企业应根据价格与供求的这种辩证关系和不同的时空条件，正确地选择适宜的定价策略。

（二）关联性商品的价格与供求的关系

关联性商品是指商品之间存在着替代的可能性或互补性。关联性商品的价格变动会影响另一种商品的市场供求，而另一种商品的市场供求变化又会影响关联性商品的价格。

1. 替代性商品的价格与供求关系。替代性商品是指使用价值相同或相近的商品，这些商品的使用价值可以相互替代。当消费者购买了其中一种商品，就不会再购买或少购买使用价值相同的另一种商品，这两种或两种以上的商品之间就构成了替代性商品关系，如手机与传呼机、大米与面粉、肉类与鱼类之间的关系。替代性商品之间，一种商品的价格变化与另一种商品的需求量呈同方向变化（如图6-2所示）。

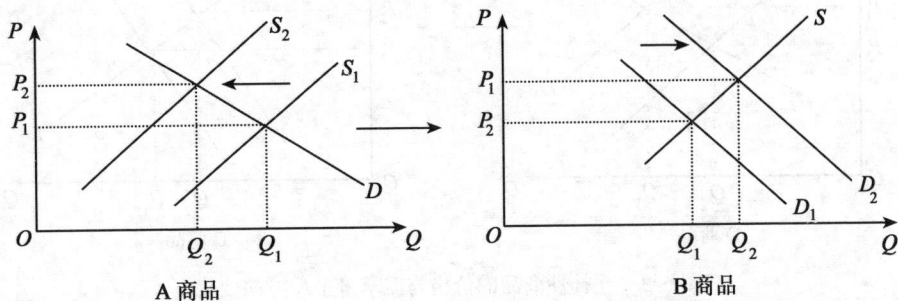

图 6-2　替代性商品之间价格与需求呈同方向变化

A 商品原来的价格是 P_1，需求是 Q_1，供求关系基本平衡，由于 A 商品的生产经营成本上升，其价格上升到 P_2，需求量受到抑制下降到 Q_2。B 商品作为 A 商品的替代品，如果其价格当时不变，A 商品的消费者将转而购买 B 商品。这说明了 A 商品的价格上升会引起 B 商品（A 商品的替代品）的需求量增加，反之则下降。两者之间的相互影响取决于 A 商品的涨价幅度和两者的可替代程度。但是，如果对 B 商品的需求量增加过大，则会引起 B 商品的价格上升，反过来又对 A 商品的需求产生影响。替代性商品的价格与供求在动态性调整中相互适应并趋于新的平衡。

2. 互补性商品的价格与供求的关系。互补性商品是指使用价值具有关联性的商品，它们必须互相补充才能实现其整体效用的商品。如照相机与胶卷和相纸，电脑与软件，汽车与汽油等都属于互补性商品。买汽车必须买汽油，买电脑就必须买软件。互补性商品中的一种商品价格发生变化会引起另一种商品的需求量呈反方向变化（如图6-3所示）。

C 商品原来的价格为 P_1，需求量为 Q_1，当其价格上升到 P_2 时，其需求量下降到 Q_2。若 D 商品与 C 商品为互补性商品，C 商品需求量减少后，D 商品的需求量也会相应减少，由 Q_1 减少到 Q_2，D 商品的价格也相应从 P_1 降至 P_2。例如汽油的价格大幅度上涨后，会引发节油的各种措施，其需求量就减少，使汽车的需求量下降，进而使汽车价格下降。企业在定价决策时，要针对关联性商品的价格与供求的内在关系，正确选择定价策略。

商品的供求弹性对企业的定价决策也具有非常重要的指导作用，但供求弹性作为经济学的基本原理，主要放在微观经济学中分析，限于篇幅这里就不详细分析。但企业定价决策者必须对需求价格弹性、需求收入弹性、供给价格弹性等有一定的认识，并用来指导企业定价决策的实践。

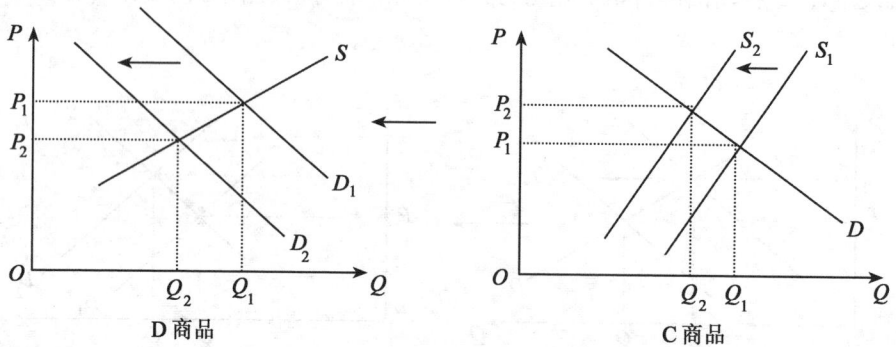

图 6-3　互补性商品的价格与需求量呈反方向变化

第四节　企业定价内部条件分析

在市场经济条件下的企业定价决策，不仅受宏观环境、市场环境的制约，还取决于定价主体企业自身的能力和条件。适合于宏微观环境条件的定价策略可能有多种选择，当市场机会出现时，企业内部的条件必须与其相适应，才能作出较优的定价策略选择。企业的生产经营能力是企业在特定市场环境条件下定价决策的内部条件。这些内部条件和制约因素分别从不同的角度制约和影响着企业的定价决策。

一、企业在市场经济中的法人地位

作为市场经济中的现代企业应具备独立的或完整的法人财产所有权，从而成为独立核算、自负盈亏的经济实体。用其收入弥补投入并获得盈余，以此在市场竞争中获得生存和发展的必要条件，同时为社会创造巨大的物质或非物质财富。企业的法人财产所有权是独立的企业法人地位的核心，是企业独立处置其产品、资产所有权及其生产经营中各种问题的权力基础。这一权力的大小直接关系到企业的自我积累、自我发展和市场竞争能力的强弱。独立的法人地位决定了企业独立的经济利益，这是企业定价决策目标和市场营销行动方案选择的内在机制和动力，也是企业能否在激烈的市场竞争中充分利用一切市场机会，实现企业利润最大化和制定长远化目标的前提条件，并决定着企业定价策略的灵活性和主动性。

二、企业的生产经营决策自主权

企业作为市场经济中的运行主体，是创造社会财富的场所。企业作为独立的法人应具有充分的生产经营自主权，使其在市场经济的生存和发展的竞争中，有权选择其发展模式的创新，人、财、物配置制度的创新，市场营销方式的创新及产品创新。只有这样，企业才可能在外部市场环境的变化中，在既定的资源约束条件下，按市场需求导向（而不是遵循某种超经济力量的导向）来组织企业内部的生产经营，以物美价廉的产品或服务在激烈的市场竞争中获得企业生存和发展的条件——利润。因此，企业在定价决策过程中，必须有劳动力、资金、生产资料等要素购买的定价决策权，同时，也必须有产品或存量资产出售或转让的定价决策权。企业具有了充分的定价决策权，才可能在瞬息万变的市场竞争格局中对企业的定价目标、策略和市场营销方案进行优化选择。

三、健全的企业经营机制

企业的经营机制是指企业内部各种经营要素，要素结构及其相互作用、相互制约所形成的有机联系。它主要包括动力机制、决策机制、协调控制机制和自我约束机制等机制要素。企业生产经营的动力机制是其法人财产所有权所决定的、独立的、排他的经济利益，以及寻求自身经济利益最大化所需要的责、权、利关系的最佳聚合。企业决策机制是指企业生产经营决策组织体系及其决策机制有利于决策者根据市场竞争出现的机遇和挑战，及时、准确地作出经营决策。企业的协调控制机制，是企业内部生存和发展的协调控制能力。在企业寻求利润最大化与发展长远化矛盾或冲突中决定着自身内部的各种要素相互配合、相互协调，确保企业生产经营活动平稳地运行。企业的自我约束机制，是指企业内在的对利润最大化的追求和风险最小化防范的自身行为的规范和制约，是企业生产经营行为的内部约束。企业经营机制的健全或完善的程度直接影响和决定着企业按市场需求定价决策的实现，是企业定价决策能否优化的重要条件。

在健全的企业经营机制作用下，面对激烈的市场竞争，企业具备快速应变能力，就可以及时、自动地作出行为调整决策，以适应新的市场竞争环境，采用适宜的定价决策，寻求新的市场机会和企业发展机会。然而，在市场经济条件下，寻求资本利润最大化的增值能力是企业生存和发展的基本条件。在健全的企业经营机制激励下，企业必须在市场竞争中吸收各种人、财、物和信息资源，以较小的投入来获取较大的回报，实现企业存量资产的保值和增值。企业资产的增值是企业生产经营活动的目标和动力，也是企业定价决策的最终目的。

四、科学的企业决策组织体系

按照市场经济运行的客观规律，建立企业科学的生产经营决策组织体系是企业经营决策和定价决策理性化、民主化和科学化的保障。符合市场竞争实际的正确经营决策应建立在充分调研和分析市场的基础之上，决策者要正确判断市场，就需要大量准确、可靠的市场信息，在对市场信息进行科学的分析、筛选的基础上作出正确判断。一个理性的、有效的定价决策组织体系一般应有三个层次：

1. 定价方案拟定层：是由市场营销业务部门根据产品或服务的市场竞争力、消费者需求、经销商的渠道能力、市场营销费用等各个方面的价格信息资料，进行分析研究，提出制定产品或服务价格的多个预选方案及初选意见。市场营销业务部门既是定价方案的提出者，又是定价决策方案的具体实施的执行者。

2. 定价方案评估层：是企业定价决策的研究机构，由企业多方面的有关人员构成，负责对定价方案的依据和理论进行分析，以及定价方案实施的可行性论证的评估，提出最终定价决策的可行性方案，是定价决策科学化和民主化的具体表现。

3. 定价方案的决策层：是由企业的最高领导人组成，根据定价目标的大小，可以由董事会决策，也可以由经理班子决策。董事会决策较多地体现资本决策，具有较大的风险承担能力；经理班子决策则较多地体现人力资本或"知本"决策，"知本"决策的科学性和可行性较高。最高决策层除作出价格策略的最终决定以外，还要负责监督各个业务部门贯彻执行，并在定价决策的实施过程中及时地、动态地校正定价策略，确保定价策略的可行性。

五、具有创新精神的企业家

企业家作为现代管理学最有争议的一个概念，目前尚无一个统一、完整、明确的定义。英国古典经济学的集大成者马歇尔认为，企业家是以自己的创新力、洞察力和统率力，发现和消除市场供求的不均衡状况，创造双赢的机会和效用，为生产经营过程指出方向，并实现生产要素组织化的人。然而，美国著名经济学大师熊彼特却认为，企业家是不断在经济结构内部进行"革命突变"——创新，对旧的生产方式进行"创造性破坏"，实现生产要素新组合的人，是市场经济条件下推动国民经济向前发展的主体。当代著名的管理学大师德鲁克也认为，企业家是革新者，是敢于承担风险，有目的地寻找革新的源泉，善于捕捉变化，并把变化作为可供开发利用的机会的人。显然，企业家不是我们一般意义上讲的老板、厂长、经理等。目前，民营企业的老板较多是利用改革政策迅速发财致富的有钱人，而大多数国有企业的厂长经理则还停留在发号施令的政府官员位置上，他们都还不是现代企业家，但其中一部分人在中国经济体制改革的大潮冲击下，正在向现代企业家转化。

现代企业家是以企业资产保值和增值为其经营目标，通过产权市场竞争的过程，将自己的知识产权（即人力资本）与企业的物质财产结合在一起，从而在市场经济的竞争中——企业的生产经营中占有企业的整体资产，独立地、创造性地组织和指挥各种生产要素，根据市场需要进行与竞争对手对抗性的生产、流通、服务和科学技术开发等市场经济活动，并承担市场经营风险的专门经营者群体。现代企业家是可以支配企业资产，能够对生产要素按市场需要进行优化组合，有着特定活动内容和特殊利益目标的企业经营管理的精英阶层。其内涵包括：

1. 现代企业家是先进生产方式的开拓者和创造者，因此，他们必须实际占有和使用企业的全部资产，并承担由此产生的风险。如果企业家对企业资产没有支配权，就无法主动地按市场经济的原则去优化组合生产要素，也就不可能对旧的生产方式进行变革。

2. 现代企业家是经营管理企业的专家，必须具有适应市场经济条件下创新管理的知识、技能、经验和能力，否则就没有能力对落后的生产方式进行创新性的革命，当然也就没有资格获取企业资产的实际支配权。

3. 现代企业家是社会化大生产的具体组织者，其经营目标是实现企业资产增值，努力提高企业的劳动生产率和不断扩大企业的生产经营规模。在既定资源约束条件下，通过不断的管理和技术创新使企业能够生产出物美价廉的产品或提供优质的服务，创造社会财富，推动社会进步。

4. 现代企业家同样具有经济人的本质特征，例如自私、理性和寻求个人利益的最大化。他们经营和发展企业的经济原因，一般出自追求个人超常收入的利益动机，因此，他们要以自己拥有的知识财产权作为资本投入，直接参与剩余产品（净利润）的分配。

有创新精神的企业家是企业定价决策的关键。企业家的文化素养、经济理论知识、生产经营管理经验和技能，创新和风险精神等是其正确分析和决策企业的产品或服务价格策略的保证。

本 章 小 结

● 企业定价是企业追求利润最大化的正当权益，是企业参与市场竞争的重要手段。要搞好企业定价就必须首先了解企业定价的内涵，企业定价的种类，企业定价与政府定价之间的关系和企业定价的地位与作用。

● 要保证企业定价行为的合理性，就必须考虑企业定价的宏观环境条件、市场环境条件和企业内部条件。企业定价环境作为一种企业自身不可控因素，在不同程度上直接或间接地影响着企业定价决策，并形成企业定价决策的外部环境制约力。

● 一个国家或地区的宏观社会经济环境，直接影响和形成该国或该地区的企业生存和发展的市场环境，并直接或间接地制约着企业的经营活动和定价决策。从我国当前的企业定价决策的实际来看，宏观定价环境主要包括政治法律环境、经济环境、社会文化与心理环境和科学技术进步环境等。

● 企业定价的市场环境是指企业决策中，由市场引起的不可控因素和力量。这些因素与企业定价密切相关，并制约着企业定价决策。本章重点从市场竞争结构和不同市场供求状态分析企业定价决策的市场环境。

● 从市场结构的角度来分析，企业定价的市场环境可以分为：自由竞争市场、垄断竞争市场、寡头垄断市场和完全垄断市场。充分自由竞争的市场和完全垄断的市场是偶然或少见的现象，只能在理论分析上成立。本章从企业定价的实际出发仅分析相对竞争条件下的企业定价和相对垄断条件下的企业定价，并对价格竞争与非价格竞争进行了分析。

● 从不同市场供求状态分析企业定价，价格决定着供求，供求反作用于价格，价格与供求之间存在着相互依存、相互联系和相互制约的辩证关系。由于商品的使用价值具有可替代性和互补性的特点，某一些商品的价格或供求发生变化会引起另一类商品的供求或价格发生联动性变化。通货膨胀对企业定价决策有着巨大的影响，是货币发行量超过市场实际需要量而出现的货币贬值现象，主要有三种类别：需求拉动型、成本推动型和产业失衡型。

● 企业自身的生产经营能力是企业在特定市场环境中定价决策的内部条件，主要有：企业完整的法人财产所有权——法人地位、生产经营决策自主权、健全的企业经营机制、科学的决策组织体系和具有创新精神的现代企业家，它们分别从不同的角度制约和影响着企业的定价决策。

复习思考题

1. 简述企业定价的内涵。
2. 简述企业定价的种类。
3. 简述企业定价与政府定价之间的关系。
4. 简述企业定价的地位和作用。
5. 简述政治和法律环境对企业定价的影响。
6. 简述宏观经济环境对企业定价的影响。
7. 简述社会文化及心理环境对企业定价的影响。
8. 简述科技进步对企业定价的影响。
9. 简述市场环境对企业定价的影响。
10. 简述价格竞争与非价格竞争的区别与联系。
11. 简述企业内部条件对企业定价的影响。

第七章　企业定价目标、原则和程序

学习目的和要求　通过本章的学习，认识企业定价工作的重要性；明确企业定价的目标；掌握企业定价的原则；了解企业定价的基本程序；学习和掌握企业定价的基本方法，搞好企业定价工作。

英国著名的经济学家和价格理论专家亚瑟·马歇尔曾经说过："一个企业将定价权委托给谁，即意味着将企业的命运维系于谁。"可见，企业定价权限的重要性。

在营销组合的4Ps中，价格是唯一直接影响销售收入的因素，而其他因素只涉及到成本。可见，企业产品价格制定得恰当与否，极大地影响着企业产品被消费者接受的程度、竞争力的强弱、销售收入和利润的高低，从而也关系着企业的生存与发展。因此，企业产品定价决不是"想当然"的事，而是关系企业兴衰存亡的战略性决策之一。

在现实中，许多企业没有很好地处理定价问题。有的定价过分地以成本为导向，忽视需求情况和市场竞争因素；有的定价对价格调整重视不够，不能根据瞬息万变的市场情况对价格进行及时的调整和修改；有的定价不够精细，对不同细分市场的不同情况，缺乏灵活多样、体现差别的定价手段。因此，对企业来讲，产品定价是要根据企业经营战略和要求，明确定价目标，遵循定价原则，按照一系列的科学而严密的定价程序和方法，来正确制定和及时调整企业产品的价格。企业定价既是一门科学，也是一门艺术。本章将对企业的定价目标、定价原则、定价程序和定价方法进行系统的阐述。

第一节　企业定价目标

企业定价目标是指企业通过产品定价所要达到的目的。企业定价目标从根本上来说是由企业的经营目标所决定的，是企业经营目标在定价上的具体反映。企业定价目标的选择，是进行企业价格决策的首要过程，也是确定定价策略和定价方法的主要依据。

在社会主义市场经济条件下，企业经营目标应该说是在满足人们日益增长的物质和文化需要的前提下，尽可能多地获取利润。因此，企业定价的选择目标也是尽可能地获取最大利润，这是毋庸置疑的。但是，由于企业营销环境、产品的特征、市场供求、市场竞争的不同，对不同产品或对同一产品所处的不同阶段，应确定不同的定价目标。从目前的定价实践来看，企业定价目标大体上可以分为五大类。

一、利润导向目标

利润导向目标就是企业在定价时，直接以利润的高低作为企业的定价目标。它是企业定价根本目标的直接反映。常见的利润导向目标有以下三个。

（一）短期利润最大化目标

它是企业通过提高产品价格的形式，在短期内获得最大的利润。一般来讲，利润最大化是企业的长期定价目标，但是企业的所有产品不可能在不同时期都能获得最大的利润。企业应该根据具体情况进行具体分析，看在哪一个时期可以获得较高的利润，那么对于这样的机会，企业不应该轻易放过。

实行短期利润最大化目标是有一定条件的。这些条件主要是：①商品的需求弹性比较小，不会由于价格高而导致销售量过分减少，否则利润目标无法实现；②企业在技术水平、产品质量和售后服务等方面有良好的社会形象，在同行业竞争中占有绝对优势；③消费者对商品的边际需求评价较高，或产品供不应求，而且替代产品少；④国家的价格管理法规和政策允许。在具备以上条件时，企业就可以将短期利润最大化作为企业的定价目标，制定出高利润的产品价格。

（二）预期收益目标

企业对所投入的资金都希望在一定时期内收回并能获得一定收益。因此，在给产品定价时，一般应在总成本及费用的基础上再加上一定比例的预期收益。这样，在产品成本费用的基础上，价格的高低便完全取决于企业所确定的预期收益率的高低。预期收益率可以是长期的，也可以是短期的。期限的长短随企业的差异而不同，同时也随产品的差异而不同。例如，对于新产品、预期收益率的确定往往侧重于短期，力求在短期内收回研制及开发成本。收益率的计算既可以采用资金收益率、成本收益率，也可以采用销售收益率等，除此之外，还要考虑同行业利润水平、银行利率以及市场竞争状况。

以此为定价目标的企业，应具备三个方面的条件：①该企业必须在同行业中具有较强的优势、规模大、经营管理水平高、竞争力强、拥有较高的市场占有率，属于"龙头企业"，只有这样才能应付来自竞争对手的攻击。②企业产品在质量、性能、外观、材料等方面，与竞争对手的同类产品相比，具有明显的不同。产品差异明显，则为企业运用此定价目标提供了前提条件。③采用此目标定价，对企业将来业务的发展无不利影响。

（三）适当利润目标

适当利润一般是指中等程度的平均利润，即与企业的投资额及风险程度相适应的平均利润。有些企业处于市场竞争十分激烈的行业中，对价格控制能力十分有限，无法与实力强的对手竞争，往往在竞争中采取跟随或补缺的策略，相应地在定价上采用适当利润目标，以获得平均利润。这是众多中小企业常采用的定价目标。另外，行业的"领先者"为了排斥市场竞争者，长期占领市场，获得长期的稳定利润，往往也采用适当利润目标。企业在采取适当利润为定价目标时，应首先了解同行业的平均利润的具体情况，即把本企业产品的利润与同行业的平均利润相协调，以保证企业利润目标的实现。

二、销售导向目标

销售导向目标是指企业以商品销售额作为定价的目标选择。这类定价目标，不直接以利润的高低作为定价的中心，而是围绕增加销售额来确定定价目标，通过销售额的增长来提高利润。常见的销售导向目标有以下四个：

（一）以促进销售额增长为定价目标

有些企业把销售额的扩大作为企业的定价目标，试图通过所定价格促进销售额的扩大，为企业的发展创造良好的条件。这是因为，企业的销售额在不断扩大，说明企业是一个有发展前途的企业，而且销售额的扩大也可以为企业带来规模效益。以扩大销售额为定价目标的企业，在具体实施中，应注意处理好以下几个关系：

1. 销售额的扩大与利润扩大的关系。一般来讲，销售额的扩大会带来利润额的相应扩大。但是，也有一些特殊情况，比如，当企业的成本增长速度超过销售额的增长速度时，企业利润不仅没有扩大，反而在缩小。另外，如果企业以亏损的价格出售商品，那么，销售额增加越多，亏损也就越多。因此，企业在一般情况下，应制定有一定利润的价格，这样随着销售额的增长，利润才会相应增长。

2. 产品销售额的扩大与市场份额扩大的关系。产品销售额的扩大既可以通过降低单位商品的价格，扩大销售量的方式来获得，也可以通过提高单位商品的价格，而销售量并未增加的方式来获得。如果是前者，那么销售额扩大了，市场份额也会随之扩大；如果是后者，那么销售额扩大了，但市场份额并不一定扩大。另外，市场份额是一个相对的概念，如果竞争对手的销售额的增长速度更快，那么，该企业的市场份额也有可能没有扩大，甚至缩小。所以，企业一定要全盘考虑，综合分析，避免价格决策的失误。

（二）以提高市场占有率为定价目标

市场占有率也称市场份额。它有两种形式：绝对市场占有率和相对市场占有率。所谓绝对市场占有率是指企业的产品销量占市场上同种产品全部销量的百分比。所谓相对市场占有率是指本企业产品的市场份额与同行业中居垄断地位企业的市场份额之比。一般而言，企业的利润水平与市场占有率向同一方向变化，市场占有率提高了，企业的利润也会相应地增加。特别是市场占有率较高的企业，往往可以在一定程度上控制和左右产品的市场价格。因此，以提高市场占有率作为定价目标的企业越来越多。在具体实施时，应注意以下几个问题：

1. 企业要有充足的商品资源和较大规模的生产能力。因为扩大市场占有率，必然要增加产品的销量，所以，必须有充足的商品供应，不然，在商品出现供不应求的情况下，竞争者就会乘虚而入。

2. 要合理掌握低价的限度。一般来说，企业要扩大市场占有率，除了产品的质量好以外，还要以较低的价格吸引消费者。只有价廉物美，才能扩大销售量，提高市场占有率。这就存在着一个如何掌握低价限度的问题，价格太低，使得单位商品价格中的利润太少，即使市场占有率会大幅度地提高，但总利润并没有增加多少，得不偿失。因此，低价限度以平均利润率为界限，以总利润增加为前提。

（三）以达到预定销售额为定价目标

销售额的高低可以在一定程度上反映企业实力的大小。《财富》杂志每年评出世界 500 强企业，就是以销售额作为一个主要的评价指标。因此，有的企业把达到一定的销售额作为企业的定价目标，特别是一些雄心勃勃的大企业为了能在同行业中具有一定地位，更是把销售额作为一个主要指标。采用这一定价目标，就是先制定一个要达到的销售额，然后根据预定的销售额来确定价格。预定销售额的实现既可以采取高价形式，也可以采取低价多销的形式，具体采取哪种形式，可根据产品的实际情况而定。

（四）以保持与分销渠道的良好关系为定价目标

建立与分销渠道的良好关系，保持分销渠道畅通、高效，是企业成功地开展市场营销的重要条件。企业定价除了考虑成本需求和竞争情况以外，还要考虑有利于产品在中间环节顺利分销。这就要求企业充分研究价格水平对中间商的影响，顾及中间商的利益，制定对中间商有吸引力的价格，激励中间商推销本企业的产品。对于新企业、刚进入市场的新产品以及对中间商依赖性较强的企业和产品，这种定价目标尤为重要。为了保持与分销渠道的良好关系，企业大多用低价让利、高额回扣、价格折扣、价格补贴等措施。

三、竞争导向目标

竞争导向目标是根据市场竞争的需要制定的定价目标。常见的竞争导向目标有以下四种。

（一）维持企业生存的目标

在企业处于经济萧条、生产过剩、竞争加剧的经营环境中，或面临消费者需求和偏好发生变化的情况时，企业的生存就可能成为主要的定价目标。此时，为了维持企业的经营并减少库存，将不得不按等于甚至低于成本的价格定价，企业对利润的追求只能让位于生存的需要。当然，以生存为主的定价目标只能是短期目标。从长期来看，企业要么学会如何改变处境，获得利润；要么只有退出。在这里，决策的关键是产品的价格与平均变动成本之间的关系。只要价格超过平均变动成本，继续维持经营对企业有利，因为这时企业的收入不仅可以用来补偿变动成本，而且还可以用来补偿部分固定成本。相比之下，从市场退出则意味着所有的固定成本都是企业的亏损。

（二）稳定价格目标

稳定价格目标是一种为了保护自己，打算长期经营，巩固市场占有率的定价目标。其目的在于避免价格竞争，以求在稳定的价格中取得稳定利润。采用这一目标的条件是：

1. 一般被实力雄厚、规模较大、在同行业中处于领先地位的大企业采用。这是因为大企业可凭借自己的实力，左右市场价格，使价格保持在基本稳定的水平上，以获得稳定的收益。其他中小型企业没有这个实力，也只有随之采用。

2. 企业生产经营的产品是市场供求比较平衡的产品。如果商品的市场供求不平衡、市场竞争非常激烈，那么价格很难稳定。所以，在商品的市场供求基本平衡，市场竞争比较平缓的情况下，企业可以采用稳定价格的定价目标。

一般而言，商品价格越稳定，经营的风险越小。但稳定价格并非保持价格的长期不变，在更多的情况下，是保持价格小幅度地、不明显地增长，从而保证企业的利润逐步地扩大。

（三）避免和应付竞争的目标

如果说稳定价格是同行业中的大企业所采用的定价目标，那么，避免和应付竞争目标则是中小企业采用的定价目标。中小企业为了适应或避免产品在市场价格方面的竞争，通常以本行业中对价格起支配作用的大企业的价格为标准，与之保持大体一致的水平，以避免在竞争中的失败。一般来说，即使中小企业的产品成本与市场需求发生变化，也不要轻易地调整价格，以避免因此而带来的风险。如果大企业的价格发生变化，最好也要随之发生改变，以避免价格竞争。

（四）战胜竞争者的目标

战胜竞争者目标是一种短期的目标，即企业通过所定价格使产品的销售额迅速扩大以占领市场，战胜竞争对手的目标。目前，我国许多产品处于供过于求的状态，从而使得市场竞争日益激烈，通过市场竞争，来淘汰质次价高的产品。有些企业为了保证其有利的竞争地位，把战胜竞争者作为自己的首选目标。一般而言，能够选择这一目标的企业，应该是产品质量好、产量高、有实力与竞争者抗衡的企业。采取此目标时，应注意的是：此目标会引起价格战，有可能造成两败俱伤的后果。

四、顾客导向目标

顾客导向目标就是以顾客的需求心理作为先决条件，并依此进行定价。它是决定利润和销售目标时的推动性目标，因为企业所有目标的实现最终都落实在消费者对本企业产品的消费态度和消费行为上；而且，顾客导向目标也反映了企业对用户的态度和用户行为的具体看法，它指出了企业希望在顾客行为和顾客态度两方面实现的结果。

五、形象导向目标

企业形象是企业在长期市场营销活动中，在消费者心目中树立的一种形象，是企业在经营中创造的无形资产，是企业联系用户的重要纽带，对企业产品的销路、市场份额的大小影响很大。例如，有的企业以"一分钱，一分货"著称；有的企业以"重合同，守信用"闻名。因此，以产品价格反映企业形象也是企业经营的重要手段。企业选择这一定价目标就是要以价格表现自己产品的定位，同时以价格来维护自己的信誉、维护用户的利益、维护社会公德和商业道德，树立企业的信誉品牌形象。企业也可以从自身的形象中得到利益的回报。对于质量和品牌处于行业领先地位的知名企业来讲，产品价格也是企业形象的表现形式之一。其树立企业形象的定价目标可表达为"产品质量领先"，即以优质优价树立企业形象。例如，奔驰汽车的价格也是其质量和品位的象征。

以上是几种主要的定价目标。这几种定价目标不是孤立的，它们互相联系，互相渗透，你中有我，我中有你。企业定价的目标往往是复合的，而不是单独选取一个，但一定时间内有主有次，并且随情况变化其主次位置也发生变化。目标选择是否合理，取决于是否能给企业带来最大的利润总量。定价目标的综合运用，更加有利于企业实现其经营目标，达到其直接生产经营的目的。

第二节　企业定价的原则

企业定价的原则是指企业在定价时应该遵循的准则。影响企业定价的因素多种多样，企业在定价时，由于定价目标不同，以及所考虑的定价因素不同，有很大的灵活性。因此，在制定价格时，应遵循一定的原则，以保证价格的合理性和科学性。企业定价的原则可分为根本原则和具体原则。

一、企业定价的根本原则

在《中华人民共和国价格法》中，明确规定了生产经营者定价时，应当遵循公平、合法和诚实信用的原则。这个原则可以说是所有价格主体在制定商品和服务价格时，必须遵循的根本原则。

（一）公平

公平强调的是企业定价的合理性，即生产经营者在从事市场交易时，应当兼顾消费者和其他生产经营者以及社会的利益，按照等价交换的原则约束自身的价格行为，合理地行使企业自主定价的权利。在市场经济体制下，企业追求利润最大化是必然的，因为没有利润的企业是无法发展的。但企业在制定价格时，不能仅仅只考虑自身的经济利益，为了追求利润最大化，而损害消费者和其他生产者的利益。企业定价能否做到公平，可以说是衡量价格是否合理的一个重要标志。

（二）合法

企业在定价时，除了考虑所定价格具有合理性外，还要考虑到所定价格的合法性。这里所说的合法性是指在市场交易中，经营者与消费者以及与其发生关系的其他经营者之间的法律地位是平等的，不要以自身的某种优势强制消费者和其他经营者接受不合理、不合法的价格条件，进行违背对方意愿的交易，作出任何价格法规和价格政策所禁止的价格行为。

（三）诚实信用

诚实信用是指生产经营者从事市场交易时，应当以诚待人、恪守信用，不得弄虚作假。目前，我国买方市场正逐步形成，绝大多数商品供求平衡或供过于求，市场竞争日益激烈。有些企业在价格上采取了欺骗消费者的做法，故意把商品价格定得很高，然后再打折销售。这种做法违背了诚实信用的原则。俗话说："君子爱财，取之有道。"只有坚持诚实信用的原则，做到货真价实，才能使广大消费者放心购买，从而促进企业的健康发展。

二、企业定价的具体原则

（一）经济性原则

经济性原则是指企业定价应以能为企业带来最大经济效益为原则。换句话说，就是定价主体在实现定价目标以后，能够给企业带来最大限度的利润，或者是使企业亏损最小。值得说明的是，经济性原则是就长期而言的，就每一次交易来说，由于定价策略的需要，利润有高有低，有赔有赚，只要企业总账有利润，就符合经济性原则。对于那些商品价格偏低，甚至生产经营企业亏损的，只要在现有的条件下，使其利润有所增加或亏损降低到最低限度，同样也是经济性原则的体现。

（二）竞争性原则

竞争性原则是指企业在定价时应以提高企业的竞争能力为原则。企业要想在市场上取得较强的竞争优势，就必须在充分了解消费者和竞争对手的情况下，以相应的价格与企业产品的鲜明形象和独到之处相结合，以提高企业的竞争能力。例如，物美价廉、货真价实、豪华高贵等，并不是单独使用价格，而是与产品的优势结合在一起。价格优势与产品优势相结合才有竞争力！

（三）可行性原则

可行性原则是指企业的定价目标在现实条件下，经过努力可以实现的原则。在企业定价时，仅仅考虑经济性原则是不够的，还要考虑定价目标是否符合企业的内外部条件。符合企业内外部条件就有可行性，否则就没有可行性。例如，企业选择低价目标，则可从两个方面考虑其可行性：一是低价目标中是否有利润？有多少利润？若企业选定的目标价格过低，不能保证获得必要利润，甚至发生亏损，那就是不可行的。二是确定低价目标后，销售量会增加，这就要看企业有无扩大生产和经营的能力，例如可能会出现低价断销则是不可行的。企业如果要选择高价目标，一是要看国家政策是否允许，因为一些生活必需品国家不允许实行高价。二是要看消费者的接受程度，例如因高价逐客而丧失市场，尽管单位商品的利润很高，但销售量大减使企业总利润很少，那也是不可行的。三是要看是否会引来竞争者加入，例如由于竞争者的大量加入，使自己市场占有率大幅度地减少，那也是不可行的。因此，企业定价必须考虑现实的主客观条件，并且经过努力能够达到的，才是可行的。任何不切实际的定价目标都是无法实现的。

（四）社会性原则

社会性原则是指定价主体所选择的定价目标要符合社会的利益，符合国家经济发展和经济管理的客观要求。社会性原则要求定价主体在选择定价目标时，要以国家规定的价格法规和价格政策为依据，以企业效益与社会效益双赢为准则，正确处理企业与社会、企业与消费者之间的经济关系。否则，企业的定价目标就会与社会利益背道而驰，违背了社会性原则，也就违背了可行性原则和经济性原则。因此，社会性原则是企业定价的前提性原则，是必须首先遵守的定价原则。

（五）整体性原则

整体性原则是指企业的价格行为应与企业整个营销活动保持一致的原则。企业的市场营销活动包括产品、价格、分销和促销四大策略的制定和运用。这四大策略是相互联系、相互作用、相互配合、缺一不可的关系。企业就是要用消费者满意的产品，以适宜的价格，通过合理的分销渠道和有效的促销方式来全面满足消费者的需要。因此，企业的价格策略必须与企业市场营销活动的其他三大策略相配合，才能使企业的市场营销的目的得以实现。

（六）科学性原则

科学性原则是指企业定价时必须有科学的态度，采用科学的方法、手段，按照科学的程序去做好企业定价工作。定价工作作为企业价格管理的重要组成部分，直接影响着价格水平的科学性和可操作性，因此，科学管理和科学决策也是企业定价的一项原则。坚持科学性原则，可以避免企业定价中的主观臆断和盲目决策，使企业定价更具可行性。如何体现科学性呢？首先，定价要依据完备的信息，在经过深入细致的调查研究，收集、筛选和整理有关资料和信息的基础上，对市场情况作出正确的估计和预测。其次，根据对经营环境和自身条件的分析，选择适当的定价目标，定价策略和定价方法。最后，按照科学的决策机制和程序，先制定多个可行的定价方案，再经过对可行性方案的分析评价，选出最适当的定价方案。其具体做法在第三节中详述。

第三节 企业定价程序

企业的定价目标和原则一旦确定之后，便可以按照一定的程序和步骤制定产品的价格了。所谓定价程序，是指企业将影响定价的诸多因素加以仔细的考虑，并适当地安排和组织，然后结合具体情况决定或调整产品价格的一系列步骤。由于价格涉及企业、经营者和购买者的经济利益，因此，产品定价是一项非常复杂的工作，不能单纯靠经验判断，更不能跟着感觉走，必须掌握科学的定价程序，才能适应市场，取胜于市场。根据企业在定价全过程中所要解决的几个重要问题，定价程序一般包括八个基本步骤。

一、决定所要进入的目标市场

目标市场是企业在市场细分的基础上，通过营销活动满足其需要，进行占领的细分市场。目标市场一旦确定，企业一切营销活动的安排要以占领这一市场为出发点。

目标市场上消费者对产品价格的认可程度强烈地影响着企业对于某种产品的定价。对于牙膏、纸张、墨水等便利品，产品及市场的同质性均比较高，消费者追求低价，因此，产品售价要定得低一些；对于彩电、冰箱、组合家具等产品，消费者将价格视为品质的象征，认为价高质优，因此，价格制定时要偏高。

另外，目标市场上消费者对于该产品的需求状况，也强烈地影响着该产品的定价。把握和了解目标市场上对于某种产品的需求状况，应该从两个方面入手：一是消费者对于该产品有没有一个预期价格水平，倘若有，是多少？二是需求的价格弹性状况如何，是缺乏弹性还是富有弹性？

所谓预期的价格是指消费者凭经验或直觉对某种产品价格的确定。它存在于消费者的心目中，并且有一定的范围，心理学上称之为"价格阈限"。它对于消费者的购买行为影响甚大。企业所定产品价格如果高于这个价格阈限的上限，消费者便会认为贵了，不愿购买；如果低于这个价格阈限的下限，消费者便会认为这种产品是假的，不是正宗货，不能购买。因此，企业在综合产品定价时，应尽量吻合目标市场上消费者心目中的这一"价格阈限"。

产品需求的价格弹性也是企业在定价时必须考虑的重要因素。当需求的价格弹性系数大于 1 时，即富有弹性，此时，价格微弱的变化会导致需求量大幅度波动，需求对价格变动反应灵敏，价格就应该定得低一些，实行薄利多销；反之，当需求的价格弹性系数小于 1 时，即为缺乏弹性，需求对价格变动的反应不灵敏，此时商品价格就应该定得高一些，用高价给企业带来丰厚的利润。

二、调查分析影响产品定价的基本因素

价格是经济关系的联系者，经济利益的调节者和经济信息的传递者，在国民经济中起着极为重要的作用。价格的制定必须合理，但影响价格制定的因素却是多种多样的，诸如国家的方针、政策；竞争者产品的价格、产品供求及竞争状况、成本的高低、产品的特性及需求的价格弹性；消费者的收入水平和支付能力以及消费者的购买心理等。调查、收集、整理、分析这些影响因素的资料，对制定合理的价格方案将起着重要的依据作用。在分析影响因素时，要特别注意对三大基本因素的详细分析。

（一）产品因素

产品因素包括产品的差异性、质量、能够生产的数量以及产品的成本。其中，产品的成本是一个最为重要的因素，因为成本是制定价格的最低经济界限，企业希望所制定的价格能够补偿生产成本，并获得一定的利润。为此，企业必须认真地核算成本以及在不同产量下的成本变化情况，从而为价格的制定提供可靠的依据。

（二）市场需求因素

可以说，在很大程度上，成本是价格的下限，而需求则是价格的上限。因此，市场需求是企业制定价格时必须考虑的一个重要因素。企业应在充分的市场调查基础上，预测企业产品的市场需求量，根据市场供需情况来制定价格。除了预测产品的市场需求量以外，还应对产品的价格弹性进行测定，即不同价格下的需求量，以便为企业价格决策提供科学的依据。

（三）市场竞争因素

市场竞争因素是市场经济条件下，影响企业定价的一个极为重要的因素。它主要包括以下几个方面：

1. 本企业产品在市场竞争中的地位。这主要是从产品的质量、性能、服务等方面来看，与其他竞争对手相比，是处于优势地位还是处于劣势地位。

2. 经营同类产品的主要竞争对手的实力。竞争对手的实力主要表现在产品的质量、价格和服务上。消费者在购买相同价格的同类产品时，注重的是产品的质量；而在购买相同质量的同类产品时，消费者注重的是产品的价格；如果价格、质量相同，那么，消费者注重的就是服务。因此，企业定价时，必须考虑主要竞争对手的实力。

3. 竞争对手对本企业确定的产品价格会有何反应，即是否会引起价格战，企

业应避免价格战带来两败俱伤的后果。

4. 无关联产品的竞争。一般而言，企业比较重视有关联产品的竞争，即同类产品或替代产品的竞争，而不注重无关联产品的竞争。实际上，任何一种竞争对企业价格决策都有重要影响。这是因为，市场犹如一块蛋糕，别人多吃一口，自己必然少吃一口。消费者口袋里的钱是有限的，买了别人的产品，就有可能不买你的产品了。因此，无关联产品竞争是一种间接竞争。企业在进行价格决策时应给予必要的关注。

三、确定定价目标

定价目标是企业制定价格的首要因素及出发点，是价格决策中最高层次的决策。不同的定价目标，会导致企业制定不同的价格，而可供企业选择的定价目标又是多种多样的。因此，企业在定价时应对定价目标加以合理取舍。一般来说，各企业确定定价目标时，应着眼于经营环境、营销目标、企业规模、人员素质等方面的因素，统筹考虑。不同的企业，定价目标不同，即使是同一个企业，在不同的时期，由于主、客观因素的变化，定价目标也不尽相同。

在选择与确定定价目标时，应注意以下几个问题。

1. 企业定价目标的选择，应当坚持务实的原则。这就要求企业在选择定价目标时，必须符合企业的实际情况，切不可脱离企业的实际，选择企业不能实现的定价目标；这就要求企业在选择定价目标时，既要考虑到自身的定价需要，又要考虑企业条件的可能，使需要与可能相结合，以保证定价目标的实现。

2. 企业定价目标的选择，应当服从于企业的根本利益。企业的根本利益就是争取利润最大化，而企业的定价目标在不同的时期是不一样的。在新产品上市时，可能需要用低价开拓市场，从短期来看，利润可能少一些，但随着市场的扩大，销售额的逐步提高，利润就会相应地增加，从而符合企业的根本利益。所以无论企业短时期内的定价目标的侧重点是什么，只要最终能为企业获得最大利润，这个目标就是可取的。

3. 定价目标的选择不是一成不变的。定价目标对于企业来说，一经选择并非一劳永逸，不能更改，而应该根据影响企业定价的内外部因素的变化而相应地变化。特别是产品的生命周期不同，企业的定价目标必须相应地有所改变。

四、明确定价策略

定价策略是指企业为达到预定的定价目标而采取的价格对策，即实现定价目标的思路和措施。定价策略按不同的划分方法，可以分为多种类型。按商品进入市场的前后阶段划分，可分为初期定价策略和后期调价策略；按产品生命周期的不同阶段划分，可分为新产品定价策略、成长期定价策略、成熟期定价策略、衰退期定价策略；具体到某一种产品，定价策略可归纳为高价策略、中价策略和低价策略，而价格的高低是相对于产品的质量而言的。企业可根据实际情况，灵活运用定价策略。定价策略的选定，既是一门科学，又是一门艺术。定价策略选择得当，企业可能达到意想不到的促销效果，具体策略在第八章详述。

五、选择定价方法

定价方法就是企业制定产品价格的具体方法。同样的产品，采取不同的定价方法，制定出的价格也不相同。企业的产品价格主要受到产品成本、市场需求、市场竞争三个方面因素的影响和制约。因此，企业定价时要考虑这三个方面因素的影响，但在实际定价过程中往往有所侧重，由此形成了三种主要的定价方法：成本导向定价法、需求导向定价法和竞争导向定价法。企业可结合实际，选择适当的定价方法，具体内容在第九章详述。

六、拟订价格方案

当定价目标、定价策略和定价方法已经确定之后，就可以拟订价格方案。价格方案是企业定价目标、定价策略和定价方法的综合体现。价格方案的具体内容包括：定价目标、定价方法、具体的计价公式、定价策略的运用以及定价方案的优劣评价等。

一般而言，同一个定价目标可以拟订不同的定价方案，而不同的定价目标却不能使用同一个定价方案。为了保证价格决策的正确性，应该拟订几个备选方案，以便进行有效的选择，提高价格决策成功的几率。

备选方案拟订好以后，价格决策的关键就是对备选方案进行分析比较，最后作出抉择。对备选方案的分析比较，可以从以下几个方面来进行：

1. 实现目标的程度比较。虽然，各个价格方案从总体上讲都有助于定价目标的实现，但实现的程度不同。因此，可以把价格方案可能产生的结果同预期的定价目标进行比较，找出最佳方案。

2. 效益比较。效益比较就是将各个价格方案实施的成本和预计各个价格方案实施后所带来的效益进行比较，找出能够获取最佳效益的方案。

3. 敏感度比较。敏感度比较就是考虑和确定价格方案在实施过程中遇到意外情况的承受度如何。有的价格方案敏感度比较强，情况稍有变化就容易失败，又需要重新决策。这样的价格方案适应性比较差，往往使决策处于被动局面。所以，要把所承受的风险和收益进行比较，慎重进行选择，以避免失误带来的损失。

通过对以上方案的综合分析比较，衡量利弊得失，本着优胜劣汰的原则，最终选出最可行的方案。

七、定价方案的实施、控制与调整

最佳方案确定之后，一般应该先试销一段时间。试销既是企业市场营销活动的一部分，又是价格决策的信息反馈过程。价格决策是否正确，最终要经过市场的考验，如果效果好，那么就可以正式执行价格方案；如果效果不好，则需要重新修正价格方案，直至达到满意的效果。

定价方案正式实施后，还要对定价方案的执行加以控制。因为市场变化多端，所以企业必须密切注视价格方案的执行结果，并随时准备对原有方案进行必要的修正与调整。一般来说，价格执行过程也是价格的调整过程。在价格执行过程中，企业的价格调整决策可分为主动调价和被动调价两种类型。

（一）主动调价

主动调价是指在同行业其他企业尚未变动价格时，本企业出于自身经营考虑而主动调整价格。其具体又可以分为主动提价和主动降价两种情况。主动调价决策的关键是要把握以下几个方面：

1. 调价原因。企业主动提价的目的，一般分三种情况：一是应付成本上升。当一个企业面临全行业性的成本上升时，可能通过提价来保持合理的利润率。例如，当燃油价格上升时，航空公司通过收取燃油附加费的形式提价。二是产品供不应求。当某种产品在市场上供不应求时，生产者采取提价措施也是市场经济中的合理行为。三是获得垄断利润。当企业在市场上取得垄断地位，从利润最大化角度出发，也可以为获得垄断超额利润而提价。例如，铁路、电力等行业部门就因其垄断性质而不断提价。

主动降价的情况则通常发生在生产能力过剩形成买方市场的情况下，此降价行为往往会成为争夺市场份额最有效的手段；另外，当企业面临强有力的竞争而逐步丧失市场份额时，往往也会作出主动降价的决策。

2. 调价方式。调价有直接调价、间接调价和两者相结合的不同方式。直接调价就是直接提高或降低产品的销售价格或销售折扣；间接调价则是通过改变包装条件、销售条件、付款条件及售后服务条件等手段间接地提高或降低价格。一般来说，间接调价因比较隐蔽而不容易引起用户的直接反感和竞争者的直接反应，但其调价幅度相对有限。是选择直接调价还是间接调价需要权衡利弊，而把这两种方式结合起来也许效果更好。

3. 调价幅度。决定调价幅度是调价决策中最重要也是最困难的一个环节。决策者需要确定调价的幅度达到多大才能实现调价的预期目的。同时，也需要确定是一次调整还是分步到位。因此，有必要充分考虑各方面的因素，拟订若干个方案，通过详细分析加以比较选择。

4. 调价时机。大量实践经验证明，调价成功与否，与调价方案出台的时机有密切关系。因此，调价也讲究审时度势，把握时机。一般来说，提价应选择在供不应求、销售增长的阶段，而降价则宜选在销售临近高潮之时，这样才能取得较好的效果。

5. 调价反应。企业在调价之前和调价之后，都必须充分估计各有关方面的反应，以便更好地修正决策。对于用户来说，一般是欢迎降价而反对提价的。但有时降价也会给用户带来负面效应，例如质量不好、型号太旧以及还会继续降价等。对于竞争对手来说，其反应可能是跟随，也可能是按兵不动，甚至可能利用企业调价的失误而抢占市场。因此，只有正确估计各方面的可能反应，预先考虑好相应的配套和善后措施，才能保证调价的顺利实施。

（二）被动调价

被动调价是指企业对市场价格变化或竞争对手的价格变更作出反应，采取的调价行为。被动调价是在竞争者主动调价之后，企业被迫采取的被动调价举动。同样，被动调价也有提价和降价两种情况。有趣的是，当竞争对手提价时，企业可能跟进，也可能不跟进，如果它认为提价对全行业都有好处，它就可能跟进；反之，它就可能利用低价格的优势去抢占对方的市场份额。对于竞争对手降价的情况，企业必须特别关注，在作出反应之前，应该认真思考以下问题：

1. 竞争对手为什么降低价格，它的真实目的是什么？

2. 它所策划的这次降价是临时行为还是长期措施？

3. 如果本企业对降价不作出反应，本企业的市场份额和利润将会受到什么样的影响？

4. 如果本企业作出反应，竞争对手和其他企业又怎么办？

与此同时，企业也要分析自身的条件和对策，做到知己知彼，才能适应变化，甚至变被动为主动。一般来说，对自身的分析，主要包括这几个方面：一是本企业作出反应的必要性；二是本企业可以采取的应对措施；三是各种应对措施的可行性分析。

在全面比较分析的基础上，企业可以根据竞争者调价的具体情况提出自己的应对措施。图7-1是企业被动调价决策的一个示例。

八、价格管理与监督

决策目标在执行过程中能够实现到什么程度，还要看具体的实施措施及执行者的努力程度。因此，在定价的实施过程中要加强价格执行的管理与监督，通过规范企业内部价格管理来落实价格执行部门和个人的责、权、利，保证定价工作的顺利进行。有关价格管理和监督的具体内容，将在第十三章作详细介绍。

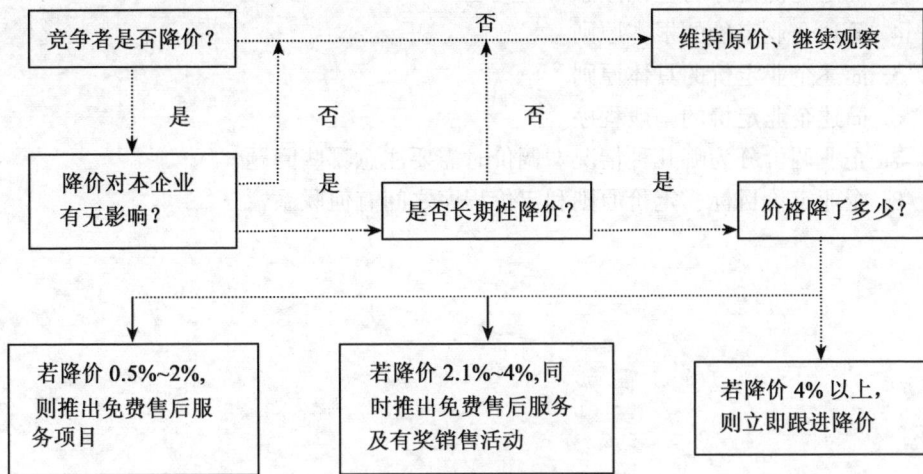

图 7-1 被动性调价决策示例

本 章 小 结

● 在营销组合中，价格是惟一直接影响销售收入的因素，企业产品的价格制定得合理与否，会极大地影响企业的竞争力、销售收入和利润，从而关系到企业的生存与发展。

● 定价目标是价格决策的前提和首要内容，也是确定定价策略和定价方法的主要依据。定价目标是一个多元复合体，它们相互联系、相互作用，其最终目标是追求长期的利润最大化。因此，定价目标的合理选择和综合运用，有利于企业实现其经营目标，达到其直接生产和经营的目的。

● 定价原则分为根本原则和具体原则，是企业定价时必须遵循的原则，只有遵循这些原则，才能保证价格的合法性、合理性和科学性。

● 企业定价是一项非常复杂而且具体的工作，必须掌握科学的定价程序，有目的、有计划、有步骤地进行具体的制定、实施、控制和调整，最终保证企业定价目标的实现。

复习思考题

1. 简述企业定价的重要性。
2. 企业定价的目标有哪些？

3. 确定定价目标时应该注意哪些问题？

4. 简述企业定价的根本原则。

5. 简述企业定价的具体原则。

6. 简述企业定价的一般程序。

7. 企业调价分为哪几种情况？调价时需要注意哪些问题？

8. 企业定价目标、定价原则和定价程序之间有何联系？

第八章　企业定价策略

学习目的和要求　定价策略是指经营者在不同的内部和外部条件约束下，为实现预定的定价目标而采取的价格谋略。企业定价策略主要有阶段价格策略、折扣价格策略、心理价格策略、地理价格策略、产品组合定价策略和企业变更定价策略等。通过本章的学习，要求掌握上述定价策略的基本操作思路和过程，并能够根据企业的实际情况运用。

第一节　阶段价格策略

阶段价格策略是依据产品寿命周期不同阶段的特征而采取有所区别的价格策略。一种商品从投入市场到最后被市场淘汰所经历的时间，一般包括投入期、成长期、成熟期和衰退期四个阶段，每一阶段的生产技术、成本、市场地位、销售额和利润都处于有规律的变动之中，为此必须采取相应不同的价格策略。

一、投入期

投入期的商品是正在进行试产或试销的新开发品，其价格策略直接关系到新产品能否顺利进入市场，也关系到商品在以后几个阶段的命运，并影响经营者利润的实现。根据不同情况，经营者可选择的定价策略有以下几种：

（一）撇脂价格策略

它是一种高价投放新产品的策略。该定价策略有利于经营者在短期内迅速收回对新产品的投资，避免经营风险，也能较好地适应新产品开发初期较弱的生产能力，并有助于树立商品形象，为商品打开市场销路。但是，当新产品尚未在消费者心目中树立起优质名牌形象时，过高的价格可能会使新产品少有问津而不能形成一定的市场规模，而一旦经营者的撇脂定价获得成功，其高额利润也易诱发竞争，从而缩短商品市场寿命周期，所以这种定价具有一定的风险性和波动性。而且，撇脂定价有其明确的适应范围和条件，它一般适应于以下几种情况：

1. 拥有专利或技术诀窍。研制这种新产品难度较大，用高价也不怕竞争者迅速进入市场。

2. 高价仍有较大的需求，而且具有需求价格弹性不同的顾客。例如，初上市的电视机、录像机等，先满足部分价格弹性较小的顾客，然后再把产品推向价格弹性较大的顾客。这种产品是一次性购买，就可以享用多年，因而高价市场也能接受。

3. 生产能力有限或无意扩大产量。尽管低产量会造成高成本，高价格又会减少一些需求，但由于采用高价格，与低价增产相比，仍然有较多收益。

4. 对新产品未来的需求或成本无法估计。定价低则风险大，因此，先以高价投石问路。

5. 高价可以使新产品一投入市场就树立起高级、质优的形象。

美国拍立得公司采取这一策略就取得了良好的市场效果。比如，该公司对其最早发明的即拍即得照相机，根据它具有品质超过竞争产品的优势而制定了最高的价格。它的这个价格刚好适应采用这种新照相机的那部分细分市场的经济能力和要求。当其初始销售量下降后，它便把价格降低，以吸引下一价格意识层次的顾客。拍立得也在其光谱照相机上采用同样的定价策略。这种光谱照相机以大约两倍于拍立得相机进入市场的价格推入市场。大约一年之后，拍立得公司又推出了更简单、低价型号的照相机来吸引新的细分市场。通过这种策略，拍立得公司从市场的各种细分市场获取了最大数量的利润。

(二) 渗透价格策略

渗透价格是以低价为特征，以最大的销量和最高的市场占有率为目标的定价策略。采取保本微利的低价策略，可以在同其他类似产品竞争中占有优势，缩短投入期，延长成长期和成熟期，并随市场份额增加、销量扩大和单位平均成本的相对下降而逐步获得利润。渗透定价有利于降低竞争风险，有利于有效防止同行竞争，有利于迅速扩大和长期控制市场。但是，与撇脂定价相比，运用渗透定价投资回收速度慢，短期内不能取得高额利润，甚至难以收回研发成本。因此，渗透定价策略的适用条件是：

1. 制造新产品的技术已经公开或者易于仿制，竞争者容易进入该市场。企业可利用低价排斥竞争者，占领市场。

2. 企业新开发的产品，在市场上已有同类产品或替代品，但是企业拥有较大的生产能力，并且该产品的规模效益显著，大量生产定会降低成本，收益有上升趋势。

3. 供求相对平衡，市场需求对价格比较敏感。低价可以吸引较多的顾客，可以扩大市场份额。

美国的得克萨斯仪器公司是运用这种策略的典范。该公司借助于所建的大工厂，尽量把价格定得很低，从而赢得很大的市场份额，成本也随之下降，然后又随成本的下降进一步降低价格。货仓式商店和廉价零售店也大多采用这种市场渗透定价法。它们以低价来赢得多销，多销使成本进一步降低，从而使得廉价商店有可能保持较低的价格。

由于上述两种策略各有利弊，采用哪一种策略更为合适，应根据市场需求、竞争状况、市场潜力、生产能力成本等因素综合考虑。各种因素的特性及影响作用如表 8-1 所示。

表 8-1　　　　　　　　　　　选 择 标 准

渗透定价策略		选择标准		撤脂定价策略
	低	市场需求水平	高	
渗	不大	与竞争产品的差异性	较大	撤
透	大	价格需求弹性	小	脂
定	大	生产能力扩大的可能性	小	定
价	低	消费者购买力水平	高	价
策	大	市场潜力	不大	策
略	易	仿制的难易程度	难	略
	较长	投资回收期长短	较短	

(三) 满意价格策略

它是介于撤脂价格和渗透价格之间的一种定价策略。这种价格既能让消费者愉快地接受，又能保证经营者从中获取合理利润，使买卖双方都感到满意。比起撤脂价格和渗透价格，满意价格更追求稳妥和合理，通常适用于价格弹性较小的一般日用生活必需品和重要生产资料定价。

以上三种导入期定价策略的价格与销售量的关系如图 8-1 所示。

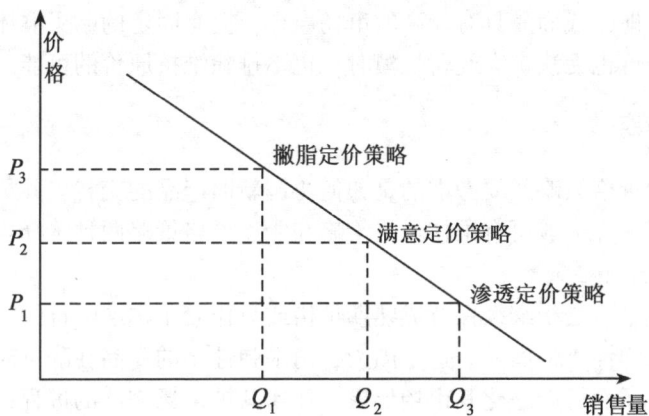

图 8-1

二、成长期

投入期的商品价格是在缺乏竞争的情况下为刺激早期需求而制定的,因而不一定能适应成长期迅速扩大的市场需求和竞争形势。为保证经营目标利润的实现,成长期的价格策略一般表现为对原定价格的调整。高价下调应具备以下条件:(1)早期消费者需求已饱和,而新加入的消费者对商品的价格理解不同于早期消费者;(2)随着销售量的增长,平均成本有所下降;(3)竞争者的加入,使市场份额受到威胁。

低价上调则一般出于以下考虑:(1)自身商品已建立良好声誉,初步确立了优胜地位,预计调高价格可以树立名牌形象;(2)商品经营规模有限,需求增长超过供给能力,调高价格以保持供求平衡。

但是,如果不具备充分理由,不要轻易调价。即使调价,其幅度也尽量要小,以保持价格的相对稳定。

三、成熟期

商品进入成熟期,消费需求已趋于饱和而市场竞争日趋激烈。为此,该阶段的价格决策,一般是选择能抵制竞争者,能保持和扩大市场份额的竞争价格。采用竞争价格策略,一般都要降低产品的原有价格。由于竞争者众多,任何一个经营者的降价行为都会引起竞争者随之降价,使其市场份额可能保持不变。因此,只有在市场的需求富有弹性,整个市场需求由于降价而扩大,才能使经营者按其所占市场份额的比例增加销量,并使其边际收入大于边际成本,降低成熟期价格才有意义。

当然,降价销售并不是成熟期应付竞争的惟一选择。当成长期采用的是低价策略,无降价余地,或商品具有较高的市场声誉,拥有固定的购买群体,或经营能力已到极限,降价也无法扩大经营规模时,也不排除维持原价的可能。

四、衰退期

衰退期的价格策略所要考虑的是如何协调新旧产品的交替,并尽量减少库存积压所带来的损失。一般可有维持价格策略和驱逐价格策略两种选择:

(一)维持价格策略

维持价格策略是指继续保持成熟期价格或只作较小幅度降价的定价策略。它主要适用于需求弹性小的商品。这是因为,需求弹性小的商品在降价时,不仅难以扩大市场销量,反而可能恶化其市场形象,加速其被市场淘汰的进程;如果提高其价格,随着新产品进入市场,将不利于发挥老产品在衰退期的最后效益。

(二)驱逐价格策略

驱逐价格策略是经营者为有效地排斥竞争,尽量延缓商品的市场寿命,实行变动成本定价的策略。它适合于需求弹性大的商品在衰退期定价。作为一种短期策略，驱逐价格一旦使经营者独占市场，并开发出产品新用途，还有望再提升价格。

第二节　折扣价格策略

折扣（Discounts）是价目表价格的变化，是由卖主给予放弃了一些营销功能的购买者提供的折扣比例上的优惠价格。

一、数量折扣

数量折扣是用来鼓励顾客大量购买的折扣。它可使一位卖主获得较多买主的生意，或者把一些仓储功能转换给买主，或者减少运送和推销成本。这种折扣有两种：累积数量折扣和非累积数量折扣。

（一）累积数量折扣

适用于购买者在一段给定期限内的购买。该折扣经常随购买金额的增加而提高。累积折扣旨在鼓励单个顾客重复购买，通过额外的购买来降低顾客成本。这是一种发展接近顾客和不间断顾客关系的方法。例如，木材场可能对不能立即购买所有需要材料的建筑承包商给出一种累积数量折扣。木材场需要给承包商奖励，以不鼓励他们四处购买。

（二）非累积数量折扣

仅仅适用于单一订单。这种折扣鼓励较大的一次性订购。典型的例子是"购买数量在100个单位以下的，每个单位10美元；超过或等于100个单位的，每个单位9美元。"数量折扣能成为营销经理非常有用的工具，一些顾客比较渴望得到它们。但是，营销经理必须小心地运用数量折扣，因为非累积数量折扣有时导致无法预料的结果。如果折扣太大，批发商或零售商可能会大量购买，然后，它们以超低价销售给任何愿意购买它的人——只要买主不在同一市场区域内竞争。这些灰色渠道经常从常规渠道成员那里抢走顾客，甚至可能运用一种低于大多数渠道成员的价格作为零售价格。为了避免产生这些问题，一位营销经理必须思考在整个战略中的折扣影响，而不仅仅是对中间商销售的影响。

二、季节性折扣

季节性折扣是用来鼓励购买者较现有需求更早的购买而享受的折扣。如果用于制造商，这种折扣倾向于沿着渠道转换仓储功能，也倾向于跨年度的清仓处理。通常，有非常规需求或受能力限制的服务公司，常常运用季节性折扣。例如，电话公司为电话负荷少的晚上时间的电话提供折扣；一些旅游组织，像滑雪度假胜地，当参加者不同程度地减少时，给出较低的旅游价格。

三、现金折扣

现金折扣（Cash Discounts）是一种鼓励购买者快速支付他们账单的价格削减方式，其期限在净期限内变更。例如，2/10，净 30（2/10，net30），其意思是：如果在 10 天内付款，购买者能够从发票面值中得到 2% 的折扣。否则，在 30 天内支付发票的全部金额。并且，它常常是被注明或让人理解为 30 天的信用期限后利息费用将增加。这种折扣必须要对符合这种条件的所有购买者一视同仁。在许多行业中都常用这种折扣，是为了提高资金的流动性，加速卖主的资金周转并且减少收取信贷款费用，抵减坏账损失等目的而采取的措施。

四、商业折扣

商业折扣是一种为了渠道成员即将开展工作而使用的价目表的削减价格。例如，一家制造商可能允许零售商从建议的零售清单价格中提取 30% 的商业折扣，以抵消零售功能成本并获取利润。同样，制造商可能允许批发商给出一种低于建议零售价 30% 和 10% 的连锁折扣即 100/30/10。在这个例子中，零售价 100 元，零售商拿到的价格是 70 元，批发商拿到的价格是 60 元。

五、折价券

在相似的新产品售卖时运用折价券。折价券给了企业一种不通过降低价目表价格来降低价格影响力的容易方法，合适的折价券交易在销售耐用品时是重要的。

许多生产商和零售商通过分装在包装、邮件、印刷广告内或商店内的折价券提供折扣。通过现有的给零售商的折价券，消费者获得了低于价格清单的折扣，这在消费包装商品交易中是特别常见的。

六、临时性的推销价格

推销价格是一种价目表价格中的临时折扣。推销价格折扣鼓励顾客立即购买。换句话说，为了获得推销价格，顾客放弃了他们原想购买的商品，而买了卖主想要出售的商品。一位零售商可能运用一种帮助清理存货清单或者应付竞争商店的推销价格，而一位生产商可能为一个中间商提供一份特殊协定，增加正常商业折扣以外的折扣，使中间商在推销产品时获取更多益处。

近些年来，推销价格和协定已经屡见不鲜，看起来好像消费者从所有这一切中获益。实际上经常变动的价格也会让消费者困惑。

第三节　心理价格策略

这是一种根据消费者心理要求所使用的定价策略，通常运用心理学的原理，依据不同类型的消费者在购买商品时的不同心理要求来制定价格，以诱导消费者增加购买，扩大企业销售量。其具体策略包括以下六种。

一、尾数定价策略

尾数定价策略，是指定价带上一个小数，例如将一本书定价为 20 元，不如定价为 19.80 元时卖得好。消费者之所以乐于接受非整数价格，这是因为整数价格如 10 元、20 元等，消费者往往从心理上认为是概略性价格，定价不准确。而对于非整数价格，顾客往往会认为计算准确，从而产生便宜感和信任感。同时，尾数价格与整数价格接近，给消费者的心理信息是不同的。例如一瓶洗涤用品，定价不是 1 元而是 0.98 元，顾客感觉的便不是元的概念，而是角的概念，角比元显然低了一级。许多市场调查表明，对众多的日用消费品，采取尾数定价比整数定价好销售得多，而对商品价格究竟在哪一个尾数更合适，国外的市场学家曾进行过专门研究。美国人认为价格在 5 美元以下的商品，尾数定在"9"比较合适，而价格在 5 美元以上的商品，则将尾数定在"5"比较好。在美国，人们常常可以看到商品以"99"作为价格尾数。而在我国，有经验的营销人员认为，尾数定在"7"的商品常常更容易销售。

二、整数定价策略

这是指企业在制定产品价格时取整数，不要零头。这种策略适用于一些档次高的产品。对于某些高档消费品来说，价格往往是辨别质量好坏的"指示器"。消费者往往认为，价格越高，质量越好。"一分钱一分货"就是这种价格心理的具体反映。例如，本来某产品的价格为 195 元，但是定价为 200 元，会让顾客感到，这种商品的确档次高，质量好。特别是对一些高档消费品，如钢琴、家用电器、高档服装等，整数价格会提高产品的"身份"，如果把这部分高档消费品标为非整数价格，反而不利于销售。

有一点要指出的是，在很多国家和地区，不同数字代表了不同的意义，在欧美地区，"8"被认为是很稳定的，具有对称性，而"7"则被认为是有棱有角的，富有个性，而且他们对于奇数有一种偏好，因此很多销售者定价时采用奇数作为尾数，如有的定为 19.77 元，有的定为 285 元。在中国，像"6"和"8"这两个数常被看做是很吉利的象征，都代表了"顺"和"发"的意思，因此很多商家定价时采用"888.88"，"98.8"，"168.8"等形式，以博得顾客心理上的认同感。

三、分级定价策略

这是指在定价时，把同类商品分为几个等级，不同等级的商品，其价格有所不同。这种定价策略能使消费者产生货真价实、按质论价的感觉，因而容易被消费者接受。

采用这种定价策略，等级的划分要适当，级差不能太大或太小。否则，起不到应有的分级效果。

四、声望定价策略

这是针对消费者求名的心理动机而采取的定价策略。在定价时，把在顾客中有声望的商店、企业的商品价格定得比一般的商品要高，是根据消费者对某些商品、某些商店或企业的信任心理而使用的价格策略。

在长期的市场经营中，有些商店、生产企业的商品在消费者心目中有了威望，认为其产品质量好，服务态度好，不经营伪劣商品、不坑害顾客等。因此，这些经营企业的商品可以定高价销售。例如一件上衣，在一般商店的要价为35元，而在有声望的店却可标价40元乃至更高。当然，采用这种价格策略要以高质量做保证，否则，就会丧失本店的声望，从而失去已占领的市场。

另外对那些具有声望价值的商品，如贵重首饰、古玩、高级礼品等，买主一般具有较高的收入水平，比较注意心理需要的满足，他们购买这些高档商品是为了显示自己的声望和地位，因此，对这类商品的价格宜高不宜低。具有我国传统特色的产品，如高档瓷器、高级丝绸等，在世界上享有盛誉，也应采取声望定价。比如在一次巴黎世界博览会上，有些法国人对我国景德镇的全套瓷品很感兴趣，有意购买。但当知道每套售价只有300法郎时，马上产生"便宜没好货"的感觉，打消了购买的念头。当我方人员知道是这种情况时，急中生智，第二天将售价从300法郎提高到400法郎，结果却一抢而空。

五、最小单位定价策略

最小单位定价策略是指按该类产品的最小计量单位制定价格。这也是适应消费者的求廉心理而使用的价格策略。例如，两个商店的毛巾规格、质量相同，但一个以"条"为单位，每条0.85元；另一个以"打"为单位定价，每打10.20元。尽管两者的价格实质上完全相同，消费者却认为前者便宜后者贵。这是因为一般来说，消费者往往通过直观感觉马上决定是否购买，而很少有人经过把两个商店里的商品进行比较后再买。所以，到第一个商店里购买的消费者多，到第二个商店里购买的消费者少。

六、招徕定价策略

这是指在多品种经营的企业中，对某些商品定价很低，以吸引顾客，目的是招徕顾客购买低价商品的同时，也购买其他商品，从而带动其他商品的销售。采用这种策略要注意用来招徕顾客的"特价品"必须是大多数家庭都需要的，而且市场价格为大多数顾客所熟悉。这样，才能使消费者知道这种商品确实低于一般市价，从而招徕更多的顾客。日本的某个药房将一瓶200元的补药以80元超低价出售时，每天都有大批人涌进店中抢购补药。有人觉得这样下去药房一定会赔本，但是实际上非但没有如此，盈余反倒逐月增加。这是因为顾客来店里，几乎没有一个人只买一种药。人们看到补药便宜，往往会联想到"其他药也一定便宜"，促成了对其他药品的购买行动。还有的企业在某季节或节日举行"大减价"活动，也是招徕定价的做法。比如有一家商店，每逢节假日都要举办"一元拍卖活动"，所有拍卖商品均一元起价，每次报价只增加5元。该商店以低廉的拍卖品活跃了商店的气氛，增大了客流量，致使整个商店的销售额上升。

不仅如此，企业甚至还可以反向操作，实际上，每一种商品的特殊高价，也同样会引发顾客的好奇心，达到"招徕"顾客的目的，使其在"一探究竟"的同时，连带购买了其他商品。在这种情况下，通常连带购买的其他廉价商品在帮企业赚钱。

日本东京有一家名为"70MSON"的咖啡屋推出一种5 000日元一杯的高级咖啡，一下子就轰动了东京城，因为在当时的东京，普通咖啡一杯只需1 000日元左右，5 000日元一杯的咖啡实在太贵了。奇怪的是，这样昂贵的价格，居然吸引了众多消费者，人们本着"看看究竟"的好奇心，络绎不绝地来到该店。其实，5 000日元一杯咖啡根本不赚钱，原因是这家咖啡屋用的咖啡是高级、名贵的正宗法国货，本身就值4 000日元，当你喝完咖啡后，店员就把这只杯子包好送你。而且，该店出售的咖啡也是由名师当场煮成，货真价实，味道正宗。店里的装饰也豪华、典雅、新奇，给人以美的享受，再加上店员服务周到、绝大部分顾客来过一次之后就成了回头客，那么该店靠什么赚取利润呢？靠的是那些每杯1 000日元的咖啡、果汁、汽水等廉价饮料，因此，5 000日元一杯的咖啡只是该店的宣传品，能吸引顾客光顾就可以了，而且，该店的营销策略还可以满足部分囊中羞涩的顾客的虚荣心，提高消费层次。

这种特殊高价的"招徕高价"，实际上还融合了"声望定价"的思想，比起正常的低价"招徕"，它更多了一重好处：增加了顾客的心理满足度，是"花钱花在明处，省钱省在暗里"。同样的投入、同样的实惠，为什么不选择一种更体面的方式呢？所以此种高价"招徕"的方法被推到市场上后，甚至比"低价"招徕的结果还要好，也就不足为怪了。

七、习惯定价策略

有些商品在顾客心目中已经形成了一个习惯价格。这些商品的价格稍有变动，就会引起顾客的不满。如果提价，顾客容易产生抵触心理，降价则会被认为降低了质量。因此，对于这类商品，企业宁可在商品的内容、包装、容量等方面进行调整，也不采用调价的办法。许多日用消费品，由于消费者经常购买，如火柴、冰糕等，其价格都是家喻户晓的。销售这类商品要依照习惯定价，不能轻易而又频繁地变动价格。如果因为原材料涨价等原因的确需提价时，应特别慎重，可通过适当减少分量或推出新型号的办法来解决。

八、期望定价策略

消费者在购买商品时，对商品价格的期望会有所不同。比如礼品，消费者是买去送人的，在他购买之前，往往就打算要送50元或100元的礼物，再比如，几千元一件的衣服，几万元一只的手表，只要价格基本上已为人们所接受，就可以实行，而500元一台的新彩电，1 000元一台的新电脑，价格与消费者的心理预期相差太大，恐怕没人敢买。因此，企业在生产或出售产品时，要根据消费者所期望的价格来定价，并根据需求习惯考虑与之相适应的质量和包装，以适应消费者的购买心理。

九、议价定价策略

议价定价策略是指通过研究购买者的购买行为，把握住买方的出价边缘来确定价格的一种定价策略，也就是平时所说的"讨价还价"。实际购买过程中买卖双方的信息是不对称的，对企业而言，在定价时容易失去一部分消费者，比如制定出消费者难以接受的偏高价而造成产品积压。议价的好处在于可以获得满意利润。因为议价定价实际上是买卖双方信息不对称性的博弈，所以作为企业的营销人员，要暂时把卖出价格放到一边，而着重研究消费者为满足其需求所愿付出的成本，把以消费者为中心的基本营销思想拓展到价格领域。议价定价策略在运用时，还有许多技巧与要点，诸如不能轻易亮出"底牌"，报价留有余地等，企业营销人员应该多加学习与研究。

十、"君子"定价策略

"君子"定价策略是一种更为开放的定价策略。企业在销售商品或服务时，并不按常规表明销售价格，只标明进货价或将进货发票复印件附在商品上，让消费者自行定价。这种独特的君子定价，常会吸引大量顾客，并有助于确立良好的企业信誉，大大扩展企业的知名度，提升企业形象。在北京和上海都有过应用这种温文尔雅的君子定价策略获得成功的例子，而在美国著名的迪斯尼乐园，其中所有的商店，其零售物品均不标价，而由顾客凭感觉付钱，当然，"君子"定价策略要受消费者素质、经济收入水平等条件的限制，应用时要慎重，在现阶段，更多的是作为促销手段，或者是为了配合企业的整体营销思路而实行的一种定价策略。

第四节　地理价格策略

它是与地理位置有关的修订价格的策略，主要是在价格上反映和处理运输、装卸、仓储、保险等多种费用。这种策略，在对外贸易中较为普遍，根据商品的流通费用在买卖双方中分担的情况，表现为各种不同的价格，下面以皮莱斯公司为例，说明几种不同的地理价格策略。

皮莱斯造纸公司位于美国佐治亚州的亚特兰大，它的纸张产品的顾客遍布美国各地。其产品运费很高，这影响到顾客的购买。于是，皮莱斯造纸公司想制定一个地理价格政策。公司的管理部门正准备给三个特定的想订购 100 美元的货物的顾客——顾客 A（亚特兰大，佐治亚州）、顾客 B（勃洛明顿，印第安纳州）和顾客 C（开普顿，加利福尼亚州）制定价格。

一、原地交货定价

皮莱斯造纸公司会让每个顾客自己支付从亚特兰大工厂到特定目的地的运输成本。三个顾客都将以高于 100 美元的厂价支付货款；比方说，A 顾客要为此支付 10 美元的运费，B 顾客要为此支付 15 美元，而 C 顾客则为此支付 25 美元。所谓原地交货定价法，就是指把商品以离岸价格放置到一个运输载体上（车、船、飞机等），这里表明所有权和责任已被转移到顾客那里，然后由顾客支付从工厂到目的地的运费。

提倡原地交货定价法的人认为这种分担运输费用的方法是公平合理的，因为每位顾客都将自己承担运输成本费。然而，这种方法的缺点就是对偏远地区的顾客来说，运输费用太高了，如果皮莱斯公司的主要竞争者在加利福尼亚州，那么皮莱斯公司则控制着东部地区。在美国地图上找出两个竞争对手的价格加上运费相等的城市，用一条直线将它们连起来，皮莱斯公司的价格优势区在线的东边，而竞争者的价格优势区却在线的西边。

二、统一交货定价

统一交货定价法同原地交货定价法恰好相反。在此法中，企业对每位顾客都收取相同价格的运输费，而不考虑其所处的地理位置。在美国，政府制定了在全国各地实行一级邮件统一交货价格，这也叫做"邮票定价"。运输费用的款额，是将运输成本平均后得到的。假定统一运费为 15 美元。统一交货定价法使得亚特兰大的顾客承担较高费用（他付的运费是 15 美元，而不是 10 美元），使得开普敦的顾客得到一些运费补贴（他只用付 15 美元，而不是 25 美元）。这样会使亚特兰大的顾客更愿意向其他当地的运用原地交货定价法的纸张公司购买。因此，皮莱斯公司就有一个很好的机会去争取加利福尼亚州的顾客。统一交货定价法的其他优点是相对比较容易管理，同时企业可以制定一个全国通用的广告价格。

三、地区定价

地区定价法介于原地交货定价法和统一交货定价法两者之间。企业在两个甚至更多的地区制定不同价格。在同一地区内的所有顾客要付的总价格相同，在较远的地区就高一些。皮莱斯公司可以对东部地区的顾客收取 10 美元的运费；对中西部地区的顾客收取 15 美元；对西部地区的顾客则收取 25 美元。这样，对那些位于同一价格地带的顾客来说，他们就无法得到企业给予的价格优惠；因而在亚特兰大的顾客和波士顿的顾客就要给皮莱斯公司支付相同的总价格。但是，亚特兰大的顾客仍然会抱怨他们给波士顿的顾客提供了运费补贴。而且，正巧位于东部和中西部界线西边的顾客，他们所支付的运费会比正好处在界线东边的顾客高得多，虽然他们很可能只相距几英里。

四、基点定价

基点定价法是指卖主指定某个城市作为基点，无论商品实际是从何处起运的，企业都以从指定的基点城市到顾客所在地为依据收取所有顾客的运输费用。例如，皮莱斯公司可能会指定芝加哥为一个基点城市，收取顾客 100 美元的出厂价格，加上从芝加哥到目的地的适当的运费。这就是说，亚特兰大的顾客要支付从芝加哥到亚特兰大的运费，就算是商品是从亚特兰大起运到芝加哥的也不例外。他们支付的是"虚假费用"。如果选的不是工厂所在的基点城市，那么这种定价法的优点就提高了工厂附近的顾客总价格，而降低了远离工厂的顾客总价格。

如果所有的卖方设立的基点城市都相同，那么交货价格对所有的顾客都是相同的，价格竞争也就消除了。一些行业比如水泥、钢铁、汽车等使用基点定价法已有多年，但是今天这种方法已不太普及，因为法院明令禁止竞争者共同商议价格，搞价格协议。许多公司指定许多基点城市以增加其灵活性。他们会从最靠近顾客的基点城市来计收顾客的运费。

五、自负部分运费定价

有的卖主急于想和某个特殊顾客或者某个地区达成协议，促成这笔生意，可能会承担全部或部分实际运费。卖主的想法是这样的，如果他们的成交额更多的话，平均成本就会下降，这样销售收入就会用来弥补额外支付的运输费用。自负部分运费定价法常被用于市场渗透战中，并且能够在日益激烈的竞争市场中立于不败之地。

第五节　产品组合定价策略

当企业生产的是一系列产品时，与之对应，企业也要研究出一系列价格，使整个产品组合的利润实现最大化。因为各种产品之间存在需求和成本的相互联系，而且会带来不同程度的竞争，所以定价时要讲求一定的策略。

一、产品线定价策略

企业通常开发出来的是产品线，而不是单一的产品。例如，松下公司设计出 5 种不同的彩色立体声摄影机，复杂型的有 6.3 磅，简单型的只有 4.6 磅，包括自动聚焦、明暗控制、双速移动目标镜头等。产品线上的摄影机依次增加了新功能，以此来获取高价。管理部门要确定各种摄影机之间的价格差距。制定价格差距时要考虑摄影机之间的成本差额、顾客对不同特征产品的评价以及竞争对手的价格。如果价格差距很大，顾客就会购买价格低的摄影机。在许多行业，营销者都为产品线中的某一种产品事先确定好价格点。例如，男士服装店可能经营三种价格档次的男士服装：150 美元、250 美元和 350 美元。顾客会从三个价格点上联系到低、中、高三种质量水平的服装。即使这三种价格同时提高，男士们仍然会按照自己偏爱的价格点来购买服装。企业的任务就是确立认知质量差别，从而使价格差别合理化。

二、选择产品定价策略

许多企业在提供主要产品的同时，还会附带一些可供选择的产品。汽车用户可以订购电子开窗控制器、扫雾器和减光器等。但是对选择产品定价却是一件棘手的事，汽车公司必须确定价格中应包括哪些产品，又有哪些产品可作为选择对象，汽车制造商只希望对简便型汽车做广告，来吸引人们到汽车展示厅参观，而将展示厅的大部分空间用于展示昂贵的、特征齐全的汽车；饭店也面临同样的定价问题，其顾客除了订购饭菜外也买酒类。许多饭店的酒价很高，而食品的价格相对较低。食品收入可以弥补食品的成本及饭店其他的成本，而酒类则可以带来利润。这就是为什么服务人员极力要求顾客购买饮料的原因。也有的饭店会将酒价制定得较低，而对食品制定高价，来吸引爱饮酒的消费者。

三、补充产品定价策略

有些产品需要附属或补充产品，例如剃须刀和胶卷。制造商经常为主要产品

（剃须刀和照相机）制定较低的价格，而为附属产品制定较高的价格。例如，柯达照相机的价格很低，原因是它从销售胶卷上盈利，而那些不生产胶卷的照相机生产商为了获取同样的总利润，不得不对照相机制定高价。但如果补充产品的定价过高，就会出现危机。例如，卡特匹勒公司对其部件和服务制定了高价格，以便在售后市场中获取高额利润。该公司设备的加成率为30%，而部件的加成率有时候达到300%。这就给"非法仿制者"带来了机会。他们仿制这些部件，然后将它们销售给那些不老实的负责安装的技术师。这些技术师仍以原价计算，而不把节省的成本转让给顾客。这样，卡特匹勒公司的销售额下降了许多。卡特匹勒公司为了控制这种情况，劝说设备所有者只从被许可的经销商处购买部件，以保证设备的性能。但是，很显然，该问题是由于制造商对售后市场的产品定价过高造成的。

四、分部定价策略

服务性企业经常收取一笔固定费用，再加上可变的使用费。例如，电话用户每月都要支付一笔最少的使用费，如果使用次数超过规定，还要再交费。游乐园一般先收门票费，如果游玩的地方超过规定，就再交费。在新加坡，新车的价格包括两个部分：第一部分包括进口税在内的汽车成本；第二部分是获取驾驶执照的价格——拥有新车的权利。后者在拍卖行可以购得，拍卖行每月都提供一定数量的用于不同车辆的驾驶执照。成功的驾驶执照投标人要为享有买车的权利支付费用。服务性公司面临着和补充产品定价同样的问题，即应收多少基本服务费和可变使用费。通常，固定成本应较低，以推动人们购买服务，利润可以从使用费中获取。

五、副产品定价策略

在生产加工肉类、石油产品和其他产品的过程中，经常有副产品。如果副产品价值很低，处理费用很昂贵，就会影响到主产品的定价。制造商确定的价格必须能够弥补副产品的处理费用。如果副产品对某一顾客群有价值，就应该按其价值定价。副产品如果能带来收入，将有助于公司在迫于竞争压力时制定较低的价格。

六、产品系列定价策略

企业经常以某一价格出售一组产品，例如化妆品、计算机、假期旅游公司为顾客提供的一系列活动方案。这一组产品的价格低于单独购买其中每一种产品的费用总和。因为顾客可能并不打算购买其中所有的产品，所以这一组合的价格必须有较大的降幅，以此来推动顾客购买。有些顾客不需要整个产品系列。例如，一家医疗设备公司免费提供送货上门和培训服务，某一顾客可能要求免去送货和培训服务，以获取较低的价格。有时，顾客要求将产品系列拆开。在这种情况下，如果企业节约的成本大于向顾客提供其所需商品的价格损失，则公司的利润会上升。例如，供应商不提供送货上门可节省 100 美元，这时向顾客提供的价格的减少额为 80 美元，则它的利润就增加了 20 美元。

第六节　企业定价变更策略

产品在定价以后，由于情况发生了变化，经常需要对价格进行变更。这是企业在不同变化的市场环境中为了生存和发展，而不得不作出的反应。

一、价格调整的原因

经营者调整价格，一般是由于影响价格的因素发生了变化，主要包括以下几个方面：

（一）产品进入寿命周期的不同阶段

如果产品从投入期进入成长期，应根据初始价格的不同分别调高或调低；而当产品由成长期进入成熟期，一般的选择是降低价格。

（二）成本状况发生变化

成本是价格构成的主体。当成本提高时，同一价格水平下的经营利润将减少甚至亏本，而如果要维持原有利润水平，则应相应提高商品价格；反之，当成本下降时，经营者则可以通过削价来控制市场或扩大市场份额。

（三）经营者生产能力改变

当经营者生产能力过剩时，可能会为减少库存积压而削价销售；而当其生产能力不能满足日渐扩大的需求时，则可能提高产品价格以平衡供求矛盾。

（四）市场竞争格局改变

当经营者面临强大的竞争压力，市场份额受到威胁时，常常会削价销售；而当经营者成功地拒竞争者于市场之外时，则常常会考虑提价。

（五）宏观经济环境和政府政策变动

当出现通货膨胀，导致物价上涨和经营者成本费用上升时，经营者趋于提高价格；而当出现通货紧缩时，由于货币价值上升，竞争产品的价格下降，因而经营者趋于削价。同时，政府对国民经济的宏观调控政策将对市场供求、产业结构的变动及消费者收入水平等产生影响，经营者应根据上述几个方面的变化及时调整自己的经营方向及产品结构，并相应调整产品价格与之相适应。

综上所述，影响经营者价格调整的因素既有宏观的也有微观的，经营者只有在充分考虑并分析这些因素的基础上，才能作出符合实际并有科学依据的价格调整。

二、价格变更策略

商品价格一方面要尽量反映内外条件的变化，另一方面还必须考虑消费者对调价的反应，科学运用商品调价策略。企业调整产品价格，如果是由于客观条件发生变化，企业感到需要调高或调低自己的产品价格，这是主动变更策略。如果是由于竞争者变更了价格，自己不得不跟着变更，这是被动变更策略。

（一）主动变更策略

1. 商品降价策略。商品降价策略是指企业在市场营销过程中，为了适应市场环境和企业内部条件的变化，把原有产品的价格调低。造成调低价格的原因，主要有三个方面：一是由于该产品供过于求，产品大量积压，占用大量仓库和流动资金，从而影响生产的正常进行。为了摆脱困境，在采用其他推销策略无效的情况下，就要采取降价策略。二是因为在激烈的竞争中企业的市场占有率逐渐降低，为了夺回失去的市场和争取占有更大的市场，企业也可采用降价策略。三是由于产品的成本降低。在这种情况下，按原价格出售，虽然可以得到超额利润，但市场占有率不大，总利润额不能得到较快增长。为了扩大市场占有率，企业也可采用降低价格策略，对于某些需求弹性很大的商品来说，也可采用商品降价策略。

采用这种价格策略的优点是容易摆脱困境，提高市场占有率，从而增加利润额，但也存在缺点，主要是调低价格会影响企业原有市场策略，需要花大力气去调整整个市场营销策略，同时也可能导致同行业内的竞争加剧，以致给企业带来损失。

2. 商品提价策略。商品提价策略是在市场营销活动中，为了适应市场环境和企业内部条件的变化，把原有的产品价格调高。造成价格调高的原因主要有两种：一是因为产品供不应求，企业的生产不能满足市场需要。在这种情况下，采取提价策略，能促进生产发展，限制消费，从而实现供求平衡。二是因为产品的成本提高。产品成本的提高，可能是由于经营管理上的原因，如管理不善、决策失误等，但这种成本提高只有在独家生产的情况下才能使价格提高。在存在竞争的情况下，管理不善的企业只能被淘汰。一般来说，提价的主要原因是因为所使用的原材料价格上涨，而技术的进步，生产效率的提高又跟不上原材料价格上涨的幅度，而使原材料价格上涨的因素不能在企业内部消化，企业就要考虑采取调高价格的策略。

调高价格策略有明调和暗调两种形式。明调就是其他条件不变，把销售价格提高。暗调则是看起来商品标价不变，但实际上价格已经提高，常用的手法有减少使用折扣、减少销售服务或降低产品质量等。

采用调高价格策略其优点是如果掌握得好，对于增加企业利润有明显的效果，缺点是往往引起顾客和经销者的不满，甚至本企业的推销人员也不高兴。因此，弄不好会适得其反，本想增加利润额，但由于遭到消费者的抵制，反而使利润额降低。因此，采用提价策略，必须注意做好两项工作：第一，要限制提价幅度，不能提得太高，即不能超出顾客的心理承受能力；第二，要及时向顾客说明提价的原因；对于大宗购买的顾客，还要帮助他们解决提价带来的各种问题。

3. 主动调价时应注意的问题。无论采用调低价格策略还是调高价格策略，在价格调整之前必须进行深入的调查研究，以免造成调价上的失误。在运用调价策略时必须注意以下问题：

（1）在调价前，必须做好周密的调查，认真分析各方面的情况，确认不能采用其他办法补救时，再采用这一策略。在确定调价以后，要制定调价计划，以免仓促上阵，出现失误。调价计划主要包括以下内容：

①确定调价幅度。无论是调高价格还是调低价格，都有一个幅度问题。幅度的大小要考虑企业和消费者的承受能力。

②选择调价时机。调价时机直接影响调价后的效果。如果时机选择不当，会引起消费者的误解，从而产生抵触情绪而减少购买量。一般说来，企业调价要选在市场形势对企业有利时进行。

③确定调价步骤。调价步骤是实现调价目标的重要保证。在调价幅度已定的情况下，是一步调完还是分几步调完，其结果是大不相同的。一步到位产生的影响大，分几步到位产生的影响小，但一步到位影响的时间短，分几步到位影响的时间长。因此，步长的大小要依据调价幅度和影响的大小、时间的长短而定。

④确定其他策略的变化。价格调整后，其他策略如产品策略、销售渠道策略、促销策略等，都要相应进行调整，以适应价格调整的要求，并配合价格调整使企业的营销活动走向新的高度。

（2）在调价后，要不断分析企业的营销状况和周围环境的变化。在这一阶段主要做好三项工作：

①要分析企业市场占有率和利润量的变化。如果在调价后市场占有率提高，利润总量上升，说明价格调整是成功的；反之，如果市场占有率没有提高，甚至下降，利润总量也没有上升等，就必须认真分析问题的原因，以便对症下药，及时解决。

②要分析顾客对调价的反应。顾客的反应是检验调价是否成功的重要标准。因此，必须认真分析，深入研究。分析顾客对调价的反应，既要看顾客的购买量是否增加，又要研究消费者的心理变化，研究消费者是怎样理解这次调价的，以便从中找出正确答案。

③要研究竞争者对价格调整的反应。竞争者的反应，对调价的成功与否也起着重要作用，因此，必须及时分析竞争者的反应情况，以便采取相应的对策。

（二）被动变更策略

在竞争对手率先调价之后，本企业应该怎么办？必须对此作出明确反应：是抵制还是跟着调整，或者等等看。竞争对手的调价，也分为调低价格和调高价格两种，对于这两种情况，要作出不同的反应。

为了保证作出的反应能符合本企业的利益，必须对竞争者和自己企业的情况进行深入研究，比较分析，以便做到"知己知彼"，取得百战百胜的效果。

对竞争者情况的研究主要包括下列内容：（1）竞争者为什么要调整价格，是为了扩大生产，还是因为成本提高，或者是因为经营不善？（2）竞争者调整价格是临时性的还是长期性的？（3）本企业对竞争者的调价作出任何一种反应后，竞争者和其他企业又会采取什么样的措施？（4）提出调价的竞争者的经济实力如何？

对本企业情况的研究，主要包括以下问题：本企业的经济实力；本企业营销产品的生命周期以及顾客对这类产品价格的敏感程度；本企业如果跟随调价以后，会对企业的营销产生什么影响等。

经过对竞争者和自己企业情况作认真的分析以后，就应该作出比较正确的反应。一般说来，对调高价格的反应比较容易，因为竞争者在提价前已作过周密考虑，考虑到提价给本企业带来的影响，不到万不得已，一般不会轻易提价，因此，在竞争者提价时，本企业可能也想提价，这样，采取跟随提价的办法即可。对于竞争者率先降价，自己的反应应该慎重，在通常情况下，企业作出的反应有三种：一是置之不理，这是在竞争者降价幅度较小时采用的。二是价格不变，但增加销售服务和增加折扣，这是在竞争者降价幅度稍大时采用的。三是跟着降价，降到与竞争者相同的价格，这是在竞争者的降价幅度较大时采用的。

总之，由于是被动调整，所以很难做到既不影响企业声誉，又不影响企业利益。为了在被动中争取主动，就必须在调查研究的基础上，作出正确的预见性判断，以便在价格调整中取得较好的效果。

本 章 小 结

● 定价策略是指经营者在不同的内部和外部条件的约束下，为实现预定的定价目标而采取的价格谋略和最佳途径。

● 阶段价格策略是依据产品寿命周期在不同阶段的特征而采取有所区别的价格策略。在产品的投入期、成长期、成熟期和衰退期四个阶段，可采取不同的价格策略。

● 折扣是由卖主对放弃了一些营销功能的购买者提供的折扣比例上的优惠价格。折扣主要的形式有数量折扣、季节性折扣、现金折扣、商业折扣、折价券和临时性的推销价格等。

● 心理价格策略是根据消费者心理需求所使用的定价策略，一般运用心理学的原理，依据不同类型的消费者在购买商品时的不同心理需求来制定价格，以诱导消费者增加购买量，扩大企业的销售量。其具体形式有尾数定价策略、整数定价策略、分级定价策略、声望定价策略等。

● 地理价格策略在对外贸易中较为普遍，主要是在价格上反映和处理运输、装卸、仓储、保险等多种费用，根据商品的流通费用在买卖双方中分担的情况，表现为各种不同的价格。

● 当企业生产一系列产品时，可以通过产品组合定价策略实现产品利润的最大化。

● 企业定价变更策略主要是在企业所面临的宏观和微观环境发生变化时运用，主要有主动变更策略和被动变更策略。

复习思考题

1. 在产品市场生命周期的不同阶段，企业可分别采取何种定价策略？
2. 商业折扣和现金折扣有何区别？
3. 地理价格策略具体有哪几种？它们分别满足了消费者的何种心理要求？
4. 简述地理价格策略的定价思路。
5. 简述企业产品组合定价策略的内容。
6. 在何种情况下可能会实施调价？调价策略有哪几种？

第九章　企业定价方法

学习目的和要求　通过本章的学习，要求掌握成本导向定价法（主要是成本加成定价法、目标收益定价法、售价加成定价法、损益平衡定价法），需求导向定价法（包括认知价值定价法、需求弹性定价法）和竞争导向定价法（包括流行水准定价法、垄断定价法、保本定价法等）的原理、思路和操作过程，并能够根据实际情况具体应用这些方法帮助企业进行定价决策。

第一节　成本导向定价法

根据价格与成本、价格与需求的关系以及竞争者对公司价格决策影响的分析，企业定价时主要应考虑成本、需求与竞争三大因素。企业所定的价格既不能低得无法盈利，也不能高得无法产生需求，而是介于其间。成本、需求、竞争三个主要因素对于定价的影响主要表现为：产品成本是定价的下限；竞争者的价格和代用品的价格是定价的定向点；消费者对产品独特性的评估是定价的上限。因此，企业在选择具体的定价方法时，都会考虑上述一个或一个以上的因素。与之对应，本章主要介绍三大定价方法，即成本导向定价法、需求导向定价法和竞争导向定价法。

一、成本加成定价法

这是一种最简单的定价方法，就是在单位产品成本的基础上，加上一定比例的预期利润作为产品的售价。售价与成本之间的差额即为利润（这里的成本中，包含了税金）。由于利润的多少是按一定比例反映的，这种比例习惯上称为"几成"，所以这种方法称为成本加成定价法。其计算公式为：

单位产品价格＝单位产品成本×（1+加成率）

其中：加成率即为预期利润占产品成本的百分比。

例1　某种产品的单位产品成本为100元，加成率为20%，则：

单位产品价格＝100×（1+20%）＝120（元）

这种方法的优点是，简便易行，因为确定成本要比确定需求容易，价格盯住成本，企业可简化定价工作，也不必经常依据需求情况而作调整；采用这种方法可以保证各行业取得正常的利润，从而可以保障生产经营的正常进行；如果同行都采取此种方法定价，价格竞争就会大大削弱。

这种方法在西方国家广为应用，尤其在零售业，大都采用成本加成定价法。它们对各种商品加上预先规定的不同幅度的加成。比如，百货商店一般对烟类加成20%，照相机加成28%，书籍加成34%，衣物加成41%，珠宝饰品加成46%等。

这种方法的不足之处是，它是从卖方的利益出发进行定价的，其基本原则是水涨船高，没有考虑市场需求和竞争因素的影响，因而这是一种卖方市场条件的产物。另外，加成率是一个估计数，缺乏科学性，由此计算出来的价格，很难说一定能为顾客所接受，更谈不上在市场上具有竞争能力，同时此种方法过分强调了历史实际成本在定价中的作用。因此在应用这种方法时，应当根据市场需求、竞争情况等因素的变化作必要的调整。

二、目标收益定价法

这种方法又称目标利润定价法或投资收益率定价法。它是在成本定价的基础上，按照目标收益率的高低计算价格的方法。其计算步骤如下：

（一）确定目标收益率

目标收益率可以表现为几种形式，例如投资利润率、成本利润率、销售利润率和资金利润率等。

（二）确定目标利润

根据目标收益率表现形式的不同，目标利润的计算也不同。计算公式分别为：

目标利润＝总投资额×目标投资利润率；

目标利润＝总成本×目标成本利润率；

目标利润＝销售收入×目标销售利润率；

目标利润＝资金平均占用额×目标资金利润率。

（三）计算单位产品价格

单位产品价格＝（总成本＋目标利润）／预计销售量

或：单位产品价格＝单位变动成本＋单位贡献毛利

例 2 某企业年生产能力为100万件 A 产品，估计未来市场可接受 80 万件，其总成本为1 000万元，企业的目标收益率，即成本利润率为 20%，其单位产品价格应为多少？

解 目标利润＝总成本×目标成本利润率

$$＝1\,000×20\%$$

$$＝200（万元）$$

单位产品价格＝（总成本＋目标利润）／预计销售量

$$＝（1\,000＋200）／80$$

$$＝15（元）$$

因此，该企业单位产品的定价为15元。

目标收益定价法的优点是，可以保证企业既定目标利润的实现；其缺点是，这种方法只是从卖方的利益出发，没有考虑竞争因素和市场需求情况。这种方法是先确定销售量，再确定和计算出单位产品的价格，这在理论上是说不通的，因为，对于任何商品而言，一般是价格影响销售，而不是销售决定价格。因此，按这种方法计算出来的价格，不可能保证预计销售量的实现。尤其是那些价格弹性较大的商品，其不同的价格，有不同的销售量，而不是先有销售量，然后再确定价格。

所以，目标收益定价法，一般适应于需求的价格弹性较小，而且在市场中有一定影响力的企业，或是市场占有率较高，具有垄断性质的企业。该定价法对于大型的公用事业单位更为适用，因为这类企业的投资大，业务具有垄断性，又和公众利益息息相关，需求的价格弹性较小。政府通常为保证其有一个稳定的收益率，常允许这类企业采用目标收益定价法。

三、售价加成定价法

这种方法以产品的最后销售价为基数，按销售价的一定百分率来计算加成率，最后得出产品的售价。其计算公式为：

单位产品价格＝单位产品成本／（1－加成率）

例3　某种产品的单位产品成本为100元，加成率为20%，则单位产品价格为：

单位产品价格＝100／（1－20%）＝125（元）

这种定价方法，多为商业部门，尤其是零售部门采用。这是因为，对零售商来说，此种方法更容易计算商品销售的毛利率；而对于消费者来说，在售价相同的情况下，用这种方法计算出来的加成率较低，更容易接受。

四、损益平衡定价法

此法又称盈亏平衡定价法或收支平衡定价法。它是根据固定成本与变动成本的不同运动形态，采用盈亏分界点分析法来确定产品价格的。该法有利于经营者从保本入手，确定最佳品种结构及经营规模与价格组合；经营者进行价格调整时，也可应用该法在价格与销量之间寻找决策点。

案例9-1　定价中的损益平衡分析

在选择定价方法时，经营者内部财务的考虑往往与基于外部市场的考虑相冲突。财务部门总是先假定销售目标能够达到，然后核算和分摊成本，结果是忽视了市场的作用；市场营销部门则认为有效的定价应该是"消费者驱动"，忽视了成本是使销售获利的最低下限。损益平衡定价法在价格策略中的运用，就在于它能有效地协调两者之间的矛盾。

损益平衡定价法是一种定量评价价格变动效果的增量分析方法。一般而言，价格变动对利润会产生价格效应和数量效应两种影响。降低价格会减少单位利润，从而减少总利润；而降低价格有利于增加销量，并由此增加总利润。其中，前者为价格效应，后者为数量效应。因此，当数量效应大于价格效应时，减价可以赚得更多利润。反之，则提价有利。损益平衡定价的目的就是定量分析销量变化多大时，才能使减价有利或提价不利。

损益平衡销量变化可借助代数方法计算。设固定成本为 FC，单位变动成本为 C，初始价格为 P，初始销量为 Q，则：

变价前利润 $= (P-C) \cdot Q - FC$

变价后利润 $= (P+\Delta P-C) \cdot (Q+\Delta Q) - FC$

要保证变价前后利润相同，需满足 $(P-C) \cdot Q - FC = (P+\Delta P-C) \cdot (Q+\Delta Q) - FC$。

由此可得损益平衡销量变化为 $\Delta Q = -\Delta PQ / (P+\Delta P-C)$。

例如，某公司的典型月销售量为 4 000 件，批发价为 10 元/件，销售收入为 40 000 元，变动成本为 5.5 元/件，固定成本为 15 000 元。该公司正考虑减价 5%，以提高竞争力，为保证价格下调后，公司利润不变，则公司销量必须增加多少呢？由上式便可求得 $\Delta Q = 500$ 件，即相对于目前的销售水平，至少每月多售出 500 件商品，采取减价策略才是有利的。

以上几种定价方法的共同特点是：以产品的成本为基础，在成本的基础上加上一定的利润来定，所不同的只是对利润的确定方法略有差异。它们的共同缺点是没有考虑市场需求和市场竞争。

第二节　需求导向定价法

这是一种以需求为中心，以顾客对商品价值的认识为依据的定价方法。

一、认知价值定价法

这种方法的基本指导思想是，认为决定商品价格的关键因素是顾客对商品价值的认知水平，而不是卖方的成本。因此，在定价时，先要估计和测量在营销组合中的非价格变量在顾客心目中建立起来的认知价值，然后根据顾客对商品的认知价值，制定出商品的价格。

一般说来，每一种商品的性能、用途、质量、外观及其价格等在消费者心目中都有一定的认知水平。当卖方的价格水平与消费者对商品价值的认知水平大体一致时，消费者才能接受这种价格。

认知价值定价法与现代产品定位思想很好地结合起来，成为当代一种全新的定价思想和方法，被越来越多的企业所接受。其主要步骤如下：

（一）确定顾客的认知价值

确定顾客对企业产品的性能用途、质量、外观及市场营销组合因素等在其心目中的认知价值。

（二）根据确定的认知价值，决定商品的初始价格

（三）预测商品的销售量

在估计的初始价格的条件下，预测可能实现的销售量。

（四）预测目标成本

其计算公式如下：

目标成本总额＝销售收入总额－目标利润总额－税金总额

或：单位产品目标成本＝单位产品价格－单位产品目标利润－单位产品税金

（五）决策

决策就是把预测的目标成本与实际成本进行对比，以此来确定价格。

1. 当实际成本不高于目标成本时，这说明在初始价格的条件下，目标利润可以保证，因而初始价格就可定为商品的实际价格。

2. 当实际成本高于目标成本时，这说明在初始价格的条件下，目标利润得不到保证。需要进一步作出选择，要么降低目标利润，要么设法进一步降低实际成本，使初始价格仍可付诸实施。否则，只能放弃原有方案。

认知价值定价法的关键是能否准确地确定消费者对所提供商品价值的认知程度。对自己提供的商品价值产生夸张自满看法的卖主，会对他们的产品定价过高。然而，对自己的产品的消费者认知价值估价过低，定的价格就可能低于他们能够达到的价值。为了建立起适当的市场认知价值，进行市场调研是必不可少的。正确判断顾客对商品价值的认知程度，目前采用的方法主要有以下三种：

（1）直接评议法。该法即邀请有关人员，如顾客、中间商及有关人士等，对商品的价值进行直接评议，得出商品的认知价值。

（2）相对评分法，又称直接认知价值评比法。此法即请顾客等有关人员用某种评分方法对多种同类商品进行评分，然后再按分值的相对比例和现行平均市场价格推算评定产品的认知价值。

（3）诊断评议法。该法即用评分法对产品的功能、质量、外观信誉、服务水平等多项指标进行评分，找出各因素指标的相对认知价值，再用加权平均的方法计算出产品总的认知价值。

案例 9-2　建立认知价值的方法

A、B、C 三家公司均生产快速继电转换器。某工业买主被请来检验和评价这三家公司所提供的产品。下面是三种可供选择的方法：

①直接价格评定法。买主对每种继电转换器作出估价，能够使他们得出从每个公司购买的这种转换器的总价值。比如说，他们分别给每家公司评定的价格为

2.55 美元、2.00 美元、1.52 美元。

②认知价值直接评价法。买者把从每个公司购买的继电转换器的总价值定为 100 分，然后在这三家公司中分配，假设他们分的结果分别为：42 分、33 分和 25 分。如果一个继电转换器的平均市场价格是 2 美元，三家公司分别制定的价格为 2.55 美元、2.00 美元和 1.52 美元，由此反映了认知价值的不同。

③诊断法。买主对三家公司的产品根据属性来评价。他们按每种属性 100 分，衡量每家公司能占到多少分。他们还把每种属性的相对重要程度总分也计为 100 分，然后分别打分。假设结果如下表：

重要性权数	属性	公　　司		
		A	B	C
25	产品耐用性	40	40	20
30	产品可靠性	33	33	33
30	交货可靠性	50	25	25
15	服务质量	45	35	20
100	认知价值	41.65	32.65	24.9

把对每家公司所打的分乘以重要性权数，我们发现 A 公司产品的认识价值 (41.65) 高于平均数，B 公司产品的认知价值 (32.65) 相当于平均数，C 公司产品的认知价值 (24.9) 低于平均数。

A 公司能为它的产品制定高价，因为它被认为认知价值高。如果它想让它的价格与认知价值成比例，那么价格大约就是 2.55 美元（等于一个平均质量的继电转换器价格 2.00 美元与 42/33 相乘）。假如三家公司的定价都与各自的认知价值成比例，由于价值/价格相同，那么它们都将享有一定的市场份额。

如果其中某一家公司的价格低于它的认知价值，那么它将获得一个高于平均数的市场份额，因为购买者付一定的钱却得到一个额外的价值。

二、需求弹性定价法

需求弹性是某种商品的市场需求量与其价格的相对变动之比，有点弹性和弧弹性之分。

需求点弹性系数（Ed）= 需求变动的百分比/价格变动的百分比

$$= \frac{\Delta Q/Q}{\Delta P/P}$$

需求弧弹性系数（Ed）$\frac{Q_1+Q_0}{Q_1-Q_0} \times \frac{P_1+P_0}{P_1-P_0}$

式中，Q 或 Q_0 为原需求量；P 或 P_0 为原价格；Q_1 为变动后的需求量；P_1 为变动后的价格。

按需求弹性定价主要有两种方法：

（一）按需求弹性确定供求平衡价格

例 4　某商品的现价为10元，正常销量为每月5 000件，商品正常库存为300件，根据实际资料测得其需求弹性（Ed）为-1.5。现由于供过于求，商业库存已稳定上升为1 300件。为压缩超常储备，需确定新的供求平衡价格。

解　根据弧弹性系数公式，将 $Ed=-1.5$，$Q=5\ 000$，$Q_1=5\ 000+1\ 300-300=6\ 000$，$P_0=10$ 代入并解之得：$P_1=8.86$。所以，该商品价格宜由 10 元降为 8.86元，才能正好压缩1 000件库存，供求在新的价格点上达到平衡。

（二）按需求弹性确定销售收入最大化价格

一般来说，对于需求富有弹性的商品，采用降价策略可增加销售总收入，而对于需求缺乏弹性的商品，提价才能增加销售总收入。但无论提价还是降价均有两个限度，能保证获得最大总收入的变动模型为：

$$x=\Delta P/P_0=-(1+Ed)/2Ed$$

式中，x 为变动率。

三、差别定价法

这种方法又称为区分需求定价法，是指在给产品定价时可根据不同需求强度、不同购买力、不同购买地点和不同购买时间等因素，制定不同的价格。

（一）以顾客为基础的差别定价

它是指对不同的消费者，可以采用不同的价格。例如，对老客户和新客户，采用不同价格，对老客户给予一定的优惠；同一产品卖给批发商、零售商或消费者，采用不同的价格等。

（二）以产品式样为基础的差别定价

例如，对不同地区的购买者采用不同的价格；同一地区或城市的影剧院、运动场、球场或游乐场等因地点或位置的不同，价格也不同。

（三）以时间为基础的差别定价

不同季节、不同日期，甚至在不同时点的商品或劳务可以制定不同的价格。例如，宾馆、饭店在旅游旺季和淡季的收费标准不同；公用事业如电话、电报等在不同时间（白天、夜晚、节假日、平日等）的收费标准不同；出租车在白天和夜晚的收费标准不同等。

采用差别定价法，要具备一定的前提条件。首先要分析需求差别，搞好市场细分；其次要防止引起顾客的反感。

第三节　竞争导向定价法

竞争导向定价法，是以市场同行业竞争对手的价格为主要依据，根据应付竞争或避免竞争的要求来制定自身同类产品价格的方法。其特点是：企业并不坚持自己所经营商品的价格与其成本及需求之间的固定联系，即使自己经营的商品成本及需求有所改变，只要竞争者仍坚持其价格，自己商品的价格也不变；相反，当竞争者价格改变时，尽管自己所经营商品的成本及需求没有改变，也要为适应竞争对手的调价来改变自身商品的价格。

一、流行水准定价法

此法又称随行就市定价法。这是根据同行业企业的现行价格水平来定价的，是一种比较常见的定价方法。一般是在基于产品的成本测算比较困难，竞争对手不确定，以及企业希望得到一种公平的报酬和不愿打乱市场现有正常秩序的情况下，采用的一种行之有效的方法。

采用这种方法既可以追随市场领先者定价，也可以采用市场的一般价格水平定价。这要视企业产品的特征，及其产品的市场差异性而定。比如，在类似于完全竞争的市场上，企业只能按既定价格出售商品，而毫无控价能力。此时，企业多采用流行水准定价法，即将自己的价格始终与市场价格水平保持一致，并通过数量调整的方式来追逐市场价格的变化，通过降低流通费用来获得必要的利润。

一些小型企业多采取流行水准定价法。它们变动自己的价格，与其说是根据自己的需求变化或成本变化，不如说是依据市场领导者的价格变动。有些企业可以支付一些微小的赠品或微小的折扣，但是它们保持的是适量的差异。

二、垄断定价法

这是指垄断企业为了控制某项产品的生产和销售，在价格上作出的一种反应。垄断定价法分为垄断高价定价法和垄断低价定价法。垄断高价定价法是指几家大的垄断企业，通过垄断协议或默契方式，使商品的价格大大高于商品的实际价值，获得高额垄断利润。垄断低价定价法，是指垄断企业在向非垄断企业及其他小企业购买原料或配件时，把产品的价格定得很低。

三、保本定价法

这是指企业在市场不景气和特殊竞争阶段，或者在新产品试销阶段所采用的一种保本定价的方法。它是在保本产销量的基础上制定的价格，即保本价格。其计算公式是：

保本成本=企业固定成本/保本产销量+单位变动成本

一般来讲，在成本不变的情况下，价格定在保本价格以上，企业就可以盈利，而定在保本价格以下，必然出现亏损。

很显然，这种方法只说明了企业在产量为多少时什么价格是保证不亏本的最低限度，但是并没有考虑在这种价格水平上这个产品能否销售出去。

四、变动成本定价法

此法又称边际贡献定价法。这是一种以变动成本为基础的定价方法。其计算公式为：

单位产品价格=单位变动成本+单位边际贡献

单位产品价格大于单位变动成本出现的余额，称为单位边际贡献，而边际贡献=固定成本加上利润。当利润为零时，边际贡献等于固定成本。因此，只要单位产品价格大于单位变动成本就可以补偿一部分固定成本。

企业在市场竞争激烈，产品供过于求或订货不足时，为了增强企业的竞争和生存能力，采用变动成本定价法是非常有效的。

例5　某企业A产品的生产能力为每年1 000台，全年固定成本总额为50万元，单位变动成本为1 000元，单位成本为1 500元，每台售价为2 000元，已有订货量为600台，生产能力有40%的闲置。现有一家外商提出订购400台，但每台出价只有1 200元，问：外商的订购是否可以接受？

解　如果按照以往的定价水平，外商的出价显然不能接受，但是，如果采用变动成本定价法的思想，这批订货就完全可以接受。这是因为，如果不接受，企业的利润为：

利润=销售收入−变动成本−固定成本

　　　=120−60−50

　　　=10（万元）

如果接受的话，利润为：

利润=10+8=18（万元）

可见，接受订货比不接受多挣8万元。其原因是，固定成本作为期间成本不随着业务量的变化而变化。由于固定成本已经被已有的订货所分担，这时只要单位售价大于单位变动成本，边际贡献即为企业的利润。

五、密封投标定价法

这也是一种依据竞争情况来定价的方法，是招标人通过引导卖方竞争的方法来寻找最佳合作者的一种有效途径。它主要用于建筑包工、产品设计和政府采购等方面。其基本原理是，招标者（买方）首先发出招标信息，说明招标内容和具体要求。参加投标的企业（卖方）在规定期间内密封报价来参与竞争。其中，密封价格就是投标者愿意承担的价格。这个价格主要考虑竞争者的报价研究决定，而不能只看本企业的成本。在投标中，报价的目的是中标，所以报价要力求低于竞争者。

例6 某企业参加一次建筑包工投标，企业根据对竞争者的分析，招标单位的要求以及企业自身条件的分析，设计了几种不同报价及中标的可能性，其结果如下表所示：

公司的投标 价格（万元）	公司的利润 （万元）	投标价格的 中标率（假定）	期望利润（万元）
9 500	100	0.81	81
10 000	600	0.36	216
10 500	1 100	0.09	99
11 000	1 600	0.01	16

一个合理的定价应是一个能获取最大期望利润的投标价格。由上表可知，最好的价格应该是10 000万元，因为这时期望利润最大，是216万元。

六、拍卖定价法

这是指卖方委托拍卖行，以公开叫卖的方式引导买方报价，利用买方竞争求购的心理，从中选择高价格成交的一种定价方法。这种方法历史悠久，常见于出售古董、珍品、高级艺术品或大宗商品的交易中。

七、倾销定价法

这是指一国企业为了进入或占领某国市场排斥竞争对手，以低于国内市场价格，甚至低于生产成本的价格向国外市场抛售商品而制定的价格。

采用这种定价法制定的价格，一般使用的时间比较短。一旦达到预期的目的，占领了国外市场后，企业就提高价格，以收回在倾销中的损失，并获得应得的利润或垄断利润。但是，采用这种方法制定的价格，易受反倾销法的限制和制裁，因而风险比较大。

本 章 小 结

● 根据价格与成本、价格与需求的关系，以及竞争者对公司价格决策影响的分析，企业定价时主要应考虑成本、需求与竞争三大因素。企业所定的价格既不能低得无法盈利，也不能高得无法产生需求，而是介于其间。

● 成本导向定价法是以卖方意图为中心，以产品成本为依据的定价方法。其具体包括成本加成定价法、目标收益定价法、售价加成定价法、损益平衡定价法。

● 需求导向定价法是以需求为中心，以顾客对商品价值的认识为依据的定价方法。其具体包括认知价值定价法、需求弹性定价法、差别定价法。

● 竞争导向定价法是以市场同行业竞争对手的价格为主要依据，根据应付竞争或避免竞争的要求来制定自身同类产品价格的方法。具体有流行水准定价法、垄断定价法、保本定价法、变动成本定价法、密封投标定价法、拍卖定价法、倾销定价法。

复习思考题

1. 企业在定价时主要考虑哪些因素？
2. 什么是成本导向定价法？这种方法的特点表现在哪些方面？
3. 什么是需求导向定价法？它具体包括哪些方法？
4. 变动成本定价法属于何种方法？企业在什么时候使用这种定价法？
5. 什么是竞争导向定价法？这种方法的特点主要表现在哪些方面？

第十章　价格形式

学习目的和要求　价格形式是指作为价值的货币表现的价格形成的方式，是价格形成机制的基本内容之一。在我国初步确立了社会主义市场经济体制后，1998年5月1日正式开始实行的《中华人民共和国价格法》对社会主义市场经济条件下价格形成机制的基本格局作出了明确的规定。通过本章学习，要求明确认识三种价格形式的含义、性质、形式、适应范围、特点及现状和发展趋势。

第一节　价格形式的含义

一、价格形式的含义和种类

价格形式是指由于不同的价格形成方式或定价方式所形成的不同价格类别，是价格形成机制的基本内容之一。价格形式的不同方式和组合，代表了不同的价格形成机制。因此，在国民经济体制和价格管理体制中价格形式问题是需要重点探讨的问题。

在社会主义市场经济条件下，由于价值规律运动受多种因素的影响和制约，价值规律运动的条件不同，运动的形式也不一样，所以，价格的形成和运动方式，即价格形式也不相同，价格形式实际上就是价值规律在不同情况下的具体运动形式。一般来说，有什么样的经济管理体制和价格管理体制，就有相应的价格形式，反过来说，价格形式不同，就意味着经济管理体制和价格管理体制有差别。

不同时期的经济管理体制和价格管理体制，直接决定着该时期的价格形式。我国的价格形式随着国民经济管理体制的不断变革，经历了一个不断演变的过程。在中华人民共和国成立初期的国民经济恢复时期，为了迅速恢复国民经济，使人民生活安定，稳定市场物价，我国在保持物价基本稳定的前提下，存在国家牌价（统一计划价格）、协议价格、自由价格等多种价格形式。从第一个五年计划后期开始，我国逐步集中了价格管理权限，变多种价格形式为单一的计划价格形式。直到党的十一届三中全会，开始进行经济体制改革之前的二十多年时间内，除了少数商品存在集市贸易价格（市价）形式外，统一计划价格几乎是惟一的价格形式。从1979年开始进行经济体制改革后，随着经济体制和价格模式的转换，我国又出现了多种价格形式并存的局面。

1998 年 5 月 1 日开始实行的《中华人民共和国价格法》明确规定："国家实行并逐步完善宏观经济调控下主要由市场形成价格的机制。价格的制定应当符合价值规律，大多数商品和服务实行市场调节价，极少数商品和服务实行政府指导价或者政府定价。"

二、三种价格管理方式的比较

价格形式与经济管理体制联系紧密，但直接决定价格形式的是价格管理方式。价格管理方式决定了价格运行机制，而价格运行机制又反映和代表了价格管理方式。价格运行机制一般分为决策结构、信息结构、动力结构三个相对独立的结构。针对这三个结构的选择不同，价格管理方式也可分为集中型的管理方式、分散型的管理方式和结合型的管理方式，与此相适应，价格形式也有政府定价、市场调节价和两者相结合的政府指导价三种价格管理形式。

（一）集中的价格管理方式

在这种管理方式下，价格决策系统是高度集中的，基本上是一元的国家和政府决策机构，即定价的主体是国家、是政府，企业基本上被排除在这个系统之外，价格信息是以纵向传递信息为主的直线型系统，价格及其相关信息的处理由国家（政府）收集和处理并根据企业的生产经营情况加以反馈；信息的传递渠道也主要建立在国家（政府）和企业之间，企业只能从上级主管部门的纵向系统中获取信息；价格的动力系统是以行政命令为主，价格的制定和调整基本上是由国家计划决定，整个价格系统的运转，也主要靠行政命令来推动。这种价格管理方式是以国家（政府）直接管理价格为其基本调节机制，体现了国民经济按比例发展规律的要求，反映这种价格管理方式的价格形式是政府定价。这种价格模式类似于经济体制改革以前实行的高度集中的计划管理价格模式，由国家（政府）直接制定、调整和管理商品价格和收费标准。这种单一的国家（政府）定价价格形式在社会主义建设初期，对于有计划地集中利用和分配短缺的经济资源表现出明显的优越性，它便于直接控制、管理简便，对于稳定市场价格，满足生产建设和人民生活的基本需要有一定的积极作用。但是，随着客观政治经济条件的变化，这种价格管理方式存在的弊端也是显而易见的。

第一，单一而集中的价格系统只能由国家（代表国家的价格管理部门）统一制定，而商品生产者和经营者则丧失了直接关系自己经济利益的价格决策权，这样，政府价格管理部门要决定或控制几万种乃至几十万种商品的价格，只能搞"一价定终身"，在制定时就不一定合理，加之价格长期固定不变，必然会使价格体系和价格运行系统运行不稳定，造成价格系统不能诱导国民经济大系统的运转。其表现就是整个经济缺乏活力，经济结构严重不合理。

第二，纵向的价格信息系统必然是价格信息传递渠道单一，信息量过少，这反过来又造成决策系统难以正确地进行价格决策。错误的价格信号就往往把企业生产经营引向歧途，使价格既不反映商品价值，又不反映商品供求。

第三，主要靠行政命令的信息系统，只能促使价格系统被动地运转，难以诱发长久的活力和能量。在这种价格管理方式中，企业是价格的被动承受者，其生产经营活动和经济效益失去了客观评价的依据，当盈亏和企业及其职工的经济利益挂钩时，这种价格系统会带来苦乐不均。企业生产者获得利益的多少，并不完全取决于生产经营管理水平的高低，还要取决于生产经营商品价格的高低。这样，价格长期不变，生产价格低、利润小的商品的企业就会失去进取的信心；生产价格高、利润大的商品的企业又会凭借其垄断地位，不思进取。

第四，以国家（政府）统一定价为主的价格形式也不能适应市场经济的内在要求。国家（政府）统一定价的一个重要特点是价格长期固定不变，不能随市场供求关系的变化而变化，企业很难从这种价格形式上获得准确的市场信息。同时，企业作为商品生产者和经营者，没有一定的价格自主权，价格的运动就会脱离企业自身的利益，企业之间也不能开展一定的价格竞争，价格的调节作用也难以发挥。

（二）分散决策的价格模式

这种模式又叫市场价格模式，其价格决策系统是分散的、多元的，并且其价格决策主体基本上建立在商品生产经营者即企业这一级，这就决定了价格基本上是自发形成的：信息系统是以横向传递为主的扇面型网络系统，信息在企业之间、企业与市场之间传递，商品生产经营者能及时收集到大量信息，以供决策者的需要；价格动力系统是以经济利益的激发为动力，决策者根据所收集到的信息进行加工整理，为取得最大经济利益而作出相应的价格决策。这种价格管理方式，体现了价值规律的要求，具有自发性的特点。反映和体现这种价格管理方式主要是由市场供求状况决定的市场调节价。

市场调节价这种管理形式的优点是以市场为中心，能够充分诱发经济活力，横向价格信息传递迅速，从而能有效地使价格运行反映供求关系，有效地引导社会资源不断地适应供求变化和需求变化的重新配置，有利于整个国民经济结构的合理构建，因此，有人将其视为最能实现资源有效配置的一种价格形式。但是，全部实行市场调节价同样存在一定的缺陷，其主要表现在如下几点：

第一，市场调节价的优点是与自由竞争联系在一起的，只有在完全竞争状况下才能充分发挥。但是，无论是资本主义经济还是社会主义市场经济，都不存在完全自由竞争的理想环境，垄断的存在、市场局限等因素不可能使现实的市场成为完全竞争的市场，卖者可以从不同程度上利用相对垄断的地位，根据利润最大化原则确定出售商品的数量和价格，造成卖方的不完全竞争价格以及垄断价格。

第二，生产经营者观察市场的局限性决定了生产经营者难以从大局范围内了解市场商品的供求信息，从而造成不同商品、不同程度的价格波动，不利于商品供给和需求的平衡。

第三，完全实行市场调节价格往往使价格系统的运行目标与政府的经济目标相脱离，其结果使诱导经济结构合理化的优点也表现不出来。

（三）集中与分散相结合的价格模式，即计划与市场相结合的价格模式

这种价格模式的价格决策系统，不是一元式的集中决策系统，也不是完全分散的企业决策系统，而是国家和商品生产经营者都参加的分权式决策系统；价格信息系统既不是以纵向传递也不是以横向传递为主，而是以横向传递和纵向传递相结合的纵横交错网络式系统；动力系统既不是单纯来自主管部门的行政压力，也不是以单纯的经济利益激励为动力，而是以经济利益为主并适当给予行政命令的动力系统。这种价格管理方式既体现了计划经济的要求，又体现了市场经济的要求，具有计划经济与市场经济相结合的特点，反映和体现这种价格管理方式的价格形式是结合型价格形式。从结合的方式看，有"板块式"结合、"渗透式"结合以及"板块式"与"渗透式"相结合。

所谓"板块式"结合，就是把计划和市场各分一块，对于不同商品，分别实行政府定价形式或市场调节价格形式。从整个社会来看，是政府定价形式与市场调节价格形式并存，其优点是能够按照商品关系国计民生的重要程度及生产特点等因素，把商品价格和收费分为两大类：适合于政府定价的采用政府定价形式；适合于市场调节的采用市场调节价格形式。

所谓"渗透式"结合，是对于商品并不是截然地分为两级，不是非此即彼，有的商品处于两者之间，需要对同一种商品采取集中和分散相结合的管理形式，即渗透式结合方式，在现实生活中表现为政府指导价格形式。政府有关部门通过规定商品的基准价格和浮动幅度，指导企业制定商品的具体价格。它在一定程度上克服了政府定价缺乏灵活性的特点，又能保证价格水平的相对稳定，从理论上说是一种较理想的价格形式，但在具体实行中有一定的困难。

所谓"板块式"与"渗透式"相结合，即政府定价、政府指导价、市场调节价三种价格形式相结合，对于不同商品采取不同的价格管理形式。三种价格形式并存，可以发挥各自的长处，克服其自身的不足，是一种较好的价格管理形式，也是我国目前普遍所采用的价格管理形式。

三、三种价格形式并存的客观依据

我国现阶段之所以选择三种价格形式并存的价格管理方式，是由我国目前的社会生产力发展水平、所有制关系、生产关系的性质以及具体国情决定的。

从我国目前的生产力发展水平来看，我国还处在社会主义初级阶段，生产力水平较低，经济水平比较落后而且发展不平衡，相应地存在着多种经济成分。既有全

民所有制经济、集体所有制经济、股份制经济，又有民营经济、个体经济等。这种复杂的多种所有制成分形成了多层次的经济利益关系。因此，在价格形式上也要反映多层次的利益要求，使价格起到合理调节各方面经济利益的作用。生产力发展水平是决定多种价格形式并存的最终依据。

生产关系的性质决定了价格管理方式的社会经济性质。社会主义市场经济是建立在生产资料公有制基础上的。在社会主义市场经济条件下，价值规律和有计划按比例发展规律在共同发挥作用，这就要求国民经济的发展既要有计划，又要求生产经营者面向市场进行生产经营活动，在竞争中实现等价交换。因此，在价格形式的确定上要反映两个规律的要求，必须把计划性与灵活性结合起来。在市场经济条件下，商品品种繁多，但各类商品在国民经济发展中所处的地位及对人民生活的影响是不同的，这就要求对不同的商品采取不同的价格形式。

我国的具体国情除生产力水平较低，发展不平衡外，还有一个显著特点就是人口众多，幅员辽阔，地域间千差万别，因此，在制定各项政策时不能搞"一刀切"，而必须因地制宜，扬长避短，发挥各自优势，区别对待。既要保持价格的统一性、稳定性，又要具有一定的灵活性和区域性；不仅要有利于价格总水平的基本稳定，而且要有利于区域经济的发展和区域市场的完善，特别是边、穷、老、山、少地区的市场开拓。因此，选择价格形式和价格管理方式不能脱离我国的具体国情，要有"中国特色"。这就要求在作出具体选择时，不能仅从某种高度优化了的纯理论模式出发，也不能完全模仿外国现成的价格管理方式，更不能仅仅从社会主义生产关系概念分析出发构想出我国的价格管理方式，这就决定了在社会主义市场经济条件下，从全面建设小康社会，开创中国特色社会主义事业新局面的总体要求出发，应采取政府定价、政府指导价和市场调节价并存的价格管理形式。

第二节　政府定价和政府指导价格

一、政府定价

政府定价是国家定价的确切说法，是指根据价格法规定，由县级以上的各级人民政府的价格主管部门或者其他有关部门，按照定价权限和范围所制定的商品价格和收费标准。

（一）政府定价的性质

政府定价属于指令性的计划价格，是国家行使管理职能的一种以行政手段占主导的对经济生活的直接干预，一般同指令性计划联系在一起，既有一定的行政属性，又具有经济属性，以行政属性为主导。

（二）政府定价的价格形式

政府定价包括中央定价和地方定价两种形式。

中央定价是指由国家发展和改革委员会和国务院业务主管部门，按照价格管理权限统一制定的商品价格和收费标准。它又分为全国统一定价和分区统一定价两种形式。全国统一定价是指在全国范围内实行统一的销售价格和收费标准，没有地区差价。其目的是为了缩小城乡差别，简化定价手续，便于价格管理。目前，仍实行全国统一定价的商品只有书籍、报纸、杂志等少数商品，分区统一定价是指将全国划分为若干个价区，在各个价区内执行地区内的统一价格，不再计算地区差价。实行分区统一定价主要是考虑以下三个方面的原因：其一，历史自然形成，如原油，是随着新油田的开发和中心产区的变化，自然形成王门、大庆等不同的分区定价；其二，为了计价方便，如按照流通路线、运费多少，把地区差价相近的地区划为几个价区，在一个价区内执行一个价格；其三，为了缩小区域差价，在一定的商品供应范围内执行统一的价格。

地方定价是指由省、地、市、县各级管理部门根据价格管理权限制定的商品价格和收费标准。由地方定价的商品主要有：由各地自行安排生产并由各地统一分配的工业品价格；中央管理以外的消费品和农业生产资料价格；由各级地方政府管理的公路、水路的交通运输价格；由各级地方政府管理的文化、教育、医疗卫生服务等行业的收费；由中央定价的地方企业产品，由于临时性的原材料价格变动，实行中央定价时，各地方可制定临时出厂价格或销售价格。

（三）政府定价的适用范围

随着社会主义市场经济体制的逐步确立，大多数原由中央政府制定的商品和服务价格目前都已放开。中央定价的目录曾经修改多次，目录一次比一次薄，管理价格的种类一次比一次少，目前，只剩下13种中央定价商品和服务项目：重要的中央储备物资，国家专营的烟草、食盐和民爆器材，部分化肥，部分重要药品，教材，天然气，中央直属及跨省水利工程供水，电力，军用品，重要交通运输，邮政基本业务，电信基本业务和重要专业服务等。另外，国家行政机关收费、成品油价格和城市基准地价公布价格今后也将进一步进行改革，完善价格形成机制。可以说，我国已基本形成了以市场调节为主的价格机制。

与中央定价的商品和服务定价目录不断缩小一样，地方定价的商品和服务目录也在不断缩小。目前，省以下地方政府定价的商品种类仅在20种左右，都是与人民生活关系密切、资源短缺、垄断经营的商品，以及重要的公用事业、公益性服务，如电信、内河运输、电力、自来水、煤气、天燃气、管道煤气、集中供热、城市地铁、公共交通等。

按照以上要求，在社会主义市场经济条件下，应当树立科学规范的定价目标、原则和方法。实行政府定价或政府指导的商品价格和收费标准的主要内容包括两个方面：一是依据商品成本和市场供求状况，直接由政府有关部门制定商品价格和收费标准；二是对企业的价格行为进行必要的检查和监督。

（四）政府定价的特点

政府定价的特点具体表现在：

1. 政府定价具有高度的宏观计划性。政府定价是由政府有关部门统一制定和调整的，它不仅要兼顾国家、地方、部门、企业之间的经济利益，而且要同整个国家的经济发展计划相适应，在保障国家利益的前提下，保护生产者、经营者和消费者的合法经济利益。因此，国家有关部门在制定和调整某种商品价格和某项收费标准时，是在遵循客观经济规律的基础上，根据我国一定时期国民经济的发展情况、商品成本、市场供求和劳动生产率的变化以及国家、企业、个人各方面的承受能力等诸因素，从全局出发，经过周密调查、测算和分析之后，有计划、有秩序地进行制定和调整的。

2. 政府定价具有相对稳定性。相对稳定是针对价格的大幅度地上下波动和长期固定不变而言的，相对稳定是在保持价格总水平基本稳定的前提下，根据价值规律的要求和市场供求情况的变化，对不合理的价格适时地进行调整。只是这种调整不是经常的，不会因供求关系的一时一地的变化而频繁变动，特别是对关系国计民生重要的商品的价格和收费标准，经过有计划的制定和调整后，要保持较长时间的稳定。

3. 政府定价具有严肃的政策性和指令性。它的制定、调整都必须按照国家规定的价格管理权限和程序进行。任何地区、部门、单位和个人，都必须执行政府定价的标准，不能超越权限擅自制定和调整。

（五）政府定价的作用

政府定价的作用主要表现在：

1. 政府定价在一定程度上影响甚至决定其他商品价格水平及市场价格的总水平。实行政府定价的商品虽然品种不多，但都是关系国计民生重要的商品，对生产和生活影响较大。政府定价的商品价格是否稳定，直接影响着其他商品价格进而影响到整个市场商品价格的稳定，再加上实行政府定价商品的范围可以根据市场价格水平的变动情况而伸缩变化，当其他价格管理形式的某种商品价格过高时，国家可以随时根据情况，将其纳入政府定价商品的范围，以确保市场价格的稳定。

2. 政府定价直接关系到整个国民经济有计划按比例地发展。有计划地制定重要商品价格和收费标准是合理安排国民经济各部门比例关系的一个重要条件。因为政府定价能比较准确地反映各部门生产产品的劳动耗费，价格能大体符合价值或其转化形态，所以，能够促使国民经济按比例协调发展。

3. 政府定价有利于保证经济稳定和人民生活的安定。政府定价的形成特点，决定了政府定价能够协调各方面的经济利益，促进国民收入和社会财富的分配。同时，政府定价又是国家利用价格杠杆调节经济的一个重要手段。

（六）政府定价的现状、发展趋势及其管理

随着以市场形成价格为主的价格管理体制框架的基本形成，政府定价的品种、范围和比重都在逐步缩小，将保留在最有限的范围之内。但是，政府定价绝不会完全取消，因为实行政府定价的都是关系国计民生十分重要的商品价格和收费标准，它们的变动会引起其他商品价格和市场价格总水平的连锁反应，因此，加强对政府定价的管理，是价格管理的一项重要内容。

二、政府指导价格

政府指导价格是国家指导价格的确切说法。它是指根据价格法规定，由县级以上的各级人民政府的价格主管部门或者其他有关部门，按照定价权限和范围，通过规定基准价、浮动幅度、差率、利润率、最高限价、最低保护价等形式，指导企业制定的商品价格和收费标准。

（一）政府指导价格的性质

政府指导价格属于计划价格的范畴，是一种指导性的计划价格。其实质是在政府有关主管部门的决策导向下的企业定价。政府有关主管部门根据国家政策的要求，充分考虑一定时期内的商品成本、劳动生产率、市场供求、国家经济政策等因素，通过必要的手段和措施，指导企业正确地进行价格决策。

（二）政府指导价格的形式

根据不同商品和劳务的重要程度及特点，政府指导价格可以采取多种形式，在管理程度上有严有宽。我国目前实行的政府指导价格主要有以下三种形式：

1. 浮动价格。这是指县级以上的各级人民政府价格主管部门、业务主管部门对部分重要商品规定基准价格和上下浮动幅度，由生产者、经营者在规定的浮动幅度范围内自行制定和调整具体价格。浮动价格适用于关系国计民生，但花色品种繁多，市场需求变化较快的商品，这样既有利于稳定市场物价，又有一定的灵活性。

2. 定率价格。这是指县级以上各级人民政府价格主管部门、业务主管部门对关系人民生活和生产的某些重要商品规定差率（如进销差率、地区差率、批零差率）和利润率，生产经营者按照规定的差率或利润率制定商品价格。定率价格主要适用于关系人民生活，但花色品种繁多，市场供需变化快，且生产成本不稳定的商品。

3. 限制价格。这是指县级以上各级人民政府价格主管部门或业务主管部门对某些商品价格变动规定的极限价格。它主要有最高限价和最低保护价两种形式。

最高限价是指政府有关部门对某些商品价格规定的最高限额。它是国家控制价格水平上涨、保护消费者利益的一种手段。目前实行最高限价的主要有关系国计民生、暂时供不应求的商品；销往边、穷、老、山、少地区的某些农业生产资料和生活必需品；某些进口商品。

最低保护价是国家对某些商品，特别是暂时供过于求的某些重要农副产品价格变动所规定的最低限额，企业只能高于规定的价格限量出售或购买商品。它是保护某些商品生产者利益的手段，有利于保护生产者的积极性，扶植地区经济发展，防止出现因供过于求、价格过分下跌而出现价格过度波动。我国目前实行最低保护价格的商品，主要是某些生产周期长、受自然条件影响较大的农产品。

（三）政府指导价格的适用范围

从原则上讲，政府指导价格主要适用于一些对人民生活关系比较密切的商品价格和收费标准，如一些比较重要的日用品和生产资料的价格。如果从供求角度看，其供求关系仍在一定程度、一定地区存在不平衡的情况，价格容易波动，许多商品受自然条件影响也较大。

（四）政府指导价格的特点

政府指导价格是介于政府定价和市场调节价格之间的一种价格，兼有两者的特征，具有以下特点：

1. 宏观计划性。政府指导价格是在国家计划指导下形成的，它的形成和变动始终受国家宏观计划的制约，是有计划的和自觉的，而不是盲目的、自发的。政府有关部门在制定有关商品的指导价格时，要依据商品的成本和盈利水平及其供求趋势，兼顾国家、生产者、经营者、消费者的利益。它执行的品种、基价、浮动幅度、差率、利润率等都是由政府有关部门规定的，各地方、各企业在执行时不得违反，如果需要变动，必须按照价格分工管理权限和审批程序办理，未经允许而擅自变动的，都要按违纪违法处理。

2. 一定程度的灵活性。政府指导价格在一定程度上直接受市场机制的制约，与政府定价相比，具有较大的灵活性。企业在国家规定的范围内，根据市场供求情况，可以适时地调整价格，解决商品积压或脱销，从而创造有利的生产条件和销售条件，发挥价格的经济杠杆作用。

3. 一定程度的约束力。这种约束力是政府指导价格存在和发挥作用的前提。具体地说，实行政府指导价格的商品价格和收费标准，其基价、浮动幅度、差率、利润率等，都必须由政府有关部门规定，企业无权变动，只能在政府规定的范围内安排和调整具体价格。

（五）政府指导价格的作用

政府指导价格的特点，决定了政府指导价格对于促进生产、搞活流通，引导消费、调节供求，控制价格总水平等方面有着重要作用。其具体表现在：

1. 有利于国家的宏观经济控制和国民经济的综合平衡

政府指导价格本质上属于计划价格范畴，具有稳定性与灵活性相结合的特点。这就为政府有关部门自觉地运用价值规律，有计划地制定和调整商品价格来调节宏观经济运行创造了条件，政府有关部门在制定指导价格时，对于资源稀缺，市场供不应求的短缺商品，可以安排比较高的基价及价格上涨幅度，以刺激生产、抑制消费；对于资源丰富、滞销积压的商品，可以安排比较低的基价及价格下调幅度，以抑制生产、刺激消费。此外，政府有关部门还可以对不同的商品规定不同的浮动方向和幅度，以调节社会资源的合理配置，促进国民经济按比例地协调发展。

2. 有利于合理地调节国民收入的再分配，正确处理国家、企业和个人之间的经济利益关系

政府指导价格的制定是在保证国家利益的前提下，既考虑了生产者的利益，又考虑了经营者的利益，同时还考虑了消费者的承受能力。对有些商品实行最高限价，可以保护消费者的利益；对有些商品实行最低保护价（最低限价），可以保护生产者的利益。政府有关部门按照实行情况来制定指导价格的基价和上下浮动幅度，可以促进国民收入在不同地区、不同行业、不同阶层的消费者之间的再分配。例如，国家提高某些实行政府指导价格农产品收购价格的基价或向上浮动幅度，明显地增加了农民的收入，但收购价格的提高会使销售价格相应提高，从而增加了城镇居民的消费支出，这实际上是将城镇居民的部分收入转移给农民。

3. 有利于调节投资方向，促进结构合理化

价格变动是企业调整投资方向的指示器。由于政府指导价格具有一定的灵活性，可以反映市场供求关系的变化，因而它可以成为企业投资方向的指示器。同时，它还可以促使企业在一定范围内开展价格竞争，不断提高劳动生产率、降低生产成本、迫使后进企业转产，并促使企业兼并和重组，发挥企业的规模经济效益，优化产业结构。

4. 有利于调节市场供求关系、实现供求大体平衡

政府指导价格一定程度的灵活性使它与市场供求关系紧密联系、相互影响。当市场供求关系发生变化时，企业可以在规定的幅度内调整价格，而价格的调整反过来又会对供求关系产生影响。当市场供求关系发生重大变化时，国家可以适应供求关系的变化，有计划地调整指导价格的基准价、浮动幅度、差率、利润率等因素，以平衡市场供求。

5. 有利于市场物价总水平的基本稳定

政府指导价格的计划性、稳定性和一定程度约束力相结合的特点，使它在总体上可以控制市场物价总水平，防止市场物价总水平发生大的波动。这是因为无论是浮动价格、定率价格还是限制价格，其价格水平都是有严格限制的，价格水平的变动不能超越国家规定的幅度，只能在一定的范围内上下波动。而且，实行政府指导价格的商品都是关系国计民生的，它们的价格在整个价格体系中占有重要的地位，控制了这一部分商品的价格，就可以在很大程度上控制住市场价格总水平。

（六）政府指导价格的现状及执行中应注意的问题

1979 年，我国刚开始实行经济体制改革和价格改革时，政府指导价格就出现了（当时主要叫浮动价格），由于它同时兼有国家定价（即现在的政府定价）和市场调节价格的优点，又可防止两者单独实行的弊病，因此，20 世纪 80 年代曾有人对它给予了很高的评价，提出它是"我国对社会主义制度下价格形式的一种创举和贡献"，并预言随着经济体制改革和价格改革的不断深入，价格形成受市场的影响程度会越来越深，政府指导价格的领域将不断扩大，有可能成为我国的一种主要价格管理形式。但事实上，二十多年来，政府指导价格一直未能成为一种主要的价格形式，而且也没有这种发展趋势。其在各种价格形式中的比重一直维持在 20%以下。而且由于管理上的问题，在某些品种上甚至出现了名存实亡的现象，要么成为没有灵活性的事实上的"第二牌价"，要么成为没有约束力，缺乏计划性的事实上的市场调节价格。

鉴于上述情况，为了更好地发挥政府指导价格的积极作用，今后在其执行和管理中应注意以下问题：

1. 及时调整政府指导价格的基价，使之尽可能地科学和合理。为此，政府有关部门要注意深入调查，准确地掌握商品生产、流通、消费的全面信息，并依据其成本、劳动生产率、市场供求的变化，及时地加以调整，使政府指导价格的基价尽量既反映价值，又反映供求关系；既不能长期不变，又避免频繁变动。一句话就是政府指导价格必须实行"动态"管理，要根据客观情况的变化，及时修正主观认识与客观实际的偏差。

2. 掌握适度的价格上下变动幅度。既不能幅度过小，使政府指导价格变为事实上的政府定价、"第二牌价"，企业的定价自主权难以发挥；又不能幅度太大，使政府指导价格变为事实上的市场调节价格，其计划性难以实现，失去对企业的约束力。

3. 不搞"一刀切"。在地区上，适宜实行全国统一政府指导价格的，就在全国统一执行，不宜在全国统一执行的，应该允许各地区从本地区实际情况出发，制定地区性的政府指导价格；在品种上，应根据不同品种商品的生产、供求情况，灵活实行，可以伸缩变化。凡供求趋于平衡或供过于求的，可由政府指导价格改为市场调节价格。

4. 要加强政府指导价格的管理。政府指导价格作为一种指导性的计划价格，有其严肃的计划性和强制性，对违反政府指导价格有关规定的各种行为，同样应与违反政府定价的规定一样，作为价格违纪违法行为对待，进行严肃的处理，以维持政府指导价格的严肃性。

第三节　市场调节价格

市场调节价格是由经营者自主制定，通过市场竞争所形成的商品价格和收费标准。

一、市场调节价格的形式

我国的市场调节价格形式是随着经济体制改革和价格改革的不断深化而发展起来的，目前，在社会零售商品、农产品和生产资料销售环节中，市场调节价格的比重已超过90%，可以说，我国已基本形成了以市场调节为主的价格机制。

目前，市场调节价格主要包括企业定价和集市贸易价格这两种形式。其中企业定价是市场调节价格的主体，是指工商企业在国家政策的指导下，通过竞争或买卖双方协商所议定的价格，还有一部分由工业或商业企业根据自身的生产经营成本和市场供求情况，单独制定的价格，也属于企业定价的范畴。而集市贸易价格则是农村集市和城市农副产品市场上，由买卖双方协商议定的价格。

市场调节价格的形成有两个显著的特点：其一，定价的主体是商品生产者、经营者，而不是国家；其二，价格是在市场调节的作用下形成的，而不是由国家有计划地规定的。凡是有这两个特点的价格形式都属于市场调节价格。

二、市场调节价格的性质

市场调节价格基本上是由商品生产者、经营者和消费者在市场竞争中形成，并随着市场供求关系的变化而变化。社会主义市场经济条件下的市场调节价格，在一定意义上属于"自由价格"的性质。一般来说，国家不直接干预市场调节价格的价格水平，因为实行市场调节价格的主要是那些对国计民生关系不那么重要，市场供求矛盾不那么尖锐的商品价格和收费标准。它们基本上是商品生产者、经营者和消费者在市场竞争中自发形成的。随供求关系的变化而变化。但是也应该看到，社会主义市场经济是国家控制之下的经济，市场调节价格的"自由"是相对于计划价格（政府定价和政府指导价格）而言的，要受到国家直接或间接的干预，主要表现在：

第一，市场调节价格的范围是由国家规定的，国家（主要是各级政府价格主管部门或业务主管部门）可以根据不同时期政治、经济形势的变化，随时调整或重新规定市场调节价格的范围。

第二，市场调节价格是在竞争中形成的，同时受国家的调节和控制。这样，市场调节价格虽然由企业自主决定，但要受到国家经济的、行政的或法律的约束，必须遵守国家规定的价格方针、政策和法规，当某些商品出现严重供不应求或供过于求时，国家为防止价格暴涨暴落，也会采取最高限价或最低保护价等行政手段进行控制。

第三，国家对市场调节价格的控制还表现在对部分商品价格要实行申报、备案制度。凡市场调节价格形式中的某些紧缺商品或较重要的收费项目，价格主管部门或业务主管部门都制定有提价申报、备案制度。

从上述意义上讲，市场调节价格只是一种不完全的自由价格。它自由的范围和程度都受到一定的限制。

三、市场调节价格的特点

与计划价格相比，市场调节价格有下列特点：

（一）直接性和自动性

市场调节价格是在市场上经过生产者、经营者、消费者相互之间的竞争所确定的，能直接地、自动地反映商品价值和市场供求的变化，生产经营者可根据商品成本变化和市场供求状况，及时、灵活地调整商品价格，使之在市场竞争中处于有利地位。

（二）灵活多样性

这是由实行市场调节价格的商品品种繁多、规格复杂、质量不一、产销情况多变所决定的。其主要表现是：同一商品、同一时间、同一地区，价格可以因人而异，有高有低；同一商品、同一地区、不同时间甚至不同时点，价格也不相同，例如集市贸易价格中特有的"时点差价"。

（三）较大的盲目性

由于商品生产者、经营者直接与市场相联系，而其所处的地位有一定的局限性，在制定或调整价格时，难以纵观全局，把握瞬息万变的市场情况，往往只能根据一时一地的市场供求情况，因而会出现一些盲目性，甚至造成人力、物力、财力上的损失。

（四）自发调节自动平衡的特点

市场调节价格的不断变化，调节着市场商品供应量与需求量，使供求在总量上和结构上逐渐适应，从而达到供求平衡。因此，从较长时期看，其价格总是围绕着市场价值或其转化形态上下波动的。

四、市场调节价格的作用

市场调节价格的特点，决定了随着社会主义市场经济体制的逐步确立，市场调节价格将越来越显示出其他价格形式不可替代的作用。其主要表现在以下几个方面：

（一）可以促使商品生产经营者之间展开竞争，创造经济效益

市场经济的一个重要特点就是竞争。只有竞争，才能对企业的生产经营活动形成外部压力，才能促使企业向前发展。对单个商品生产经营企业来说，竞争的内容很多，但价格竞争是最重要的竞争。企业在竞争中能否充分利用价格手段，主要取决于企业的生产经营状况。因此，市场调节价格不仅有利于企业之间进行竞争，还有利于促使企业通过竞争，不断改善经营管理、降低生产经营成本、创造企业经济效益。

（二）有利于引导生产经营者根据市场需要组织商品的生产和流通

随着社会主义市场经济体制的确立，企业生产、经营和价格自主权越来越大，其生产经营成果与企业和企业职工的个人利益联系也越来越紧密，而价格作为经济利益的调节者，其高低变化则直接影响到企业及其职工获利的多少，因此，商品生产经营者必须关心商品价格。市场调节价格的变动与市场商品的供求关系紧密联系，商品生产经营者为了获得好的经济效益，必须把自己的生产经营要素投到价格高利润大的商品上，而价格高利润大的商品往往是供不应求的或消费者急需的商品。生产经营者在取得可观经济效益的同时，也满足了社会需要，取得了良好的社会效益。因此，市场调节价格能够引导商品生产经营者根据市场需要组织商品生产和流通。

（三）有利于实现价格体系的合理化

价格体系合理化的一个重要标志就是商品的价格要准确地反映商品价值或其转化形态。现实经济生活中，由于商品价值或其转化形态还无法直接测定，而只能通过竞争反映出来。因此，对于一些品种繁多、供求变化快及对人民生活不太重要的商品价格和收费标准，需要通过市场调节价格形式，由商品生产经营者在竞争中根据商品成本和市场供求关系变化及时地调整、变动价格，才能实现价格体系的合理化。

五、社会主义市场经济条件下价格机制的基本格局

《中华人民共和国价格法》第三条明确规定了在社会主义市场经济条件下价格体制的基本格局："国家实行并逐步完善宏观经济调控下主要由市场形成价格的机制。价格的制定应当符合价值规律，大多数商品和服务价格实行市场调节价格，极少数商品和服务价格实行政府指导价格和政府定价。"

实行市场调节价格的经营者定价，应当遵循公平、合法和诚实信用的原则。经营者定价的基本依据是生产经营成本和市场供求状况。经营者应当努力改善生产经营管理，降低生产经营成本，为消费者提供价格合理的服务，并在市场竞争中获取合法利润。

本 章 小 结

● 价格形式是由于价格形成方式不同所形成的不同价格类别。价格形成方式实质上是价值规律运动的表现形式。

● 直接决定价格形式的是价格管理方式。它由我国目前多层次的社会生产力发展水平、所有制关系、生产关系的性质及具体国情所决定，我国现阶段采取了市场调节价格、政府定价、政府指导价格三种价格形式并存的价格管理模式。

●《中华人民共和国价格法》明确规定："国家实行并逐步完善宏观经济调控下主要由市场形成价格的机制。价格的制定应当符合价值规律，大多数商品和服务价格实行市场调节价格，极少数商品和服务实行政府指导价格或者政府定价。"

● 政府定价、政府指导价格、市场调节价格的含义、性质、特点、形式、适用范围、现状及发展趋势。

复习思考题

1. 简述价格形式的含义和种类？
2. 价格形式与价格管理方式的关系如何？
3. 简述现阶段三种价格形式并存的客观依据。
4. 简述社会主义市场经济条件下价格机制的基本格局。
5. 政府定价的特点和作用有哪些？
6. 政府指导价格的含义是什么？有哪些形式？其性质、特点和发展趋势如何？
7. 市场调节价格就是"自由价格"吗？它在市场经济中有哪些作用？

第十一章　进出口商品国内价格

学习目的和要求　我国加入 WTO 后，在对外开放参与国际市场的交换和竞争中，价格问题已经成为对外贸易活动中的一个重要组成部分。通过本章的学习，要明确国际市场价格形成及其与国内市场价格的关系；掌握进出口商品价格的制定原则、方法和具体计算步骤；明确价格条件与计价货币的选择。为我国企业更好地走向国际市场，与国际接轨提供价格策略上的帮助。

第一节　国际市场价格形成及其与国内市场价格的关系

一、国际市场价格的含义

国际市场价格也称世界市场价格或国际价格。它是国际范围内商品市场价值及其转化形态的货币表现，是某种商品在国际市场上一定时期内形成的具有代表性的成交价格。具有代表性的成交价格通常是指：1. 某种商品国际交易集散地的成交价格。例如羊毛、椰子和天然橡胶的价格。2. 某种商品主要出口国（或地区）具有代表性的出口价格。例如沙特阿拉伯的原油价格。3. 某种商品主要进口国（或地区）具有代表性的进口价格，例如日本东京的钢材价格。4. 某些重要商品的拍卖价格、开标价格等。

国际市场价格基本上是自发形成的，是由国际价值、货币价值或汇价、供求关系等因素决定的，并随着生产费用、汇率、供求关系的变化而变动。国际市场竞争和供求关系使国际价格围绕市场价值不断波动，有时会暴涨暴跌。

二、影响或决定国际市场价格形成与变动的基本因素

（一）国际价值（或其转化形态）是国际市场价格形成和变动的基础

国际市场价格是国际市场价值的货币表现，而商品和劳务的国际价值是通过同种商品和劳务的国际市场竞争形成的，其价值量是在世界的正常生产条件下，由世界平均的劳动强度和劳动熟练程度，生产单位标准质量的商品和劳务所耗费的世界必要劳动时间决定的。一个商品和劳务的世界必要劳动时间大体上相当于参加国际贸易的有关国家社会必要劳动时间的平均数。

在世界对外贸易发展的不同时期，国际价格形成的基础是不同的。在国际贸易发展初期，商品交换基本上是按价值进行的，因而商品价值就是当时国际价格形成的基础。但是，随着资本主义的发展，竞争使利润转化为平均利润，价值转化为生产价格，商品交换不再直接以价值为基础，而是以生产价格为基础。因此，在当今国际市场上，国际市场价格形成的基础是国际生产价格。国际生产价格是国际价值的转化形态，它取决于各国生产成本和各国的平均利润之和。国际市场定价成本主要包括生产环节和流通环节所耗费的成本以及市场风险所带来的成本。国际市场价格的成本因素除考虑生产环节的成本费用外，更要考虑流通环节的成本费用，包括运输费用、中间商费用、风险成本（汇率风险、信贷通货膨胀引起的金融风险、政治风险）、进口关税和其他捐税等对国际市场价值的影响。

（二）货币价值及其对外汇价是影响或决定国际价格变动的又一基本因素

价格是商品价值的货币表现，货币价值的变动直接影响着价格变动。因此，国际市场价格的变动不仅受商品价值的制约，而且还受货币价值变动的影响。在当代国际市场流通的是纸币。在纸币与黄金脱钩的条件下，纸币不再是一定量黄金的价值符号。一个国家的纸币所代表的价值，既表现为对内价值，又表现为对外价值即汇价或汇率。

汇价也称汇率，是指一个国家的货币的对外价值，即一个国家的货币和另一个国家的货币之间的比价。20世纪70年代以来，各国基本上都废除了固定汇率制度，通过调整汇率来影响本国货币对外国货币的比价，从而直接或间接引起进出口商品价格和国际市场价格的变动。如果货币贬值，在一定时期内降低了本国货币在国外的购买力，使得用外币表示的本国出口商品价格下降，提高了本国出口商品竞争能力；同时促使用本国货币表示的进口商品价格上升，从而起到扩大出口和限制进口的作用。如果货币升值，在一定时期内提高了本国货币在国外的购买力，使得用本国货币表示的进口商品价格下跌，从而有利于降低进口商品成本和价格；另外，使得用外币表现的本国出口商品价格上升，削弱了本国出口商品在国际市场的竞争能力，因而不利于出口。

由于美元是国际贸易中主要的计价货币，目前约占国际贸易金额的一半以上。一般来说，美元的升值或汇率上浮，会导致以美元计价的商品价格下跌；美元的贬值或汇率下浮，会导致以美元计价的商品价格上升。美元汇率的变动会引起一系列国家的汇率变化，导致国内商品和国外商品相对价格的变化，从而改变着国内市场价格和国际市场价格的比例关系。

（三）国际市场供求关系是影响和决定国际市场价格的直接因素

国际市场供求关系是指一定时期内世界各国向国际市场提供的商品总量与国际市场对它有支付能力的需求量之间的对比关系。当这种比例关系发生变化时，国际市场价格也会随之发生变化。当国际市场上某种商品供给大于需求时，该商品的国际市场价格就会呈下降趋势；当国际市场上某种商品供给小于需求时，该商品的国际市场价格就会呈上升趋势。而国际市场价格的上涨和下跌，又会反过来调节国际市场的供给和需求。供求关系变化对国际市场价格的影响力的大小，一般取决于国际市场竞争的程度。凡是国际竞争比较激烈的商品和劳务，供求变化对价格的影响就大些；反之，影响则小些。供求关系的变化是影响和决定国际市场价格的直接因素或短期因素，国际市场价格随着供求关系的变化而变动。

影响国际市场供求关系和国际市场价格变化的因素很多，其中重要的因素表现在以下几个方面：

1. 国际市场竞争

国际市场上供求关系所反映的国际生产和国际需求之间的矛盾运动，最终是通过竞争得到暂时的解决。国际市场竞争是从以下几个方面展开的：（1）卖主之间的竞争。在国际市场上同一商品往往是由许多国家的不同卖主来提供的。在卖主多、库存量大的情况下，为使自己的商品尽快脱手，卖者之间的竞争经常采取降价销售的方式，所以，卖者之间的竞争，往往导致国际市场价格下降。（2）买主之间的竞争，在国际市场上，同一商品可能有许多买主竞相购买，在买主多，求购心切的情况下，买主之间的竞争，往往导致国际市场价格上涨。（3）卖主与买主之间的竞争。卖主和买主之间的竞争对国际市场价格的影响，因市场供求状况和竞争双方力量对比关系的不同而不同。在市场供过于求的情况下，卖主之间竞争的激烈程度必然超过买主之间的竞争，导致国际市场价格下跌，竞争迫使国际市场价格随着供求关系的变化而不断波动。

2. 垄断和垄断价格

在当今国际市场上，垄断与竞争并存，尽管垄断势力不可能完全排斥竞争，竞争规律始终在发挥作用。但是，垄断对国际市场价格的影响却是不容忽视的。

垄断控制国际市场价格的手段主要有组织卡特尔、价格领导制、康采恩、贸易协会等。这些组织所确定的价格就是垄断价格，即垄断组织凭借自己的垄断地位而确定或操纵的一种国际市场价格。其价格形式有垄断低价、垄断高价、转账价格等。垄断价格一般高于或低于商品价值和生产价格，是垄断组织获取垄断利润的一个主要手段。而垄断价格作为垄断资本主义的一个经济范畴形成了一个价格体系，成为垄断集团在经济上实行统治的最重要的工具。垄断组织对国际市场价格的影响，取决于它们对国际市场的垄断程度。垄断程度越高，其控制国际市场价格的能力就越强；垄断程度越低，竞争越激烈，垄断组织控制国际市场价格的能力就越弱。

3. 经济周期

在国际市场上，商品价格随着资本主义再生产周期变动的一般规律是：在经济危机阶段，生产大量相对过剩，供给大大超过需求，导致商品价格下跌；在经济萧条阶段，由于市场需求不足，价格表现为疲软；在经济复苏阶段，由于市场需求扩大，价格有所回升；在经济高涨阶段，由于市场需求急剧膨胀，导致价格持续上涨。资本主义再生产周期性变化制约着国际市场的供求关系，从而制约着国际市场价格，它对国际市场价格的影响具有普遍性。

4. 各国政府的国家干预

随着国际竞争的加剧，各国政府普遍加强了对经济活动的干预。这些干预措施一般直接影响着国内市场价格的形成和变化，进而影响到国际市场价格。

国家干预政策包括政治的、经济的、文化的政策。其中经济的政策干预一般分为直接干预和间接干预两类。直接干预包括对国有化企业的商品和劳务直接规定价格；国家与私人垄断组织交易时共同制定商品和劳务的价格；对某些商品实行价格补贴；必要时实行冻结价格制度等。间接干预主要是通过财政、货币、信贷等政策进行干预。

三、国际市场价格与我国国内市场价格的关系

国内外市场价格的关系，简单地说就是进口商品的国内市场销售价格和出口商品的国内收购价格如何确定的问题，也就是说国内外价格是脱钩还是挂钩的问题。1979 年以前，在传统的计划经济体制下，我国协调国内外市场价格关系一直是采用内外有别、分别作价的办法，人为地割裂了国内价格与国际市场价格的内在联系。在国际市场上，进出口商品的成交价格一般随行就市，按照国际价格作价；在国内市场上，进出口商品的收购价格和销售价格则执行国家价格管理规定，基本上以国内价格为基础作价。这种作价办法使国内外价格基本脱钩，在特定的历史条件下是可行的，曾经起到了一定的积极作用。但是，随着我国在国际分工体系中地位的日趋提高和我国进出口贸易额的不断扩大，特别是我国加入世界贸易组织以后，工贸企业要成为独立的经济实体，自负盈亏、自主经营，"内外有别，分别作价"的原则已经不适应我国对外开放、对内搞活的经济发展的需要和社会主义市场经济体制的要求。

从 1984 年起，我国对外贸易管理体制进行重大改革，进出口逐步实行代理制，以逐步实现国内外市场价格的挂钩。所谓代理制即由外贸企业提供国际市场行情，接受生产企业或内贸企业委托，按其指定的价格或协商议定的价格办理进口或出口，并收取一定的手续费，盈亏由委托单位负责。这样，出口商品价格与国际市场价格直接挂钩，出口企业的盈亏取决于产品成本的高低和商品在国际市场上售价的高低；进口商品国内价格也与国际市场价格直接挂钩，进口商品国内售价的高低，取决于国外进价的高低。

我国目前国内价格与国际市场价格关系的现状是：部分商品已实行国内外价格的衔接，部分商品国内外价格还在脱钩之中。总体来说，是既挂钩，又不挂钩，对

我有利就挂钩，对我不利就不挂钩。国内外市场价格的挂钩和脱钩的前提条件是：经济发展水平、劳动生产率和科学技术水平的差异、劳动力、资本、商品在国内外自由转移程度。因此，如何处理国内外价格关系，如何有效地衔接国内外价格之间的差别，已是摆在社会主义市场经济体制确定后的一个重要课题。

四、国内市场价格与国际市场价格的区别

国内外市场价格涉及两个性质不同的市场，两种性质不同的货币金融体系，两种不同制度下的价格体系和价格政策，因此，在我国社会主义市场经济体制下，国内市场价格与国际市场价格存在以下区别：

（一）价格形成的基础不同

价格形成的基础是价值，一般来说，国内市场价值是在本国范围内形成的，是由本国的生产条件决定的；而国际市场价值是在世界范围内形成的，是由参加国际贸易的各国的平均生产条件决定的，因而两者相比较有以下区别：一是劳动的中等强度不同。在世界市场上，国家不同，劳动的中等强度就不同，有的国家高些，有的国家低些，于是各国的平均数形成一个阶梯，它的计量单位是世界劳动的平均单位。二是各国的生产效率不同。正是因为国内外价值形成的范围和条件不同，同一商品或劳务的国内市场价值和国际市场价值往往不同，国内市场价格和国际市场价格也往往不同。

（二）价格构成不尽相同

商品价格的构成一般是由生产成本、流通费用、企业利润和国家税金四个部分组成的。但国际市场价格所包含的内容比较复杂，并具有和国内市场价格不同的特点。首先，国际市场价格中流通费用所占的比重比较大，除了国内流通费用外，还包括国际间的长途运输费、保险费、商检费、银行手续费、中间商的佣金等。其次，在国际市场竞争中，各出口国家对本国出口商品，大多不征收关税和国内税，或者把已征的国内税在出口时退还给出口商。我国在对外贸易中，也陆续对绝大部分出口商品免征关税，对所有出口商品退还已征的国内税。所以，无论是出口商品，还是进口商品，在国际市场上的成交价格，绝大多数是不含税的价格，这与国内的商品价格构成有很大的不同。最后，由国际交换的特点所决定，国际市场价格构成中商业利润所占的比重往往也较大。

（三）价格形成的特点不同

在社会主义市场经济条件下，有关国计民生的主要商品实行政府定价和政府指导价格，其价格一般相对稳定；对价格放开的商品，也要由政府和各方面进行监督和管理，防止市场机制自发盲目调节引起的价格大幅度波动。而国际市场价格，则主要由市场供求自发调节，价格时涨时落，很不稳定，即便是大宗商品的交易，有时一天之内的开盘价和收盘价之间，也会发生很大的变化。

五、国内市场价格与国际市场价格之间的联系

国内外市场价格之间的联系是以国内外市场之间的"物流"为基础的。只要有对外贸易，通过对外贸易活动，国内外市场价格之间就必然存在着联系，这种联系最主要的反映在进出口贸易上，即通过进出口贸易对商品价值、成本、供求三个方面使国内市场价格的水平和变动趋向于国际市场价格。

（一）进出口贸易通过对商品价值的影响，使国内市场价格趋向于国际市场价格

无论是发达国家还是发展中国家，引进先进的科学技术、设备、产品和专利一直是进口贸易的一项重要内容。当它们被引入国内并形成实际生产能力后必然会带动国内劳动生产率随之提高，单位产品价值随之降低，从而使国内价值和国际价值相接近。另外，先进的技术条件下生产的产品在国际竞争中也具有优势，在国际市场上的销量可能会大大增加，占国际市场总销售量的比重会因此而提高，从而国内价值对国际价值的决定作用加强。在其他条件不变的情况下，由于国内价值与国际价值相接近，国内市场价格会因此而趋向于国际市场价格。

（二）进出口贸易还通过对商品成本的影响，使国内市场价格趋向于国际市场价格

进口商品被生产消费和生活消费后，它的价格将直接或间接地成为国内商品的成本，在其他条件不变的情况下，它将会引起国内商品价格发生相应变动。生产资料商品的进口，会使国内制成品价格与国际市场价格发生同方向的变动；消费资料商品的进口对成本的影响与国际市场变化方向也是基本一致的，同时，对国内外同类商品比价关系的影响是基本一致的。当然，进口商品的种类不同，对国内价格的影响程度也不会完全相同。一般来说，生产技术设备对价格的影响不那么明显，而原材料价格对制成品价格的影响则要明显得多。

出口商品价格的高低也会在一定程度上影响国内成本，引起国内市场价格随国际市场价格变化而作出相应变动。就初级产品来说，国际市场价格升高，需求量增大，为了多出口、多创汇，就必须扩大国内生产。但是，无论是农产品，还是矿产品，由于受自然条件的限制，劳动生产率处于下降趋势，因而随产量的增加，单位产品成本或多或少会上升，从而引起国内市场价格上升。就加工品来说，国际市场价格升高，为了抓住国际市场机会，短期内迅速扩大生产，一般也会增加成本，产品的国内市场价格也有可能因此而受到影响。

（三）进出口贸易通过调节国内市场供求也会使国内市场价格趋向于国际市场价格

在正常情况下，进出口贸易是以商品的国内外市场价格之间的差别为依据的，即通过比较国内外市场价格，国际市场价格高则出口，国际市场价格低则进口。就

某种商品来讲，当国际市场价格高于国内市场价格时，企业为了追求超额利润往往会把更多的商品用于出口。随着出口贸易的扩大，国内市场的供求关系也会发生变化，供给量减少，引起国内市场价格上升。相反，当国际市场价格低于国内市场价格时，企业就会多进口该种商品，国内市场供给量将会增加，从而引起国内市场价格下降。

综上所述，由于国内外的商品交换和进出口贸易，国内市场价格和国际市场价格在水平上和变动方向上会不同程度地趋于一致。我国加入 WTO 后，进出口贸易量占世界总贸易量的比重不断扩大，国内外市场价格之间的联系日益密切。

第二节　进出口商品价格的制定

20 世纪 80 年代以后，随着对外开放的不断扩大，中国经济初步实现了从封闭式经济向开放式经济的转轨。进入 21 世纪后，中国已成为开放型经济中崛起的贸易大国，伴随着贸易的不断扩展，日益融入全球一体化的中国经济在获取了相应的开放经济利益的同时，也带来了相应的风险和冲击。

一、出口商品价格的制定

出口商品价格包括出口商品国内收购价格和国外销售价格两部分。

（一）出口商品国内收购价格

1. 出口商品国内收购价格的种类

出口商品国内收购价格是外贸企业或有进出口自主权的企业在国内收购出口商品时所使用的价格。

中华人民共和国成立以后很长的时间里，我国的出口贸易一直实行国家统一制，在国家统一安排下有计划地进行。出口货源实行收购制，由外贸、商业、粮食、供销物资等部门收购，然后由外贸部门负责出口。因此，当时的出口商品国内价格包括外贸、商业、粮食、供销、物资等部门向工农业生产单位收购商品的价格以及国内上述部门收购后供应外贸企业出口的外贸拨交价格。1984 年以后，我国外贸体制进行了重大改革，外贸部门对进出口经营基本上实行了代理制，即由外贸企业提供国际市场行情，接受国内生产企业或外贸企业的委托，按其指定的价格对外贸易，并收取手续费。这样，目前除少数仍由外贸企业自营或拥有直接出口权单位经营的商品外，大多数商品将不再发生供货企业与外贸企业之间的拨交价格。出口商品国内价格主要指国内各经营部门向工农业生产者收购供出口的商品价格以及一部分有权自行经营出口的生产企业制定的出口商品价格。

2. 出口商品国内价格制定的原则

党的十一届三中全会以前，我国出口商品一直实行以内销商品收购价为基础，同质同价、优质优价、按质论价的原则，既不考虑国际市场价格，又不考虑出口商品与外商成交价格的外币价格，实际上是使我国出口商品的国内价格与国际市场价格基本脱钩。我国加入 WTO 后，为了发展对外贸易，促进出口商品的生产，提高出口商品质量和出口商品的换汇率，出口商品国内价格的作价原则有了很大改变，虽然仍是以内销价格为基础，但采取了一些灵活措施，在确定定价原则时将生产者盈亏与出口经营者盈亏同时考虑，把出口换汇率作为确定出口收购价格的重要因素，对国内价格与国际价格实行既挂钩，又不挂钩，对我有利就挂钩，对我不利就不挂钩的原则。合理制定出口商品国内收购价格要遵循以下原则：

（1）要体现经济规律的要求。出口产品的生产和交换，既受国内经济规律的支配，也受国际范围内经济规律的支配。出口商品的生产企业作为相对独立的经济实体、在正常生产、合理经营的条件下，只要是具有中等生产条件和中等管理水平的企业，最低应获得国内同部门或同行业的利润水平，一般还应获得略高于部门或行业的平均水平，这样的价格才能体现经济规律的要求，调动出口生产企业的积极性，为国家创造更多的外汇收入。

（2）要有利于提高出口商品的质量和档次，开发新产品、增强出口商品在国际市场上的竞争能力。为此，在制定出口商品国内价格时必须贯彻按质论价的原则，做到优质优价、劣质低价、同质同价，鼓励企业多生产优质产品，只有这样才能促使出口商品生产企业不断提高商品质量档次，生产优质和适销对路的品种。

（3）要有利于促进出口商品包装装潢的不断改进。商品包装具有实现商品价值和保护商品使用价值的作用。出口商品的包装既要起到保护商品、美化商品和宣传商品的作用，又要便于商品的陈列和销售，方便消费者识别、携带和使用。包装的质量不同，商品的销售价格也会不同。因此，在制定出口商品国内收购价格时，对同一种商品应根据包装水平的不同而制定不同的价格。

（4）适应经济体制改革和外贸体制改革的需要，使出口商品价格形式多样化。对那些关系国计民生的、大宗的、资源性的、国际市场垄断和某些特殊的出口商品收购价格，实行政府定价，对那些主要供应出口、国际市场容量有限、需求弹性较大、价格比较敏感、国内货源有限、需要内外销统筹安排的出口商品的国内收购价格，可实行政府指导价；上述两类以外的出口商品国内收购价格可根据不同商品的经营方式及重要程度，分别实行出口代理价格、联营价格、市场调节价格等价格形式。

3. 出口商品国内作价办法

绝大多数出口商品国内价格的计算和作价办法与内销商品是一样的，可根据不同情况，分别采用成本导向定价法、需求导向定价法、竞争导向定价法。但有些商品在品质、包装、零配件等方面有特殊需求的，则应在内销价格的基础上，考虑国际市场行情，加上合理的包装差价、质量差价、零配件价格及副次品补贴金额、超产转内销损失补贴金额等。常用的出口商品国内收购价格的制定方式有：

（1）出口商品代理作价。它是指外贸企业受供货企业委托，将出口商品在国际市场上销售，由委托出口企业自行制定出口商品的国外销售价格，外贸企业收取一定的代理手续费，盈亏由出口企业自负。

实行外贸代理出口的商品，其出口代理结算价格采取"逆算法"，即按出口商品国外卖价扣除国外运费、保险费（如按 FOB 价成交时没有这两项内容）、佣金、代垫国内费用，再扣除外贸代理手续费，需缴纳出口关税的，还要扣除关税额，其计算公式是：

$$\begin{aligned}委托外贸出口代理结算价格 = &\left(出口商品CIF卖价 - 支付国外运费 - 保险费 - 佣金 - 外贸代理手续费\right) \times 人民币外汇牌价 \\ &- 代垫国内费用 - 出口税金\end{aligned}$$

（2）出口商品自营作价。它是指外贸企业参考国内同类商品的价格，在国际市场上按照国际市场价格进行销售，出口盈亏由外贸企业自负。

对于实行自营出口的商品，其国内收购价格的制定方法主要有两种：一种是对国家仍实行计划配额管理的少数特别重要的出口商品，外贸企业原则上按政府规定的价格和浮动幅度来制定出口商品的国内收购价格；另一种是对实行市场调节价格的商品，一般由工贸双方或农贸双方参考国内同类商品的价格定价。其计算公式是：

$$农副产品外贸收购价格 = 国内收购价 + 质量差价 + 包装差价$$

$$工业品外贸进货价格 = 出厂价格 + 增值税 = 生产成本 \times (1+利润率) \times (1+增值税税率)$$

如果出口商品属于国家规定征收消费税的商品，还应该包括消费税。其计算公式为：

$$外贸进货价格 = \frac{出厂价格}{1-消费税税率} + 增值税 = \frac{生产成本 \times (1+利润率)}{1-消费税税率} \times (1+增值税税率)$$

外贸企业在商品出口后，可向有关部门申请退回消费税和增值税。

（3）出口商品配额招标作价。对于国家规定计划配额或外国有配额的出口商品，在国内实行公司招标的办法，选择有优势的企业组织出口，以提高出口效益。

实行配额招标的办法，对于中标企业的作价要求是配额价格不低于全部投标企业投标配额价格的平均水平。投标企业平均配额价格的计算公式是：

$$投标企业平均配额价格 = \frac{全部投标企业配额价格之和}{投标企业数}$$

（二）出口商品国外销售价格

1. 出口商品国外销售价格的作价原则

出口商品国外销售价格即出口商品的国际市场价格，是出口商品在国际市场上具有代表性的成交价格。

在国际贸易中，激烈的竞争，使国际市场价格变化多端。加上买卖双方身处异地，相隔较远，交易的商品往往需要经过长途运输，所以交易条件和交易过程远比国内复杂。面对这样的条件，出口商品国外销售价格，应遵循以下原则：

（1）坚持平等互利的原则，按照国际市场价格水平作价。在对外贸易中，我国一向主张平等互利的原则，与任何一个国家或地区所进行的一切贸易活动都要根据双方的需要与可能，使双方平等地获得各自的利益。对于出口商品，应根据其不同特点，参考国际市场价格水平，确定合理的价格，力争扩大销售，增加收入。

（2）配合国家政治、经济、外交上的需要，结合销售意图、区别对待，灵活作价：对于以我国企业为主要供货人，在国际市场上属于垄断地位的出口商品，要把价格稳定在对我国有利的水平上，防止因价格大幅度涨落而刺激其他国家生产或增加代用品，使我国商品处于不利地位；对于尚未打开销路的新产品，价格可以定得低一些，使价格具有竞争性，以吸引买主，扩大销量；对于一些具有独特风格的商品（如某些工艺品），可采取声望定价策略，制定较高的价格；对于一些竞争激烈的商品，或者一些库存量大又急于销售的商品，为了保护市场，促进成交，可以采取竞争性价格策略，制定相对较低的价格。

（3）结合国别或地区政策作价。在一般情况下，出口商品应按照国际市场价格水平作价。但有时出于国家政治和经济的目的，对不同的商品和不同的国家或地区需要区别对待，使出口商品异于国际市场价格水平。

（4）统一政策，联合对外。世界各国为维护自身利益，往往采取限额进口等贸易保护手段，为避免出口企业削价竞争，造成"肥水外流"，出口企业应协调一致，联合对外。

2. 出口商品换汇成本的核算

出口商品换汇成本也称出口换汇率。它是出口商品换回单位外汇需要多少人民币成本，即出口成本（人民币）与外汇收入（美元）之间的比率，表示换回一个单位外币（通常用美元表示）需要出口多少人民币的商品。它反映了出口商品创汇的能力，是衡量出口商品盈亏情况的一项重要指标。如果一项出口贸易在正常生产、合理经营、照章纳税的情况下，能收回出口成本，并有适当的利润，那么这样的贸易就需要大力发展。凡换汇成本低于外汇结算价格的为盈利；高于外汇结算价格的为亏损。出口商品换汇成本的计算，主要涉及出口商品总成本和出口商品净收汇两个指标：

（1）出口商品总成本。出口商品总成本即 FOB 成本，是外贸企业从生产或供货单位购进商品的价格加上把商品运到港口装船为止的一切费用的总和，通常用人民币表示。如果出口商品要缴纳关税，还要加关税（这主要是对一些资源比较紧缺的战略性物资所征收的出口关税）。对大多数商品而言，不仅没有出口关税，为了促进商品出口，扩大对外贸易，增加外汇收入，我国从 1988 年开始，还对出口商品实行了出口退税制度，从企业微观经济角度来讲，出口商品总成本还应减去商品出口后，税务机关所退返的出口商品所缴纳的国内税以及用进口原材料、半成品加工成为制成品出口时所退返的进口原材料、半成品所缴纳的进口关税。出口商品总成本的计算公式是：

进货成本＝进货价格＋进货费用

出口总成本＝进货成本＋商品流通费用

或＝进货成本／（1−商品流通费费率）

（2）出口商品净收汇。它是出口商品的外汇收入减去出口过程中支付的各项外汇费用（运保费、佣金等）后的余额，即 FOB 净收汇。如果按成本加运保费价格对外成交出口的，则应从成本加运保费价格中减去所发生的应由我方以外汇形式支付的，由我国口岸运到外国口岸的运费、保险费及佣金。

（3）出口换汇成本和换汇率的计算

$$换汇成本＝\frac{出口商品总成本（人民币）}{出口商品净收汇（美元）}$$

$$换汇率＝\frac{出口商品净收汇（美元）}{出口商品总成本（人民币）}×100\%$$

换汇率表明用多少人民币的出口商品换回单位美元的比例，与换汇成本成倒数关系。

另外，由于国家对出口商品实行退税政策，退税收入也是外贸企业收入的一个重要来源。因此，税后换汇成本成为外贸企业的一个重要考核指标。

$$税后换汇成本＝\frac{出口商品总成本−出口商品退税额}{出口商品净收汇}$$

一般来说，换汇成本用于出口商品的经营效果分析，通过对不同种类出口商品换汇成本高低的比较，可作为调整出口商品结构和扭亏增盈的依据。通过对同一类商品出口到不同国家或地区换汇成本高低的比较，可作为选择出口市场的基本依据；通过对同一类商品不同时期的换汇成本的比较，可作为检查该商品换汇成本变化的原因。

3. 出口商品的盈亏核算

进行出口商品的盈亏核算对于选择对我国有利的商品出口，争取最佳经济效益，有着十分重要的意义。它包括出口商品盈亏额和出口商品盈亏率两个指标。前者是将出口商品所得的外汇收入折合为人民币后减去出口商品总成本及出口退税额后的余额；后者是出口商品盈亏额与出口总成本之间的比率，它们都是考核商品盈亏情况的重要指标。其计算公式是：

出口商品盈亏额＝出口商品外汇净收入－出口总成本＋出口退税额

$$出口商品盈亏率＝\frac{出口商品盈亏额}{出口总成本}×100\%$$

上面计算结果如果为正数，就为盈利率；如果为负数，就为亏损率。盈亏率还可用换汇成本来表示：

$$盈亏率＝\frac{外汇牌价（市价）－退税后换汇成本}{退税后换汇成本}×100\%$$

4. 外汇增值率的核算

为了判断以进养出，用进口原材料加工为成品后出口的商品的外汇增值情况，需要计算外汇增值率指标。外汇增值率又叫出口创汇率，它是成品出口的外汇净收入减去进口原材料外汇成本后的增值额与进口原材料外汇成本的比率。其计算公式是：

$$外汇增值率＝\frac{成品出口外汇净收入－原材料进口外汇成本}{原材料进口外汇成本}×100\%$$

外汇增值率还可用来判断某一商品是出口原材料有利，还是加工为成品后出口有利。因为我国现阶段有些原材料价格仍然偏低，价格低于价值，有的还享受了优惠和补贴，所以原材料要用国际市场价格计算外汇成本，以防止出现虚假效益。

二、进口商品国内市场价格

（一）进口商品国内价格的种类

通常所说的进口商品国内价格主要指进口商品从进入国境起到进入消费领域的各种销售价格。它包括外贸部门和其他有进出口经营权的企业自营或代理进口的各类商品拨交给国内商业企业、物资企业、生产企业或其他订货单位的拨交价、批发价、供应价、零售价以及代理价等。这种价格一般用人民币表示。

（二）影响进口商品国内价格的因素

1. 国际市场价格水平及其变动趋势是影响进口商品国内价格的最主要、最基本的因素。所谓国际市场价格是指国际市场上某种商品在一定时期内具有代表性的成交价格。随着我国对外贸易的不断扩大。国际市场价格变动对我国进口商品乃至整个国内物价水平的影响越来越大，我们应针对不同商品的具体情况，采取不同的相应对策。

2. 人民币汇率的变动是影响进口商品国内价格的又一个基本因素。人民币汇率的变动将会影响进口商品的进口成本，从而影响进口商品国内价格。降低人民币汇率，进口成本增加，进口商品国内价格上升。

3. 关税和国内税是影响进口商品国内价格的重要因素。随着我国恢复在《关税与贸易总协定》的缔约国地位和加入 WTO，我国的进出口贸易和整个国民经济发展将面临一个十分有利的国际环境，从而有利于巩固和改善我国在国际贸易格局中的地位。但同时也将使我国国民经济面临巨大的挑战，其中一个重要方面就是要作出关税减让。在关税减让以后，进口商品的价格有了降价的余地，国产商品的价格竞争优势将所剩无几，有些商品市场占有率有可能大幅度下降，对此，有关企业应及时应对。

4. 进口商品的费用也是影响进口商品国内价格的一个因素。进口费用的高低不仅影响进口成本和进口商品的国内价格，而且也影响进口企业的经济效益。因此，降低进口费用是改善经营管理，合理组织进口商品流通的基本内容之一。

（三）进口商品国内作价的原则

1984 年以前，为了贯彻执行自力更生为主的经济建设方针，鼓励用户消费国产商品，我国一直实行进口商品比照国产商品作价的原则。1984 年外贸体制改革后，外贸部门对进口经营逐步实行以代理制为主的作价原则，实际上是国内外价格挂钩的一种作价办法。它不仅有利于企业加强经济核算、节约外汇支出、支持国内生产，而且也能真实地反映生产企业的成本，对用户了解国际行情，参与国际竞争，减少企业吃外贸的大锅饭和外贸吃国家的大锅饭等有着重要的意义。在代理制的前提下，针对进口的不同情况，应实行不同的作价原则：

1. 代理进口商品国内作价。所谓代理进口，是指有进口经营权的外贸企业受其他企业的委托，代理进口商品，并收取一定手续费的经营方式。其国内作价原则是：按进口商品的进货成本加上外贸手续费作价；进口商品的盈亏，由委托单位自负。

2. 自营进口商品国内作价。所谓自营进口，是指有进口经营权的外贸企业，利用各种外汇从国外进口商品，然后销售给国内用户的经营方式。其国内作价的原则是：以国内同类商品价格为基础，按质论价。进口商品的规格、质量、包装与国内商品不同的，应当在国内商品价格的基础上，适当加价或减价。对某些国内无同类商品可作比较的商品，则以国际市场价格为基础定价。

3. 政府调拨进口商品的国内作价。所谓政府调拨进口是指粮食、化肥等关系国计民生重大，国内外价格相差悬殊，外贸企业按政府下达的进口计划，使用中央外汇，按政府规定的拨交价格销售给国内用户的商品的进口。其国内作价的原则是：外贸企业依据国内同类产品的政府定价，或按规定的倒扣率定价，或按一定的加成率定价。

4. 专项外汇进口商品国内作价。所谓专项外汇进口，是指政府委托外贸企业，使用中央外汇进口商品。其国内作价的原则是：有政府拨交价格的按政府拨交价格内销；没有政府拨交价格的按政府有关规定办理。专项进口的盈亏由政府负担，外贸企业按规定收取一定的手续费。

（四）进口商品价格的计算

1. 代理进口商品国内价格的计算。由外贸企业代理进口的商品按进口成本加外贸手续费、银行手续费作为交货价格，其计算公式是：

$$\begin{matrix}代理进口商\\品交货价格\end{matrix}=\begin{matrix}进口商品国\\外购进价\end{matrix}+关税+增值税+\begin{matrix}外贸手\\续费\end{matrix}+\begin{matrix}银行代理\\手续费\end{matrix}$$

其中：进口商品国外购进价=进口商品 CIF 价×人民币外汇牌价

关税=进口商品国外购进价×关税税率

$$增值税=\frac{进口商品国外购进价+关税}{1-增值税税率}×增值税税率$$

外贸代理手续费=进口商品国外购进价×代理手续费费率

银行代理手续费=进口商品国外购进价×银行代理手续费费率

2. 按照国内同类商品作价的进口商品国内价格的计算

目前，仍有一些关系国计民生十分重要，由国家计划专项进口的商品，由外贸企业按国家下达的进口计划，使用中央外汇进口。主要有三种作价办法：

1）按政府定价拨交商品的价格来计算。这是指用中央外汇进口的重要物资直接按政府规定的价格分配给国内企业，不经过国内商业部门，也不管进口成本高低，均由外贸企业统负盈亏，或由国家财政给予一定的调剂，此外，还应扣除掉外贸企业负担的到货费用（进口商品运抵我国口岸后发生的港务费、卸船费、堆存费及零星杂费等）。

外贸拨交价格=政府规定的出厂价（供应价）-到货费用

2）按政府定价倒扣作价来计算。这是指用中央外汇进口政府计划内的商品，经国内商业部门分配给国内用户，外贸拨交时按政府价给予一定的折扣，亏损由财政部门负担。

外贸拨交价格=政府规定的出厂价（供应价）×（1-倒扣率）-到货费用

3）按进口成本加成作价来计算。凡国内没有政府定价的进口商品，外贸企业按 CIF 价加成，再加关税、增值税、银行手续费用作价，拨交给进货单位。加成比例由政府规定或由双方协商后确定。

$$\begin{matrix}外贸拨\\交价格\end{matrix}=\left(\begin{matrix}进口商品\\CIF价\end{matrix}×\begin{matrix}外汇\\牌价\end{matrix}+关税+增值税+银行手续费用\right)×（1+加成率）$$

3. 进口商品盈亏的计算

为了选择对我国有利的商品进口、争取最佳的经济效益，需要对进口商品进行盈亏核算。一般采用进口盈亏额和进口盈亏率两个指标。前者是指进口销售收入与进口销售成本之间的差额；后者则是进口盈亏额与进口销售成本之间的比率。

进口盈亏额=进口销售收入-进口销售成本

$$\frac{进口盈}{亏率} = \frac{进口盈亏额}{进口销售成本（人民币）} \times 100\%$$

这里进口销售成本是 CIF 价格折合为人民币后再加上关税、国内税、国内流通费用的总和。

三、进口商品国外购进价格

目前，我国的进口商品除少数大宗商品由政府指定的总公司统一经营外，其他商品均由外贸企业随行就市争取低价购进。出口商品国外作价的基本原则，也适用于进口商品国外作价。因此，外贸企业在确定进口国外购价时，要按照国际市场价格水平，结合国别或地区政策，体现进口意图，并结合进口工作中的具体情况，灵活掌握。除此以外，在实际工作中，还应注意掌握以下几个原则：

1. 要善于运用比较利益原则。国际市场是一个竞争激烈的市场，外贸企业在组织商品进口时，应进行详细的市场调查，在比较分析商品进口时，也应进行详细的市场调查，在比较分析的基础上，确定合理的购进价格，争取做到既及时进货，又节约外汇。在科学技术高速发展的今天，应多进口高科技产品，提高进口企业的生产力水平。

2. 要善于利用买方市场的有利地位。当今国际市场上相当一部分商品供过于求，因此，在确定进口商品购进价格时，必须了解国际市场的行情，善于利用买方市场的有利地位，利用各国之间、垄断集团之间、厂家之间、商人之间的矛盾和竞争，选择有利的时机和价格，力争获得价格尽可能低的商品，以实现外汇的最大购买力。

3. 要从国家整体利益出发，协调配合。目前，国际市场上大部分商品处于买方市场，我国人口众多，经济发展十分迅速，是世界各国十分注重的一个大市场，这对我国进口商品比较有利。各个进口单位要从国家整体利益出发，注意协调配合，争取集中洽谈，力争获得最大的整体利益。

第三节　价格条件与计价货币的选择

一、价格条件

在国际贸易中，价格是买卖双方磋商的一项重要内容。它由计量单位、单位价格金额、计价货币名称和价格条件四个部分组成，正确选择和运用价格条件，对顺利完成进出口业务，提高企业经济效益有十分重要的意义。因此，在对外磋商交易过程中，必须合理地选择和运用各种价格条件，并在合同条款中具体说明。

（一）价格条件的含义

价格条件又称价格术语，指在国际贸易中，用一个简短的概念或英文缩写字母来表明价格构成，买卖双方各自应办理的手续、承担的费用和风险以及货物所有权转移界限的特定含义。这也就是主要表示买方为取得卖方的货物所付出的代价，涉及商品从起运地到目的地的各种费用由谁支付，各种手续由谁办理，可能遭受的损失由谁负担等一系列问题。

价格术语是国际贸易发展到一定历史阶段的产物，它的产生是同国际贸易的特点和国际运输、保险及通信的发展分不开的。常用的价格术语主要有 FOB、CFR、CIF 三种，国际商会《1990 年国际贸易术语解释通则》对上述三种贸易术语进行了解释：

1. 离岸价格（FOB），又称装运港船上交货价格。这一价格条件是由卖方在约定的装运港和指定的交货期限内负责把货物运到买方指定的船上，办理出口手续，向买方提交有关凭证。卖方负担货物装上船为止的一切费用，并交纳出口关税，承担货物越过船舷以前的风险。买方负担货物装船以后的一切费用和风险。

2. 到岸价格（CIF），又称成本加运费和保险费价格。这一价格条件由卖方负责租船或订舱，按照合同规定期限将货物装船运往约定的目的港，负担货物上船以前的一切费用和风险，并支付货物运费和保险费。该术语中的成本是指"货价"，即 FOB 价格。CIF 价格实际上等于 FOB 价格加上保险费和运费，买卖双方风险的划分与 FOB 相同，以装运港装船为界。

3. 离岸加运费价格（CFR），又称成本加运费价格。这一价格条件由卖方负责租船或订舱，将货物装上船，负担货物装船以前的一切费用和风险，并支付货物由启运港至目的港的运费。这一术语中的成本也是指 FOB 价格。CFR 价格和 CIF 价格的基本区别是卖方不承担保险责任。

上述三种贸易术语中，买卖双方的风险划分的界限是完全相同的，主要区别是双方责任和支付的费用不同。其主要异同点见表 11-1：

表 11-1　　　　　　　　　　　对外贸易中常用贸易术语异同点的比较

贸易术语	责　任		费　用		风　险
	租船订舱	办理保险	支付到目的港运费	支付保险费	承担货物装上船后的风险
FOB	买方	买方	买方	买方	买方
CFR	卖方	买方	卖方	买方	买方
CIF	卖方	买方	卖方	买方	买方

（二）价格条件的选择

在国际贸易中，不同的价格条件表明不同的价格构成因素，是影响进出口商品经营成本的重要因素之一。合理选择价格条件，对贯彻对外政策，实现进出口目标，节约外汇支出和增加外汇收入都有重要的意义。在国际贸易中，为了合理地选择和运用价格条件，应考虑以下几个因素：

1. 贯彻平等互利的原则。在平等互利的基础上开展对外贸易，是我国对外政策的一项基本原则。我国在选择和运用价格条件时必须充分体现这一原则。为了保护和发展我国航运业与保险业，节省运费、保险费的外汇支出，我国的对外贸易，原则上出口用 CIF 价格条件为好，进口用 FOB 价格条件为好。但究竟采用什么价格条件，必须在贯彻平等互利的原则的条件下，由买卖双方协商确定。如果有些国家政府规定进口必须在本国投保，则我方出口只能投 CFR 价。有的国外进出口商有自营航运业务，或者与航运公司订有协议，我国进出口如果坚持使用本国船只，往往会影响成交价格。因此，价格条件的选择应当视每笔交易的具体情况，本着双方自愿、方便贸易、平等互利的原则共同商定。

2. 必须考虑商品的交易数量、商品特性和港口的地理位置。小宗货物的进口国 CIF 价格条件比较方便；大宗货物的买卖，在航运保险竞争激烈的今天，买方可凭借各方面优越的条件与运输、保险方面谈判，取得优惠的运费与保险费。以进口为例，对于特殊性质的商品、危险品，或成交数量较少的进口商品，或装卸口岸偏僻、拥挤、由我方派船自运会带来不便或经济上不合算的商品，一般不必一定要坚持以 FOB 或 CIF 价格条件出口。

3. 要考虑我国掌握运载船舶的情况。为了适应我国对外贸易日益发展的需要，我国除不断扩大自己的远洋船队外，还从国外租赁了一定数量的船舶，并与一些国外公司签订了班轮航线协议。所以，我国如果具有及时运输的能力，且是大宗出口交易的商品，应争取以 CFR 或 CIF 价格条件成交。如果是进口，则力争以 FOB 价格条件成交。当然，在具体的磋商交易过程中，还应视不同商品、不同时间、不同航线及航期、舱位等情况灵活确定。

4. 要考虑运费及码头费用因素。运费是价格构成中的一项重要因素，特别是某些大宗商品，其在售价中所占的比重相当大。因此，应考虑运费在价格构成中的比重及运价的动态，仔细核算成本。一般来说，当运费看涨时，出口可使用 FOB 价格条件，进口可使用 CIF 价格条件；反之，则出口使用 CIF 价格条件，进口使用 FOB 价格条件。总之，在价格上应考虑运费涨落因素，特别是对于低值笨重的出口货物更要考虑运输费用，如果有的出口商品在国外港口规定卸货费用由收货人负担，则宜采用舱底交货条件并在合同中作相应规定。

5. 要考虑海上风险程度。国际贸易中的海上意外风险较大，特别是正常的航线遭到人为阻碍或破坏的时期和地区（如 2003 年初战争局势日益紧张，世界各大保险公司对开往海港水域的船只和运载的货物均征收高额战争风险保险费)的商品,必须根据不同时期和不同地区的海上风险情况,来选择对我方有利的价格条件。

6. 要考虑到国外港口的装卸条件和港口惯例。各国对各种价格条件的解释、装卸条件、收费标准、费用分配都不尽相同,在选择价格条件时必须考虑这些因素。

7. 要考虑资金融通情况。在远期信用证或 D/P 远期的支付方式下,使用 CIF 或 CFR 价格条件对买方有利,因为这两种价格条件的运费、保险费由卖方负担,卖方支付运费后而买方的付款都是远期的,从而会得到银行、卖方一定的资金融通。在即期信用证或 D/P 即期的支付方式下,若运保费在全部成本中占较大比率时,使用 FOB 价格条件对买方有利,因为 FOB 价格条件由买方负责安排运输和保险,这样,付运费时就能减少开证费用。

总之,在选择和运用价格条件时,需要考虑的因素是多方面的。在对外磋商交易时,应通盘考虑买卖双方所处的地理位置、交通条件、运输方式、贸易习惯、商品的特性、交易的数量、双方关系以及资信情况,买方对货物需要的迫切程度等因素,权衡利弊,作出正确的选择。

二、计价货币

在进出口贸易中,从签订合同到执行合同,从交割货物到结清货款,往往需要经过一定的时间。在这段时间内各国货币的币值可能会发生变动,造成汇率的波动和外汇风险的增加。所以,企业在确定价格条款时,除了正确选择价格条件外,还要慎重选用计价货币,避免汇率风险。

(一)计价货币的选择

在选用进出口贸易中的计价货币时,应综合考虑以下几个因素:

1. 要考虑双方国家的历史背景和现实的政治经济关系,特别是双方是否签订有贸易协定和支付协定。如果双方国家长期就有贸易往来并签订有贸易协定和支付协定、规定有使用的计价币种,并且交易本身又属于上述协定中规定的交易,则必须按协定规定的货币来计价;如果双方国家没有签订贸易支付协定的,则应由双方协商确定。

2. 要考虑货币的可兑换性。在贸易双方国家没有签订贸易协定和支付协定时,应尽可能选用可兑换货币。可兑换货币是指在外汇市场上可以自由买卖、自由兑换的货币。使用可兑换货币,可以方便外汇的调拨和使用。

3. 要考虑货币的"软"和"硬"。在国际外汇市场上,习惯地将货币分为硬币和软币。所谓硬币,一般是指从贸易成交至收汇结算这段时间内汇价比较稳定且有上浮趋势的货币;所谓软币,一般指从贸易成交至收汇结算这段时间内汇价比较疲软且币值有下降趋势的货币。当然，硬币或软币的划分并不是一成不变的，需要综合考虑国际及该国的政治经济状况及一些可能发生的变化后综合决定。在一般情况下，出口应采用硬币计价，以免在结算期内因货币汇价下降而遭受损失；进口尽可能用软币计价，以免在结算期内因汇价上涨而增加进口成本。

当然，最终决定用何种货币计价，应坚持平等互利的原则，由买卖双方协商后确定。对强势货币国家的进出口商，可以使用我国的人民币，也可以使用他们国家的货币。如果在我国进口贸易中不得不使用强势货币时，要注意通过压价或远期外汇买卖的方式，尽量避免或减少汇率波动的风险。对于弱势货币国家的进口商，如果对方坚持使用弱币，我方应采取针对性措施（如提出加价要求），以维护我方的经济利益。对于特别弱的货币，我国原则上不使用。

除此以外，计价货币的选用还要根据双方的习惯、购销意图、营销策略、价格等因素，灵活掌握。

（二）避免汇率交易风险的措施

汇率交易风险是指国际贸易的交易双方签订的以外币计价成交的合同在执行过程中，由于该外币汇率发生变动，而给交易双方带来的经济收益或损失。所以，汇率风险包括获利和受损两层含义。通常讲的避免汇率风险，一般是指避免汇率波动带来的损失。虽然完全避免汇率风险是不现实的，但我们可以通过一系列措施，在一定程度上减少或避免汇率风险，这些措施主要有：

1. 在进出口贸易中正确地选择计价货币。如前所述，在出口贸易中争取用硬币交易；在进口贸易中争取用软币交易，尽可能避免汇率波动带来的损失。

2. 在进出口合同中规定保值条款。在出口贸易中，如果遇到对方要求使用软币交易，或在进口贸易中，遇到对方要求使用硬币交易，必须经过双方商定，在合同中附加外汇保值条款。外汇保值条款是指在签订的外贸出口合同中，以强币计价，用弱币支付时，为了避免支付货币的币值下跌、汇率下降所带来的损失，应在合同中写明签订合同时计价货币和支付货币的汇率。在合同执行过程中，如果发生支付货币的币值下跌、汇率下降，计价货币的汇率上浮，则合同中的金额要等比例地调整，按照支付目的计价货币与支付货币的汇率计算。这样就可以使实际收到的计价货币金额与合同中的计价货币金额相等，从而可以避免支付货币币值下跌的损失，起到外汇保值的作用。

3. 通过买卖远期外汇避免汇率风险。也就是说，进出口商为了避免或减少汇率风险，预先与银行签订远期外汇买卖合同。其具体做法是，进口商为了避免支付时汇率上浮的风险，提前买进一笔与支付期限、金额和币种相同的远期外汇；出口商为了避免收汇时汇率下跌的风险，提前卖出一笔与收汇期限、金额和币种相同的远期外汇，这样就可以使进出口商避免汇率波动所带来的风险损失。

本 章 小 结

● 国际市场价格是国际范围内商品市场价值及其转化形态的货币表现,是某种商品在国际市场上一定时期内形成的具有代表性的成交价格。

● 国际价值(或其转化形态)是国际市场价格形成与变动的基础;货币价值及其对外汇价是影响或决定国际价格变动的又一基本因素;国际供求关系是影响和决定国际市场价格的直接因素。

● 国际市场价格与国内市场价格既有一定的联系,又有一定的区别。

● 出口商品价格包括出口商品的国内收购价格和国际销售价格。其制定应有一定的原则。

● 出口商品国内作价的办法及出口换汇成本和盈亏的核算。

● 影响进口商品国内市场价格的因素和进口商品国内作价的原则。

● 进口商品国内价格的计算。它包括代理进口商品国内价格的计算和按照国内同类商品作价的计算。

● 进口商品盈亏的计算。

● 价格条件的含义和几种主要价格条件的内容。

● 价格条件及计价货币的选择。

复习思考题

1. 什么是国际市场价格?它有哪些类型?

2. 影响或决定国际市场价格形成和变动的因素有哪些?

3. 如何理解国内外市场价格的关系?

4. 简述出口商品国内价格、国外销售价格制定的原则。

5. 如何进行出口商品换汇成本和盈亏的核算?

6. 影响进口商品国内价格的因素有哪些?

7. 进口商品国内作价应贯彻哪些原则?

8. 某商品出口总成本为 40 000 元人民币,出口后外汇净收入 14 000 美元,如果当时的外汇价格为 100 美元折合 830.5 元人民币,试计算该商品的出口盈亏情况。

9. 某企业委托外贸单位进口精密仪器,每台进口的 CIF 价为 20 000 美元,进口关税税率为 10%,国内增值税税率为 17%,银行手续费费率为 0.2%,外贸代理手续费费率为 1.5%,外汇中间价为 1 美元折合 8.305 元人民币,求该商品的口岸交货价格。

10. 什么是价格条件？它有什么作用？

11. 根据《1990 年国际贸易术语解释通则》，说明 FOB、CFR、CIF 三种贸易术语的简要责任，并比较三者在责任、费用和风险上的异同点。

12. 价格条件的选择应考虑哪些因素？

13. 在选用进出口贸易中的计价货币时，应综合考虑哪些因素？

14. 我国某机床厂委托外贸企业进口 100 吨特殊钢材，当时国际市场价格为 CIF 价 500 美元/吨，进口关税税率为 20%，国内流通费用为每吨 3 000 元人民币，美元兑人民币按 1 美元＝8.305 元人民币计，若外贸公司收取 1.5% 的手续费，则对该机床厂的报价应是多少？

15. 某企业自营出口一批产品到俄罗斯，每公吨出口 CIF 价为 280 美元，投保一切险，保险费费率为 0.6%，投保加成率为 10%，国外运费费率为 3%，企业国际营销费费率为其到岸价的 2%，银行手续费费率为 3%，国内运杂费为每公吨 50 元人民币，结算当日的美元兑人民币汇率为 1 美元＝8.305 元人民币，企业出口价格应为多少？

第十二章　价格信息和价格预测

学习目的和要求　通过本章的学习，了解价格信息的含义、特征及其在市场价格决策中的作用；理解市场价格信息的主要内容；学会价格信息的收集、处理和运用方法；掌握价格预测的内容、步骤和方法。

第一节　价 格 信 息

一、价格信息的含义和种类

信息是可供人们利用的知识、数据、消息、看法、意见等客观世界中各种事物变化与特征的最新反映。作为经济信息的一个组成部分，价格信息是指在价格形成和运动过程中各种发展变化及其特征的反映。通俗地说，价格信息就是用来描述价格变化及其特征的情况、消息数据、指令、报告等的总称。价格信息包括的范围很广，可以说，凡是反映价格形成及其运动变化的信息，都属于价格信息。

价格信息的范围一般有狭义和广义两种划分。狭义的价格信息是指对商品和服务价格运动各种变化和特征进行直接描述的信息，如价格动态信息、价格构成变化信息等。这类信息最直接、最敏感、变化最频繁，是价格信息的基本内容。广义的价格信息还包括对价格运动有密切联系的各种情况的描述，如价格政策及其他经济政策信息、科学技术状况、社会和自然情况等。这类信息虽然不是对价格变化和特征的直接描述，但在很大程度上制约和影响着价格的特征及其变动。尽管如此，价格信息并不是包罗万象的，而仅仅指与价格运动有关的那部分信息。具体来讲，价格信息主要包括以下内容：

（一）价格政策信息

价格政策信息主要包括各级政府机关颁布的具有法规性质的有关价格的方针、政策、法规、管理措施等信息。它主要包括重要商品价格的制定和调整、价格体系、价格管理体制和价格形成的有关原则和方法的变化、国家财政、税收、信贷等相关政策的变化、价格理论研究的最新成果等。这些信息的变化虽然不一定直接反映价格的特征，但这些信息的变化在很大程度上制约和影响着价格的变化，因此，也属于价格信息的范畴。

（二）价格构成变化信息

价格构成中每项因素的变动都会带动价格的变化。价格构成变化信息主要包括生产成本、流通费用、企业利润、国家税金、级差收益等的变化情况，这类信息直接或间接地体现了价格的特征及其变化，为制定和调整价格提供了参考依据。

（三）价格动态信息

价格动态信息所包含的内容非常多，主要包括：

1. 具体商品的价格动态，特别是重要工农产品的价格、交通运输价格、邮电资费、商品流通领域的价格、非商品收费、进出口商品国内价格等；

2. 价格总水平的动态，包括农产品收购价格总水平、工业品出厂价格总水平、市场零售物价的总水平、职工生活费用价格总水平、农村工业品零售价格总水平等；

3. 各种差价比价的动态，包括商品的购销差价、地区差价、批零差价、季节差价、规模质量差价以及农产品比价、工业品比价、工农产品比价等；

4. 价格管理形式的变动动态，包括政府定价、政府指导价、市场调节价变动的信息，此类信息既是经济决策的依据，又是价格决策情况的反馈。

（四）国外价格信息

随着对外贸易的发展，特别是我国加入 WTO 后，国际市场价格对国内市场价格的影响逐渐加大，因此企业必须注意收集国际市场价格信息，包括主要商品的国际市场价格、主要商品的创汇成本、汇率及其变化，以及国外价格管理制度和国外可供我们借鉴的价格管理办法等。收集和掌握这类信息，有利于协调国内外市场价格之间的关系，促进对外贸易和其他对外经济往来的发展。

（五）价格预测信息

它主要包括对价格总水平变动趋势及各种价格变动趋势的评价和估计。在市场经济条件下，市场行情千变万化，企业为了作出正确的经营决策，要对市场行情及发展趋势进行判断和分析，这就需要收集和利用价格预测信息。

在影响价格变动的因素越来越复杂的情况下，密切关注国内外市场价格信息，及时捕捉苗头性、倾向性的问题，是我们准确判断今后价格走势，为宏观调控提供决策依据的前提。从国内看，一方面要密切关注重要商品价格的变动情况及其国内供求情况和进出口情况，以便及时发现并应对可能引发市场价格异常波动的倾向性、苗头性问题。另一方面，要密切关注资产价格上涨对商品和服务价格的传导。从国际上看，除密切关注世界经济、国际贸易、国际金融市场变化对我国市场价格变动的影响之外，更要密切关注国际投机基金对国际大宗商品价格的影响，尤其是对粮食、能源价格的影响，如 2008 年美国次贷问题引发的全球性金融危机爆发后，国际市场原油价格就发生了大幅度波动。

二、价格信息的特征

作为经济信息的组成部分，价格信息除了具有一般信息的共性之外，还具有其自身的突出特征。

（一）价格信息的时效性

一般来说，价格信息生成快，变化也快，从收集到使用的时间间隔越短，其时效性越强。随着科学技术的不断发展，生产手段和结算手段日益现代化，经济节奏明显加快，各种经济信息包括价格信息的生成量增多并且生成速度也在加快，从而使其显示出强烈的时效性。

（二）价格信息的广泛性

在商品经济条件下，价格既要反映价值，又要反映供求关系，而影响商品价格和供求变动的因素又非常广泛和复杂，既有经济方面的因素，又有政治方面的因素，还有自然因素、社会心理因素等，所以说价格是国民经济的综合反映，价格信息包含着大容量的、各方面的内容，可以综合反映多方面的变动情况。因此，价格信息不只是单纯的价格变化，而是包括一切与价值、价格变化有关因素的变化。

（三）价格信息的系统性

价格信息的系统性是指可供人们利用的各种价格信息之间存在着相互联系、相互制约的关系，它们共同作用于价格形成和价格运动之中。一方面，价格信息的系统性表现为多种性质的价格信息共同作用于价格形成过程，价格信息不是独立的，而是由若干个有一定联系的价格信息组成一个有机整体，综合反映价格变动及其特征；另一方面，价格信息的系统性还表现为价格信息的连续性，反映价格运动及其特征的价格信息是连续不断地生成和变动的，价格信息工作必须连续不断地进行。

（四）价格信息的客观性

价格信息是价格运动变化的客观反映。客观性即真实性，其含义包括两个方面：一是价格运动在某一时期内的动态或静态都是客观的反映；二是对价格运动的特征和变化进行客观的描述，要求得到那些最能反映价格本质特征和变化的信息，这样可以使接收者对价格运动的本质有所认识。

（五）价格信息的经济性

信息也是商品，也具有价值和使用价值两重属性。其价值表现在价格信息的收集、整理、传递、存储过程中要花费一定代价；其使用价值表现在各种价格信息可以被利用，产生一定的经济效果。

在一般情况下，价格信息的效用随信息量的增大而增大。但是，当为了取得更多的价格信息所必须增加支付的成本高于它所能带来的效益，或者由于信息过多，超过接收和处理信息的能力，而使信息渠道堵塞，淹没了最重要的信息时，增加信息可能会带来净效益的下降。因此，在价格信息工作中，必须考虑价格信息的经济性。

三、价格信息的作用

科学地开发和利用价格信息，对于提高价格工作的质量，完善企业经营管理和价格管理，促进国民经济的发展，有着非常重要的作用。

（一）价格信息为宏观经济决策提供参考和依据

宏观经济决策一般都带有全局性，即使是就某个方面的工作制定的政策和提出的措施，也总是放在全局之中来考虑的。这是因为，宏观决策的任务在于推动全局的协调发展，所以，宏观经济的决策，必须以对整个国民经济全局情况的周密了解和科学分析为基础。价格信息可以满足这一要求，因为价格是国民经济的综合反映，各种经济活动的变化和经济杠杆的运用都会引起价格的变化，价格信息包含着各种商品的劳动生产率、成本、供求等一系列经济内容。然而，价格的变化反过来又是宏观经济状况的综合反映，宏观决策者可以从价格信息中综合分析国民经济的发展状况、趋势以及存在的问题，据此作出科学的经济决策，促进国民经济的发展。

（二）价格信息可以为生产经营者提供依据，指导企业的生产经营活动

价格是企业了解市场供求状况的晴雨表，是帮助企业选择生产经营方向的指示器。价格信息来源于市场经营活动，又最终作用于企业的生产经营活动。通过价格上的变化，生产企业可以知道应该生产什么、生产多少以及应该进行哪些方面的技术改造；经营部门可以知道应该经营什么，经营多少以及应该如何经营等。企业只有掌握大量的、高质量的市场信息，才能够知己知彼，百战不殆。

（三）价格信息可以为消费者提供消费指导，引导消费者的消费行为

商品价格在市场上的多变，往往标志着商品的消费趋势。消费者本身的购买行为具有单一性和局限性。如果消费者了解和掌握了有关的价格信息，可以引导消费者的消费行为，从而可以维护消费者的正当权益。

（四）价格信息可以为价格管理服务，对于价格决策、价格控制、价格调整等方面都起着重要作用

1. 价格信息是价格管理的基础。为了实现价格管理的目标，提高价格管理的效率，应充分地利用价格信息。政府价格管理和企业价格管理正是通过关注价格信息的流动，并依据价格信息进行价格决策、计划、控制等管理活动。没有价格信息的流动，就谈不上价格管理。市场经济在运动过程中，会生成大量的价格信息，而价格管理则是在价格运动过程中利用价格信息的连续流动来发挥价格管理功能的。

2. 价格信息是企业价格决策的依据。价格决策是价格管理的一项重要内容，价格决策过程实质上是对企业价格行为作出决策的过程。企业在进行价格决策时，应该以大量的市场信息为依据，而市场信息中最主要的就是价格信息，在决策过程

中，能否利用及时、有效的价格信息，将直接决定着价格决策的科学性和合理性。

3. 价格信息是价格调整的前提。由于价格运动受到多种因素的影响和制约，使其处于不断的变动之中。因此，价格决策需要随着客观情况的变动来随时调整或修改，具体的商品价格也将随之发生变动。广泛灵敏的价格信息能够帮助决策者及时地调整或修改价格方案，形成合理的价格。

四、价格信息的收集

价格信息的收集是整个价格信息工作过程的起点和基础。收集的价格信息是否准确和完整，直接关系到价格信息工作的质量。由于价格信息随着各种经济情况的变化而不断变化，而且具有量大、面广和连续不断的特点，所以价格信息的收集工作难度较大。做好价格信息的收集工作，是保证价格信息工作的质量和定价效果的重要一环。

（一）价格信息的来源

价格信息来源于价格运动和与之相关的经济运动之中，主要有如下几个方面：

1. 企业的生产经营活动

企业的生产经营活动是价格信息的重要来源。在企业的生产经营活动中，可以直接获取大量的原始信息资料，例如所生产经营产品的生产成本、流通费用、利润水平、工资含量、市场供求、客户及顾客的接受程度、市场竞争、售前售中和售后服务等与价格相关的诸因素的变化情况。从该渠道获得的信息是企业生产经营活动的客观反映，是最生动、最直接、最具体的价格信息。

2. 国内外市场

市场是商品交换关系的集中反映，国内外经济活动的每一个变化都会通过市场灵敏地反映出来，所以，价格信息的收集，离不开国内外市场的观察和分析。

3. 各级物价部门的业务活动

各级物价部门既有自身的具体价格业务，又担负着对其他有关单位价格活动进行指导、管理和监督的职责。从某种意义上说，物价部门的大量的、经常性的工作就是收集、处理和反馈各种价格信息；而且每个物价工作人员，不论其业务分工如何，基本上都是在经常地收集、整理或反馈某一方面的价格信息。因此，各级物价部门是物价工作重要的实践者，它们的业务活动是价格信息的一个非常重要的来源。

4. 各种新闻媒体和出版物

大量的价格信息，尤其是通过对原始信息加工提炼而得到的再生信息的传递，是通过各种新闻媒体和出版物完成的。因此，要掌握大量而有用的价格信息，应经常查阅有关的价格报告、报纸、杂志、广告、简报、文献资料，收听或收看各地的广播、电视和互联网上的有关资料数据。

5. 各种信息服务单位提供的信息服务

目前信息服务单位有很多，例如价格信息中心、价格咨询中心、行情中心、价格事务所等。这些信息服务单位有特定的信息网络和大量的专职信息工作人员，能为社会提供丰富的、有价值的价格信息。

上述这些信息源发出的价格信息，有的是人们最初以语言或文字记录传递出来的，这种原始发生源，可以称为第一信息发生源。当人们把原始信息源发出的信息进行转发或经过各种形式加工以后再次发出时，就成为第二信息发生源。在价格信息工作中，信息工作员接收的是这两种信息源发出的信息，但更多的是第二信息发生源发出的信息。

(二) 价格信息收集的原则

为保证所收集信息的质量，价格信息的收集要遵循以下原则：

1. 及时性原则

价格信息具有强烈的时效性，一条价格信息的效用大小，与它反映情况是否及时直接相关。对于瞬息万变的市场，若能及时掌握第一手信息，企业就可以不失时机地作出决策，取得生产经营的主动权，否则，价格信息的效用就会减少甚至丧失。在市场竞争中，能不能及时掌握可靠的市场信息，往往关系到一个企业的成败。因此，在从事价格信息工作时，必须讲究时效性，及时地收集有关的价格信息。

2. 目的性原则

面对广泛的、大容量的价格信息，如果漫无边际地收集，只会事倍功半，造成人力、物力、财力和时间上的浪费。因此，价格信息的收集首先要有明确的目的性和针对性，搞清楚该价格信息的收集是为谁而做，为什么而做，只有从本企业的实际情况出发，有目的地收集有关的价格信息，才能及时、有效地发挥价格信息的作用。

3. 全面系统性原则

价格信息在不同的时期、不同的时点、不同的领域中有着不同的分布情况。为了防止重要的价格信息被遗漏，保证价格信息的全面系统性，一方面要求收集的情报和数据尽可能全面，另一方面要求收集的情报和数据要前后连贯。收集者要善于运用各种不同的方法，从各个方面对各个领域进行可能的搜寻，做到面上铺开，点上深入。

4. 客观真实性原则

原始价格信息是整个价格信息的源头，它的真实与否极大地影响着整个价格信息工作的可靠程度。为此，首先要求价格信息的来源要真实可靠，其次要注意收集价格信息时必须坚持客观性原则，采取实事求是的态度，要求每条价格信息都有据可查，同时在信息收集过程中要注意随时鉴别、剔除不真实的信息资料，提高信息工作的质量。

5. 预见性原则

为了有效地收集到价格信息，达到预期的目的。在收集价格信息时，需要全面考虑价格信息收集工作，制定详细的收集计划。收集计划主要包括确定收集价格信息的内容，选择价格信息的来源，明确价格信息的收集方式和方法等内容。同时要注意做到不仅要收集当前需要的各种价格信息，而且要有目的地收集一些今后需要的资料，把收集工作做到前面。当需要时，因为已经积累了相当的资料，所以争取到了信息收集的主动权。

(三) 价格信息收集的方法

价格信息的收集可以采取不同的方法。根据价格信息的内容和其他具体情况，可采用以下几种方法：

1. 亲自调查法

信息收集者在明确具体的收集任务后，应直接深入到生产经营单位和城乡居民中，亲自调查采访，直接获取价格信息的第一手资料。亲自调查法是价格信息收集的最基本的方法。由于工作人员直接深入现场，能够保证收集资料的准确性，但比较费时费力，而且在某些条件下不可能直接深入现场，所以在实际运用中会受到一定的限制。在具体调查时，往往会采用普查、重点调查、典型调查、抽样调查等不同方法。

2. 统计资料法

统计资料法也叫利用成果法。统计工作是经济工作活动中最重要的基础工作，各级经济综合部门和业务主管部门在长期的经济活动中形成了各自特定的汇集情报，掌握信息的制度。企业对所生产经营的商品一般也有原始的统计台账，这些资料能够反映一个地区、一个部门、一种产品各个方面的情况，直接利用这些统计资料和结果，可以达到事半功倍的效果。

3. 报刊摘录法

各种报刊、杂志提供了大量的信息，特别是那些经济类的报刊杂志更是收集价格信息的重点。

4. 会议调查法

这是指通过各种会议，取得大量的价格信息资料，可以比较集中地了解各方面的经济变化情况，既能获取大量的原始价格信息，又能从会议的研讨中得到再生的价格信息。企业还可以举办和参加各种形式的商品订货洽谈会、订货会、交易会、博览会等，来进行市场调查，了解市场行情。

5. 网络交流法

为了扩大信息收集范围，增加必要的信息收集量，降低价格信息的收集成本，必须建立和参加价格信息网络。通过与各信息网络中心按一定的制度建立起固定的联系，经常进行价格信息资料的交换，可以在更大的领域内收集价格信息，使价格信息成为多人共享的资料。

6. 利用成果法

各级经济综合部门和业务主管部门在长期的经济生活中形成了各自特定的汇集情报、掌握信息的制度，并已搜集和积累了比较全面的资料，这些资料能比较完整地反映一个地区、一个行业、一个部门经济发展的变化。企业价格信息工作人员可以向这些部门求索相关资料，直接利用这些成果，这样达到事半功倍的效果。

7. 建立台账法

通过建立价格台账，可以对企业经营商品的情况，如商品名称、规格型号、产地、购销数量、购销价格等，及时登记，以观察商品经营和市场供求等情况，使价格信息收集工作经常化、制度化，同时也能保证价格信息资料的系统性。

市场情况复杂多变，在收集价格信息时，既要根据收集信息的目的和收集信息的特点采用不同的收集方法，又要根据价格信息工作的主客观条件，综合运用各种收集方法。

五、价格信息的处理

通过价格信息收集工作所获得的大量的资料虽然内容丰富，但由于它们来自不同的渠道，原来的用途不同，资料提供者观察、分析问题的角度不同，所以往往是零散的、不系统的。为了使这些信息既符合需要又便于利用，必须将这些资料按照一定的程序和方法进行必要的处理。

（一）价格信息处理的原则

为了更好地完成价格信息处理的任务，必须遵循以下几个基本原则：

1. 及时性原则。价格信息的处理必须以尽可能快的速度进行，要在保证准确性的基础上，提高效率，缩短时间，以便及时地将价格信息资料及时地传递到使用者手中，发挥其应有的作用。

2. 准确性原则。准确性是对价格信息处理的基本要求，经过处理后的价格信息要能真实准确地反映价格的变化及其特征。为此，应采取提炼和浓缩的办法，注意忠实于原始信息，保证其原有的客观真实性，不能因信息工作人员的好恶而任意取舍和更改。

3. 适用性原则。价格信息的处理是为了价格信息的运用。因此，要求经过处理后的价格信息一定要符合有关部门和企业的客观需要，适应物价信息管理的要求。为此，在处理过程中要针对不同的使用对象，编写不同侧重点的价格信息。

（二）价格信息处理的基本程序

价格信息的处理程序没有严格规定，根据原始信息的不同以及使用者要求的不同，可以进行不同形式的处理。一般来说，主要包括以下内容：

1. 登记。登记是价格信息处理工作的开始。对收集来的各种价格信息都要进行初次登记。当信息被选留后还要进行第二次登记。

2. 鉴别。鉴别即对原始资料要进行核实，以确定其可信程度，包括检查信息来源是否可靠，收集方法是否正确、各项目之间的关系是否清楚，各数据之间是否衔接等。

3. 筛选。筛选即对原始资料进行必要的取舍，确定留用有用的信息，淘汰部分价值不大的信息。筛选可视为价格信息收集的继续。筛选的结果通常有三种情况：一是无用的被淘汰；二是有用的可以直接使用；三是需要进一步加工整理。

4. 分类。分类即把原始价格资料按不同的需要进行分门别类并排列成序。分类的关键在于分类体系的选择，分类体系可以从不同的角度建立，一个基本原则是既要便于广泛接收信息，又要便于利用、查找和储存信息。

5. 整理。整理即对已分类的资料进行加工。它包括两方面的工作：一方面是定量加工，即对数据状态的原始价格资料进行必要的加工运算，并从中获得新的所需数据，这实际上是对价格信息进行数量分析；另一方面是定性加工，即通过对定性型信息的归纳来确定价格运动及与之相关的经济活动的性质及其变化状态，并获得新的具有指导作用的价格信息。

6. 总结。总结即对价格信息在登记、鉴别、筛选、分类、整理的基础上，进行资料汇总和分析，得出信息运用前的结论。

7. 编写。编写是指对经过上述处理信息用文字或表格的形式，系统地、规范化地记载下来。这是价格信息处理的重要内容之一。所编写的价格信息要内容准确、文字精练、分析透彻，并可用表格、图形等形式，更加直观、更加形象地表现价格信息，以便于资料的运用。

六、价格信息的传递和运用

收集的各种价格信息资料在加工处理后，形成了有价值的信息。这些信息必须通过各种渠道迅速地加以传递，才能在经济活动中发挥作用。

（一）价格信息传递的原则

价格信息的传递是将价格信息按一定的方式传递给使用者的过程。在价格信息的传递过程中必须遵循"多、快、好、省"的原则，即：

1. 准确性原则——好。这是对价格信息传递的质的要求，即要求传递的信息必须准确无误，文字、数据、表格、图形要复核后再传递，避免信息在传递中失真，保证传递信息的准确性。

2. 快速性原则——快。这是对价格信息传递速度的要求，即要求价格信息一旦发生，就应争取采用先进的传递工具和适用的信息通道在尽可能短的时间内传递出去以保证价格信息的时效性。

3. 大量性原则——多。这是对价格信息传递量的要求，即在一定条件下，传递的信息量要尽可能的大和丰富，以最大限度地满足使用者的需要。

4. 经济性原则——省。这是对价格信息传递费用的要求，即要求价格信息的传递要讲经济效益，尽量以最少的费用，传递尽可能多的价格信息。

"多、快、好、省"这四个方面是互相联系、互相制约的，为了有效、准确地传递价格信息，必须把这四个方面有机地结合起来。

（二）价格信息传递的基本方式

在现实经济生活中，由于价格信息存在的形式是复杂多样的，传递、利用的要求也各不相同，因而传递的方式也不同，随着科学技术的发展，信息传递的方式越来越多样化。价格信息的传递方式可以从不同角度加以划分。

1. 按价格信息传递方向划分，可分为单向传递、逆向传递、相向传递。

（1）单向传递。它也叫正向传递，即价格信息从信息源发出，按传递的正方向把信息传递给接收者。

（2）逆向传递。它也叫反馈传递，即价格信息从价格接受者那里输出，反方向地到达信息发出者手中。如果企业经营的降价的信息传递到消费者手中以后，消费者的反应如何，商品销售量有何变化，购买者群体有没有发生变化等，这些信息再反馈到企业，那么，对于原来的信息发出者——某企业来说，就是逆向传递的反馈信息。

（3）相向传递。它即接收者与传递者都向对方发出价格信息，双方共同参与传递过程。在这种传递方式中，传递者既是接收者，也是传递者。

2. 按价格信息传递数量的集中程度划分，可分为集中式传递和连续性传递。

（1）集中式。集中式即在一定时间内，集中传递一定数量的价格信息。这种方式所传递的价格信息时间集中，总量较大，又比较系统、全面地反映了一定时期内价格的变动情况。

（2）连续式。连续式即以连续的方式进行传递。这种传递方式有利于保持价格信息的系统性和及时性，能从各个不同的角度反映价格的变化情况，更好地达到信息传递的目的。这是目前经常使用的一种传递方式。

3. 按价格信息传递经过的环节不同划分，可分为直接传递和间接传递。

（1）直接传递。直接传递即价格信息由发送者直接传递给接收者，中间不经过其他环节。常采用的传递方式有口头传递、书面传递、会议传递、电信传递、广告传递等。其优点是传递过程干扰少、速度快、信息不易失真；其不足之处是覆盖面小。

（2）间接传递。间接传递即发生者通过一定媒介物与接收者进行价格信息交换，需要经过若干中间环节。通常采用的新闻媒体有：报纸、杂志、广播、电视、互联网等。其优点是传递效率高，覆盖面广。其不足之处是信息反馈速度慢。

随着社会经济的发展，需要传递的信息量越来越大，种类越来越复杂，仅借助一种方式并不能较好地完成信息传递任务，需要把各种信息传递方式结合起来运用。一般可分为直接运用和间接运用。所谓直接运用是指直接运用价格信息内容作出行动决策。这种运用方法要求信息内容一目了然，能直观地看出其价格。所谓间接运用是指通过对信息资料的深入研究分析，从相关的信息中捕捉有用的信息，并对其加以运用。

第二节　价格预测

一、价格预测的含义和种类

预测就是对未来的不确定的事件进行估计或判断。价格预测作为经济预测的一部分，是根据价格运动变化的规律，对各种价格信息资料，进行科学系统的分析，并运用科学的方法，对市场商品价格的未来动态和变化趋势以及影响价格运动的各种因素变化，作出预见性的判断和推测，为价格决策提供科学的依据。价格预测对于充分发挥价格的杠杆作用，对提高经营管理水平，进行正确的价格决策有着十分重要的现实意义。

价格预测的种类可以从不同的角度来划分：

（一）按预测期限划分，可分为长期价格预测、中期价格预测和短期价格预测

1. 长期价格预测。一般指对五年以上的未来市场价格变化及其发展趋势的推测。它能揭示各种商品价格在较长时期内的发展趋势，是制定长远规划和重大经济决策的依据。

2. 中期价格预测。一般指对一年至五年以内的未来市场物价变化及其发展趋势的推测。它能描绘出五年计划期内的价格运动趋势的曲线，为国家和企业制定中期计划服务。

3. 短期价格预测。一般指对计划年度内的市场供求和价格变化的预测，通常也称为市场行情预测。它主要是通过对比各地区、各企业同类商品的生产、质量、成本、利润、资金周转以及商品价格等主要经济、技术指标，了解其流转和销售情况，进行经营技巧和竞争手段的决策，并分析其发展趋势和前景，为确定企业近期的价格决策提供依据。

（二）按预测方法划分，可分为定性预测法和定量预测法

1. 定性预测法，也称趋势预测法。它是指预测人员在对市场进行深入调查的基础上，把握新掌握的资料，依据人们的思维判断、经验分析和逻辑推理来进行预测的一种方法。定性预测可分为经验判断预测和市场调研预测两种方法。

经验判断预测法又称直观预测法，是根据部分人员的经验作出判断来进行预测

的一种方法。经常被采用的有：个人经验判断法、集体讨论法和专家意见法。

市场调研预测法是在市场调研的基础上，通过对市场行情调研资料的直观分析和推算来预测的一种方法。经常被采用的有：试销调查法和典型调查法。

2. 定量预测法，也称数值预测法或统计分析法。它是指根据调查所得的比较完整的资料，在用定性方法确定价格运动趋势后，运用一定的数学模型或统计方法进行科学的加工处理，对未来市场价格变动趋势进行预测的基本方法。目前，较常见的定量预测方法有时间序列分析法和价格弹性预测法。

（三）按预测范围划分，可分为宏观价格预测和微观价格预测

1. 宏观价格预测。它主要指对社会物价总水平及各类商品总水平变动方向和程度进行推测、描述和判断。它通常由政府综合物价部门进行，对指导生产、促进商品流通、满足消费，促进国民经济综合平衡有着重要作用，也可以为企业合理安排产品结构和价格，使之与整个国民经济的发展协调同步，为制定本企业的长期价格目标提供依据。

2. 微观价格预测。它主要指对单项商品价格、成本、产量、销量、供给、需求、竞争等经济变量的运动趋势进行预测。它通常由企业进行，能为企业确立经营方向，确定商品的具体价格水平提供依据。

（四）按流通环节划分，可分为收购价格预测、批发价格预测、零售价格预测

1. 收购价格预测包括农产品收购价格预测和工业品出厂价格预测，它们是工农业商品从生产领域进入流通领域中第一道环节的价格，对于正确处理国家与农民、工业与农业以及生产者和经营者的经济关系，促进生产、扩大流通、稳定市场物价有着十分重要的意义。

2. 批发价格预测包括工农产品进入流通领域后成批销售时所采用的价格，它主要反映了经营者之间的关系，同时又是制定零售价格的基础，从而间接涉及消费者利益，影响着市场价格水平。

3. 零售价格预测是商品销售者向消费者和社会集团销售生活资料时所使用的价格，作为商品进入流通领域后最后一道环节的价格，对市场价格水平有着决定性的影响，是各方面最为关心的价格。

在上述影响价格形成诸因素的预测中，当前要重点加强对重要商品的价格监测、预测、预警工作，特别是其价格变化对企业和社会各方面的影响，及时发现价格变化的苗头和倾向，积极发挥价格杠杆的作用，大力建设资源节约型和环境友好型社会，维护社会的和谐稳定。

二、价格预测的内容

在市场经济条件下，价格变动受多种因素的影响和制约。因此，价格预测的内容是十分广泛的。它应该包括一切影响价格变动的因素，主要有以下几个方面：

（一）价格总水平的预测

价格总水平是全社会商品价格动态的综合反映，一般是用社会零售物价总指数来表现。它反映了整个国家或地区商品价格总的变动趋势和变动程度，通过分析研究价格总水平变化的方向和程度、零售价格水平变化与社会购买力变化的趋势、国民收入在积累与消费之间的变动趋势等指标，可以为政府和企业制定长期价格目标提供依据。

（二）单项商品价格水平的预测

单项商品价格水平的预测是企业价格预测的主要内容。各企业可以根据自己的业务范围、生产经营能力以及经营管理上的需要来确定预测的具体商品品种和价格指标。单项商品价格水平的预测可以帮助企业取得价格竞争上的主动权，有利于企业经济效益的提高。

（三）价格体系变动趋势预测

价格体系是国民经济中各种各样的价格相互联系、相互制约所形成的价格有机整体，任何一种价格的变化都会引起一系列的连锁反应。政府调整某些关系国计民生十分重要商品的计划价格时，必然会引起某些商品原有比价关系的变化，从而影响其他相关联商品的成本、利润和价格。企业在预测某些单项商品价格变化时，也必须考虑价格体系的变化，以便作出相应的安排。价格体系变动预测的主要内容有：部门内部主要产品比价关系的变化；国民经济各主要部门价格结构的相互联系、影响及其引起的价格矛盾与变化趋势；宏观经济结构调整，例如产业结构、流通结构、消费结构、就业结构等的变动对市场定价商品价格形成的影响。

（四）影响价格形成诸因素的预测

在社会主义市场经济条件下，价格形成受到多种因素的影响和制约，主要有：商品价值、市场供求、竞争状况、国际市场价格、国家政策等。

1. 商品价值的预测。商品价值是价格形成的基础性因素。商品价值中成本是商品价格构成的最主要因素和制定商品价格最低的经济界限。因此，商品价值的预测主要是成本的预测，即测算影响商品成本变化的因素，包括原材料和辅助材料的价格变动、职工工资变动、固定资产利用程度、新设备技术的运用、废品损失以及经营管理水平的变动等。另外，市场调节价格中的企业价格预测的成本（即定价成本）不同于企业财务核算的经营成本，应根据企业价格预测目标的不同要求，作出不同的成本预测。其主要有：部门平均成本与企业个别成本、计划成本与实际成本、试制成本与正常成本、总成本与单位成本、固定成本与变动成本、机会成本与边际成本。

2. 市场供求的预测。市场供求是影响价格形成的直接因素，要预测商品价格变动的趋势必须预测市场商品供求的变化趋势，分析市场商品产、供、销的状况和社会购买力构成的变化方向，做好社会商品供应总量与社会购买力之间关系的测算以及商品供给构成与需求构成之间关系变化的测算。在供给与需求两个因素之间，特别是相当一部分商品已经形成供求平衡或供过于求格局的情况下，需求是影响价格变动的直接因素。企业对商品需求的预测主要包括商品需求状况的预测和需求价格弹性的预测，商品需求状况的预测主要包括：市场对该商品的总需求量、市场对企业商品价格的期望值以及商品在一定价格区间内的需求曲线；商品需求价格弹性的预测主要包括：商品用途、替代品、产品寿命、商品的重要程度、社会拥有量的大小以及商品本身的特性、性能、款式等。

3. 竞争对手的预测。在市场经济条件下，竞争作为一种普遍现象广泛地存在于社会生活的各个领域，而价格的竞争是企业之间竞争的一种主要形式。企业在确定自己商品价格时，必须要了解同行业其他企业的竞争能力。在企业价格预测中，关于竞争对手的预测主要包括竞争对手生产经营总体状况的预测和商品价格变化的预测。前者主要指要预测所有竞争对手的基本情况，包括竞争对手的数量、生产规模、原材料来源、企业潜力、产品数量、市场份额等；后者主要指要预测所有竞争对手的商品价格指数的变化和单项商品比价的变化等。

4. 国际市场价格的预测。我国加入世界贸易组织以后，国际市场价格将不可避免地对国内市场价格的形成和运动方向产生影响。因此，必须对国际市场价格的运动方向和幅度加以预测。这种预测既包括国际市场价格对国内商品价格结构的影响，又包括国际市场价格对国内市场价格水平的影响。

5. 国家经济政策的预测。在社会主义市场经济条件下，国家的经济政策一般是在人们认识并掌握市场经济规律的基础上，对客观经济规律的自觉运用。经济政策既有连续性，又有一定的阶段性。因此，要根据不同时期国内外政治、经济形势，预测国家的产业、科技、教育、消费、工资、财政、税收、价格、信贷等政策的变动和调整，以便企业做好应变准备，及时采取相应的价格策略。

三、价格预测的步骤

为了取得良好的效果，价格预测应按照一定的步骤进行，一般要经过以下几个步骤：

（一）确定预测目标

进行价格预测首先需要确定预测目标，即通过预测要达到什么目的，了解什么问题。价格预测是进行价格决策的依据，如果预测目标不明确，盲目进行预测，将达不到预测效果。因此，目标的选择必须具有现实意义，内容要详细具体，预测的范围、目的、意义要明确。

（二）收集资料数据

价格预测必须以完整准确的资料数据为依据，这是搞好预测的基本前提。如果资料数据零散不全或者有虚假，预测结果就会不准确，将会给价格决策带来风险。

预测资料的来源主要有：

1. 国家政府部门的计划与统计数据资料；

2. 流通部门和市场的统计数据资料，例如流通费用资料、生产部门的成本资料、交通运输部门的定价资料等；

3. 财政、金融部门的统计数据资料；

4. 本系统及本企业的财务、计划、统计和业务活动资料；

5. 研究单位、学术团体的科研成果，报刊杂志及互联网发表的资料；

6. 国外经济技术情报和国际市场有关价格的资料。

（三）审核整理资料

由于从各个方面获得的资料数据比较零散，不系统，甚至带有片面性或相互矛盾，因此需要对资料进行审核与整理，去伪存真，保证资料的准确性，并在此基础上进行分门别类的整理，以便进行系统分析。

（四）选择预测方法和建立数学模型

价格预测的方法很多，各种方法各有其应用范围和条件，一般应根据预测目标的大小、期限的长短、预测精度要求的不同来进行选择。除采用传统的定性方法外，还应借助于现代化管理技术，充分利用电子计算机等计算设备，以加快计算速度，提高预测的准确性。在预测方法的选择上可以同时采用两种或两种以上的预测方法配合使用，以便互相比较、分析和修正，使预测结果更为准确，同时需要建立数学模型。数学模型是用数学语言来描述某一经济事件各个影响因素之间或相关联的各个经济事件之间数量关系的公式，是进行预测工作普遍采用的一种方法。它既便于计算，又便于比较，可以提高价格决策的准确性，建立数学模型是搞好预测的基础。但由于数学模型方法比较复杂，对资料数据的要求很严格，并涉及预测者的知识水平和应用电子计算机的能力，所以普及应用难度较大。

（五）编制预测报告和选出最佳预测方案

编制预测报告是使预测结果书面化的过程。编写时应力求语言简练、信息全面、形象具体、图文并茂，以便于决策者接受。预测报告应通过分析和权衡各种方案的可行性及达到目标的效果，从各种备选方案中选出最佳方案。选择最佳方案应以经济效益为最高标准，即最佳方案必须是经济效益最佳的方案。同时还应充分估计实施中可能发生的问题，并拟订预防和应变措施，以备在万一发生问题时进行补救。

价格预测的要求不是百分之百的准确，而是要广开言路，全面把握价格变动的趋势，力争对大势预测大致不差，在发现预测偏差时及时调整。国外经济预测机构经常逐季调整预测数字，这是我们应该学习、借鉴的。

本 章 小 结

● 价格信息是一切反映商品价格形成、状态及其运动变化的数据、情报、消息等的组合，是市场价格决策的信息依据。因此，全面、准确、及时的价格信息处理可以说是价格决策的基础和前提。

● 价格信息包括价格政策信息、价格构成变化信息、价格动态信息、国外价格信息、价格预测信息等内容。

● 价格信息除了具有一般信息的共性外，还具有其自身的突出特征：时效性、广泛性、系统性、客观性、经济性。

● 价格信息在社会经济活动中有着十分重要的作用。

● 价格信息的收集是价格信息工作的质量和定价效果的重要内容。为保证所收集信息的质量，价格信息要符合及时性、目的性、全面系统性、客观真实性、预见性等原则。可采取亲自调查法、统计资料法、报刊摘录法、会议调查法、网络交流法等方法。

● 价格信息的传递过程中必须遵循"多、快、好、省"的原则。

● 价格信息的传递方式可以从不同角度加以划分。

● 价格预测是根据价格运动变化的规律，对各种价格信息资料进行科学系统的分析，并运用科学的方法，对市场商品价格的未来动态和变化趋势以及影响价格运动的各种因素变化，作出预见性的判断和推测，为价格决策提供科学的依据。对于发挥价格的杠杆作用，提高经营管理水平，进行正确的价格决策有着十分重要的现实意义。

● 价格预测的种类可以从不同的角度加以划分。

● 价格预测的内容主要有：价格总水平的预测、单项商品价格水平的预测、价格体系变动趋势预测、影响价格形成诸因素的预测等。

复习思考题

1. 价格信息的主要内容有哪些？
2. 价格信息的特征是什么？价格信息在价格决策中有哪些作用？
3. 价格信息的收集原则是什么？
4. 怎样进行价格信息的整理？
5. 简述价格预测的内容。
6. 价格预测有哪些步骤？
7. 价格预测的方法有几种？

第十三章 价 格 决 策

学习目的和要求 通过本章学习，了解价格决策的含义和内容以及价格决策的权限划分；明确价格决策的分类；掌握价格决策的程序、内容和基本方法；理解价格决策的基本原则。

第一节 价格决策的含义和内容

一、价格决策的含义和表现形式

企业价格决策是指为实现企业某一特定的经营管理目标，对企业价格行为、调整方案、定价策略及变动措施所做出的抉择。它是企业经营管理活动的重要组成部分。决策的正确与否，直接决定着本企业的盈利水平和发展前途，企业价格决策历来是企业经营活动中最重要、最敏感的问题。正确的价格决策是保证企业价格运动合理化的前提。要做一个好的价格决策者和管理者，不应该把自己的工作只局限于对几个可行方案的选择，而应该布置在前、检查在后，从而才能连续作出最优的决策，实现最优的管理。在我国社会主义市场经济条件下，现阶段少数关系国计民生的十分重要的商品价格和收费标准由政府或政府的价格、业务主管部门进行决策，一部分关系国计民生比较重要的商品价格和收费标准由政府或政府的价格、业务主管部门和商品生产经营者共同进行决策，大多数商品价格和收费标准一般应由生产经营者自行决策。

价格决策面对的不仅是现在，更重要的是应面对未来，因为从本质上讲，商品的价值是由再生产它的社会必要劳动时间决定的。因此，在进行价格决策时，决策者不仅要搞清楚有关商品价格的历史资料与现状，更重要的是在这个基础上；准确地预测和分析该商品未来所可能遇到的经济、社会环境以及这种环境变化对价格决策的影响。

价格决策活动实质上是一种选择活动。它的主要任务是从若干行动方案中选择出最优方案。如果只有一个方案而没有选择的余地，那就不需要决策。在任何一个有经验的决策者看来；如果只有一条路可走，那么这条路很可能是不该走的。决策之所以必要，就是因为需要选择。

价格决策的表现形式是多种多样的。概括起来，可以归纳为如下三种形式：

1. 新产品的价格制定。所谓新产品是指一定范围内从未生产经营过的产品。这种"新"既可能是整体产品的创新，也可能是产品形象的部分改进。新产品的价格制定是价格决策的基本形式，表现为新商品价格的从无到有。

2. 老产品的价格调整。当国家的宏观经济形势或某商品的营销环境发生变化时，或某一决策主体调整经济政策或经济发展目标时，必然要求对商品原定的价格进行调整。价格调整是价格决策中最普遍的形式，表现为商品价格由低向高或由高向低的量的变化，很容易为人们所察觉。

3. 有目的的价格稳定。尽管宏观经济形势或商品的营销环境发生了变化，或者决策者有了新的经济发展目标，但是，价格决策者如果经过深思后仍决定维持商品的既定价格，那么，这种有目的的价格稳定也是价格决策的一种表现形式。由于这种价格决策并没有改变商品的既定价格，因此，它常被人们误认为不属于价格决策的范围。

价格决策的上述三种表现形式，广泛地存在于政府定价、政府指导价和市场调节价格三种价格形式之中。

二、价格决策权限问题

为了促进社会主义市场经济的健康发展，对应我国价格模式中的三种价格形式，国家和企业这两大价格决策主体在不同的价格形式中的决策权限是不同的。

（一）商品价格的全程决策

所谓商品价格的全程决策，是指某一价格决策主体贯穿于商品价格决定的全过程的决策。这时，商品价格的制定和调整的方向、幅度、时间等全部由该决策主体掌握。在我国，对于实行政府定价或市场调节价格的商品，其价格分别由国家（或政府有关部门）或企业全程决策。

一般说来，对关系国计民生重要的商品，其价格由国家或政府有关业务、物价主管部门全程决策，因为这类商品一般具有较强的垄断性，其需求弹性较小、供给弹性相对较大。如果这类商品的价格不由代表全民利益的国家来决策，便会给经济、社会生活造成较大的震动，不利于稳定经济、维持社会秩序。当然，国家在决策这类商品价格时，也会适当考虑这类商品的执行者——企业的经济利益。

对于实行市场调节的商品，其价格由企业全程决策。这时，国家虽不直接干预这类商品的价格，但可通过经济政策的调整如财政、货币政策或收入政策的调整，来间接干预企业的价格决策。

（二）商品价格的部分决策

所谓商品价格的部分决策，是指某一商品的价格由国家和企业这两个决策主体来共同决定。因此，它也可以叫做共同决策。在实践中，它主要表现为如下两种形式：

1. 政府指导价格的决策

这是一种典型的价格部分决策形式。对于实行政府指导价格的商品，其基价、价格变动方向和幅度等由政府有关部门决策，其成交价格则由企业在国家规定的范围和程度内决策。

2. "非对称"调节的商品价格决策

这是指某些商品的计划调节与市场机制运行的非对称状态下的商品价格决策。例如，某些企业的投入品如工业原材料的供应价格由国家决策，其产出品价格则由企业决策；某些农产品的收购价格由国家决策，供应价格和零售价则由商业收购企业及销售企业进行决策。

三、价格决策的分类

由于价格决策所要解决的具体问题不同，决策的层次、条件、范围、方法也不同。价格决策可以从以下不同的角度进行分类：

（一）按决策问题的层次分类，有战略性价格决策、战役性价格决策和战术性价格决策

所谓战略性价格决策，是指对应一定时期的政治、经济、社会目标的价格决策。一般来说，战略性价格决策是带有全局性的、方向性的决策。例如，在政府决策的情况下的价格政策、法规的决策和价格改革总体目标的设计；在企业决策情况下的定价目标的确定，都属于战略性价格决策。

所谓战役性价格决策是指局部或具体的阶段性价格策略决策，是战略性价格决策的相对具体的表现形式。例如，某一特定时期政府主要应解决哪些主要问题；在企业决策的情况下，新产品投入市场时的定价策略是为了使顾客满意，还是要快速收回投资等，都属于战役性价格策略。

所谓战术性价格策略是对应于战役性价格决策更为具体的解决价格问题的方法、技巧等。这一般是针对具体商品品种而言的。

（二）按决策问题的性质分类，有规范性价格决策和非规范性价格决策

规范性价格决策也称常规价格决策，主要指日常经济生活中重复出现的价格问题的决策。例如，国家对某些商品价格的管理和企业对某些产品的价格制定等。由于这类问题以相同或基本相同的形式重复出现，决策者仅仅依靠过去的经验或处理类似问题的程序和方法，按常规即可较好地处理这类决策问题。这类决策也称为程序化决策。

与规范性价格决策相反，非规范性价格决策是指没有既定方法和程序的价格问题的决策。这类问题往往是那些无前例可循、且有大量不确定因素的价格问题。价格决策者面对这类问题，往往无法用过去的成功经验或方法来处理，因而决策时也

往往带有较大的随机性和偶然性。例如，在市场经济条件下国家如何有效地调控价格总水平，企业如何决定新产品的价格等，就属此决策。处理此类问题要求决策者具有丰富的经验、渊博的知识和敏锐的分析决断能力。

（三）按决策问题的条件分类，有确定型价格决策、不确定型价格决策和风险型价格决策

所谓确定型价格决策，是指未来情况的发生为已知条件的必然结果的价格决策。凡价格决策的环境和因素可以控制，因而决策的后果是确定的，就是确定型价格决策。这是一种最便于管理者作出的决策，因为决策者只要比较各种备择方案并择优而行，就可使决策效果最优。

不确定型价格决策是指每一种价格决策方案可能出现两种以上的结果，但决策者无法确定这些结果发生的概率的价格决策。这类决策完全决定于决策者的主观认识和"运气"。就是说，价格决策的结果究竟能不能符合目标要求，全凭决策者的知识、经验和直觉判断、分析能力。例如，一种全新产品投放市场的价格问题，就属于这种不确定型价格决策。

风险型价格决策也是指每一种价格方案可能出现两种以上的结果的价格决策，但决策者可以预计各种可能结果发生的概率的价格决策。这也正是风险型价格决策不同于不确定型价格决策的地方。在这里，价格决策者能够预计决策环境的变化状况及其概率，并据此预测各种可能结果的概率，但不能肯定何种结果必然发生。例如，产品投放新市场的价格决策就是一种风险型价格决策。

（四）按决策目标的多少分类，有单目标价格决策和多目标价格决策

单目标价格决策也称单项价格决策，是一种静态决策。它是指价格决策所要达到的目的或目标只有一个的价格决策。它所处理的价格问题是某个时点的状态或某一时期的总结果。例如，企业决策价格问题时单纯追求一定的投资报酬目标即资金利润率目标，在国家决策价格时的稳定价格目标等，都属于单目标价格决策。

多目标价格决策是一种动态决策。它是指决定行动方案所要达到的目标是两个或两个以上的价格决策。这种价格决策所处理的问题涉及多个目标，要考虑多种因素，并有时间的先后变化，作出的决策间也具有关联性。因此，也称序列决策。例如，国家为了保持价格水平的相对稳定或基本稳定，既要控制价格水平的上涨幅度，又要保持国民经济的适度增长，就是一种多目标价格决策。

（五）按决策次数的多少分类，有一次性价格决策与多级价格决策

一次性价格决策是用来解决没有决策经验可资借鉴的新价格问题的决策。例如，在企业决策的场合，有时决定把商品降价销售，其降价幅度多大才比较合适？这种决策大多只有一次。

多级价格决策也称重复性价格决策。它是指在比较长的时期内，就某一价格问题连续进行的多次决策。例如，价格改革、建立以市场价格为主的价格体制是一项

难度很大的系统工程。要作出一个长期性的、全局性的、能解决问题的决策，企求通过一次决策，一劳永逸地解决所有价格问题、建立新体制是根本不可能的。这时只好根据总目标的要求，采取"走一步，看一步"的办法，先作出短期决策，待达到目标后，根据新情况再继续做下一步的决策。如此连续进行，直到实现总目标为止。

一次性价格决策与多级价格决策之间没有一条绝对的界限。一次性价格决策可能以相同或类似的条件，在执行决策之后继续在这个基础上作出决策，便成为多级价格决策。而多级价格决策在第一次决策执行之后，由于新情况的出现而必须终止，以免遭受不必要的损失。这时多级价格决策也就成了一次性价格决策。

上述分类是一些常见的分类方法。在价格决策工作中，决策还有其他不同种类的分类。各种类型的价格决策都只是理论上的抽象。在实际工作中，价格决策不可能以某种纯粹典型形态出现。我们所以对决策类型作理论上的区分，是为了帮助价格决策者根据不同类型决策的特点，采用不同的方法和手段，进行科学的价格决策。

第二节　价格决策的程序和内容

价格决策的主体不同，决策的具体内容和内容间的结构也就不完全相同。但是，就价格决策的基本内容和程序来看，不同主体的价格决策又都是相同的。对价格决策中的共性部分加以规范化、系统化和程序化，可以使我们在价格决策实践中做得更科学、更合理。

一、价格决策目标及其确定

确定目标是价格决策的前提，是价格决策三大步骤的第一步。没有明确合理的目标，就谈不上正确的决策。决策是为了实现某种预期目标，因此决策过程的第一步，必须在深入调查研究的基础上，提出明确合理的目标。那么，在价格决策实践中，怎样明确合理的目标呢？

（一）价格决策目标分类

价格决策是经济决策的重要组成部分。其决策目标必须与经济决策目标相一致。一般说来，价格决策目标有如下几种类型：

1. 按价格决策主体的客观要求分类

从决策主体的客观要求来看，价格决策目标可以归纳为以下四种主要类型：

第一，以利润或利润的增长为价格决策目标。例如，投资报酬目标和扩大当前利润目标等。

所谓投资报酬目标是指在一定时期内，商品的销售价格能保证投资额的稳定回收。它是根据决策者投资期望得到的一定比例的毛利或纯利而计算的，因而实际上就是我们通常所说的资金盈利率或资金利润率。

投资报酬目标是一种注重长期利润的价格决策目标。它所追求的是长期而稳定的收益，常常被行业中较大的或为首的企业采用。在国家定价的场合也常被国家或各级政府机关采用（不过这时的投资报酬指的是成本利润率）。这是因为国家和大企业的投资大，按期收回投资是决策者较为关心的问题。然而，按投资额的一定比例计算利润，既能保证如期收回投资，又可得到广大消费者的承认和信赖，使其认为价格公平合理，从而有利于树立决策者和产品的良好声誉与形象。

扩大当前利润则只是企业常用的价格决策目标。企业价格决策者在采用这一目标时必须注意企业产品应在市场上具有一定的优势，同行业的竞争对手也很难迅速作出有力的反应，因而该产品的优势在短期内不易丧失。否则，这一价格目标不能实现。从价格决策的实践来看、扩大当前利润实际上就是通过产品高价形式来提高经营产品的单位利润率，追求短期的最大利润。采用这个目标要求企业在决策之前，较为准确地分析本企业产品的优势和成本状况，充分掌握产品的市场需求、消费者心理及其变化趋势等，以提高价格决策的准确性。

第二，以扩大产品销售为价格决策目标。

扩大产品销售实际上就是扩大产品的市场份额或市场占有率。市场份额是指企业经营产品的销售量或销售额在市场同类产品销售总量或总额中所占的比重。一般来说，利润额会随着市场份额的扩大而扩大。这种价格目标为大多数企业所采用。以市场占有率来确定利润，较之投资报酬目标更有利于企业挖掘潜力。例如，在市场需求扩大的情况下，某企业虽然取得了预期的投资报酬，但其市场所占份额可能下降，企业经营效益就没有达到客观现实许可的程度。采用这种决策目标，有时为了追求长期利润，常要求企业减少、甚至放弃眼前利益，因为"顾客是财神爷"。从长期来看，产品经营利润总额总能随着企业市场份额的扩大而增加，短期利润的损失总能得到补偿。因此，这种价格目标是一种注重长期利润的决策目标。

第三，以充分利用企业经营能力或克服财务困难为价格决策目标，保持或扩大市场份额也可以归属为这类情形。例如，在市场疲软时，企业适度降低产品价格，既能保持或扩大市场份额，又不至于使生产设备闲置。待渡过难关之后，必有东山再起之时。

第四，以稳定经济秩序，培养或提高企业及其产品的社会形象为价格决策目标。例如，稳定价格目标、适应或避免竞争目标等。

稳定价格目标是指在市场价格剧烈波动的情况下，决策者希望保持价格水平的稳定。一般来说，有如下几种情形：一是国家作出决策，例如，关系国计民生重要的商品价格，一般不考虑一时一地的供求关系的变化而维持原价，以稳定为主；二是在价格水平普遍上涨的情况下，一些大、中型企业考虑到企业的社会责任和社会形象，采取人涨多我涨少，甚至人涨我不涨的办法来确立并强化企业的社会形象，以稳定价格为目标；三是在垄断竞争或商品供过于求形成买方市场的情况下，各企业相互削价竞销，虽然在短期内对消费者十分有利，但是参与竞争的企业的利润目标则难以实现，甚至会亏损严重而处于"休克"状态。为了避免在竞争中落得"众败俱伤"，尤其是许多大企业大多希望其经营产品的市场价格保持稳定，以利于实现企业的利润目标。稳定价格目标常被行业中能左右市场价格的大企业所采用。如果大企业保持价格稳定，行业中的其他企业必然与之看齐，按略高或略低于大企业产品价格水平的价格定价。

适应或避免竞争目标是指企业产品的价格向同行业其他企业的价格水平看齐，并随其涨落而涨落。在现实经济生活中，很多企业，尤其是中、小企业通常以同行业中对产品价格起支配作用的大企业的价格为标准，与之保持大体一致的水平，以应付或避免市场价格的竞争。

2. 按价格决策主体一定时期内各决策目标间的相互关系来分类

第一，主要目标与次要目标。如果企业在价格决策中以利润作为主要目标，那么，扩大市场份额就是从属目标或次要目标。

第二，直接目标与间接目标。如果企业的价格决策以扩大市场份额为直接目标，那么，利润的增长则为间接目标，其具体表现为利润是市场份额增大后的附加效应。

第三，长期目标与短期目标。如果企业价格决策的长期目标是扩大市场份额，实现企业总利润的稳定增长，这时，保本销售可以作为一种短期目标。

第四，定量目标与非定量目标。价格决策大多都可以量化，例如利润增长10%，市场占有率达到30%等，都是定量目标。有些目标则无法用数量表示，例如企业的社会形象。这类目标属非定量目标。它们只能通过社会调查大致确定目标及其实现程度。

第五，必达目标与期望目标。必达目标是价格决策者必须达到的目标，期望目标则是决策者希望在此基础上争取实现的目标。必达目标与期望目标既可以共存于某一决策目标之中，例如市场占有率必须达到30%，争取达到35%；也可以存在于不同的决策目标之中，例如投资报酬率必须达到25%，而市场份额争取达到20%等。

在国家作为决策主体的情况下，价格决策目标也可按以上方法分类。

对价格决策目标进行上述分类是完全必要的。在实践中，价格决策者应精心设计，使目标明确具体。特别是要注意目标只能有一种解释，不能含义不明或多义。同时，还要尽可能给目标规定一个明确的量化标准。决策者应该注意并把握，任何一次具体的价格目标决策，都不可能只选取上述价格目标中的某一种，而是多种目标的有机组合。任何价格决策者都不可能凭主观臆断来选取价格目标，而是要求首先准确把握决策环境。

（二）价格决策目标的确定

价格决策目标不是决策者主观臆造的产物，而是对决策环境客观分析的必然结果。

1. 影响价格决策目标选择的因素

影响价格决策的环境因素很多。本书第二章所分析的市场供求、竞争、国家政策、消费心理等因素，都会对价格决策目标的选择产生影响。此外，商品自身使用价值的高低，销售渠道的长短、宽窄，促进商品销售的各种措施是否得力，以及整个社会经济、政治、文化环境等因素，都会影响到价格决策目标的选择。鉴于市场学对这方面的知识作了详细介绍，本节对这些内容就不展开分析了。

2. 价格决策目标的选择过程

当充分考虑了影响价格决策目标的各种环境因素后，价格决策主体就可着手价格目标的选择。这种选择是在对实现价格目标所需条件和环境进行系统分析、比较、过滤、筛选的基础上，对不同的价格决策目标进行组合，形成价格决策目标体系（见图13-1）。

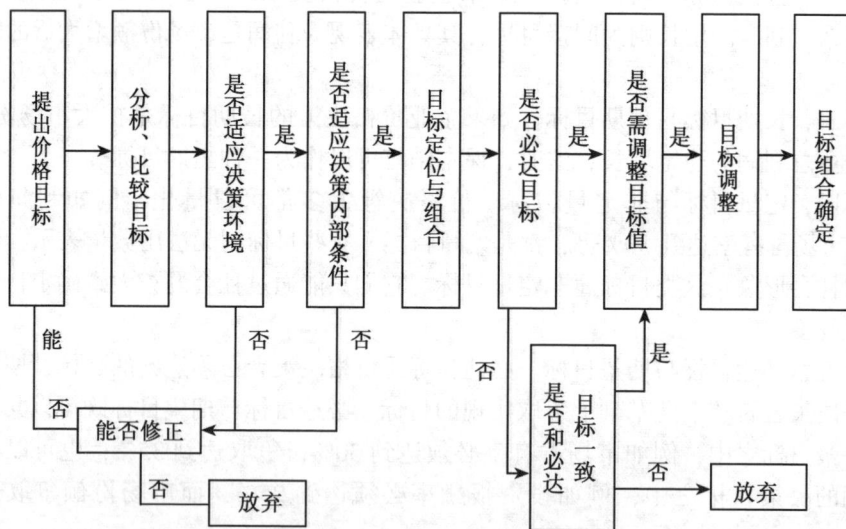

图 13-1　价格决策目标的选择过程

在确定价格决策目标的过程中，分析价格决策目标是对提出的各种价格目标的合理性进行分析，比较价格决策目标则是对不同价格目标进行的比较。这样，就可及时剔除一些不合实际的价格目标。目标的定位则是要明确不同的目标在同一价格决策目标体系中的主次之分，直接与间接之别以及实现目标的时间界限。价格决策目标的选择过程实际上是一个择优过程。

二、价格方案的准备

在价格决策过程中，价格目标一经确定，价格决策主体就要考虑采取何种手段和方法来实现这一价格目标。这样，对应价格决策目标来拟订价格决策方案，即实施价格目标的策略和方法，就成了价格决策程序中的重要一步。其内容主要是价格策略的形成和价格方案的准备，价格策略是价格决策目标和实现价格目标手段的有机统一，而实现价格的手段则主要指各种定价方法的运用。

拟订价格决策方案是一项复杂细致的工作。决策者应遵循人们认识客观事物的一般规律，注意从自己熟悉的地方入手，注意汲取成功方案中有用的东西，采取从简单到复杂的办法，首先拟订出最易于达到的目标或者决策者最有把握控制的方案，然后在这个基础上拟订其他价格决策方案。这样可能会收到事半功倍的效果。

为了使价格决策合理，决策者在拟订价格备选方案时，除了注意使价格方案切实可行外，还应注意方案间的多样性和相互排斥性。所谓方案的多样性，是指价格决策者应尽可能多地从不同角度或途径来拟订价格方案，以求所拟订的价格方案包容所有可能的方案。否则，在价格决策实践中，就可能选择不到最优方案，至少是不能断定所选方案是否最优，因为在这种情况下，不排除这种可能性：最好的方案恰恰被遗漏了。方案的多样性有助于减少价格决策工作中的失误，使人们拟订出高水平的价格决策方案。

价格决策方案的相互排斥性，是指不同的备选方案之间必须相互排斥，如执行了甲方案，就不能同时执行乙方案。只有这样，价格方案才有选择的必要，也才有可能从不同侧面来考虑实现价格目标的途径。如果不是这样，方案甲的行动和措施全部包括在方案乙之中，或者甲、乙两个价格方案仅仅是从同一个问题的不同角度区分的、是解决同一个问题的两个方面，就违反了方案之间的相互排斥性，因而也就不必作出选择。

三、价格方案的评估和选择

价格方案拟订之后，决策过程就进入方案的选择阶段。在这个阶段里，决策者应根据价格目标来分析、比较各种方案，并选出最佳方案。

（一）价格方案的评估

对价格决策方案进行评估，主要是分析、比较各种价格方案可能产生的结果与预期价格目标之间的差异，以及各价格方案之间的差异。这是因为价格决策目标是一个多层次的目标组合，价格方案又具有多样性、相互排斥性和层次性等特点，这不仅使得不同的价格方案在实现其主要价格目标的程度上不尽一致，而且可能使某些价格方案在实现其主要价格目标的同时，给经济生活带来某些不利影响。例如，国家某一价格方案在实现稳定价格目标的同时，可能会带来财政补贴比重过大、经济发展速度放慢等不良作用，这就需要分析和比较各种价格方案可能产生的结果与预期价格目标之间的差异。

不仅如此，不同价格方案之间的比较也是必要的。评价某一种价格方案的优劣，不仅要看它对主要目标的功效，更重要的是看它对价格决策目标的整体功效。只有这样，才能保证所选价格方案的最佳性。当然，任何价格方案的整体功效，都是建立在实现各个具体价格目标的具体功效的基础上的。这就要求决策者根据不同的价格目标在整个目标组合中的重要性进行分析，确定各个价格目标的权数，然后考察各种价格方案的具体功效的实际得分，汇总后按分数高低排定优劣次序。

在评估价格方案时，对定量化因素进行分析是十分必要的。但决策者绝不可以忽视对那些难以定量化因素的分析，如消费者的价格心理、产品和决策者的社会形象等。这类因素对价格方案的选择具有不可忽视的影响。

（二）价格方案的选择方法

1. 综合系数法

综合系数法就是上面提到的各种价格方案的个别功效得分汇总法。这种方法简便易行，在实践中比较可靠。但对那些分析与比较的内容较多，且难以用系数反映其功效的方案选择，往往难以奏效。

2. 计量决策法

计量决策法是建立在数学、运筹学基础上的一种决策分析方法。它通过对备选方案中的关键变量、约束条件之间的相互关系的分析来选择最优的价格决策方案。就价格决策而言，这种方法的核心是运用运筹学知识找出价格决策的变量，研究决策变量和价格目标之间的相互关系，借助现代数学模型和数学工具，通过电子计算机来对众多的价格决策方案进行分析和比较，以便选出最优的价格决策方案。

计量决策法的应用具有一定的局限性，例如，有关的数学模型能否建立？模型的合理性如何？决策的环境及环境的稳定性如何？决策包含的变量有多少？电子计算机及其应用技术在物价部门的普及程度如何？等等。所有这些条件并不是任何价格决策者都能够满足的。西方一些大的垄断企业如美国通用电气公司、福特汽车公司等大企业，都已建立了本企业产品的一系列数学模型，因而在美国和世界竞争市场的"价格战'中，它们都能借助于电子计算机来帮助选择价格方案。在我国，原国家物价局于 20 世纪 80 年代曾三次利用电子计算机和数学模型测算商品的理论价格，借以指导价格改革。但是，在企业价格决策实践中，还很少见到这方面的材料。随着我国科学技术的进步和经济管理手段的完善以及社会主义市场经济的发展，计量决策法在价格决策中将日益受到人们的重视。

3. 主观评价法

主观评价法是利用人们的智慧和经验来选择价格方案的一种决策方法。一般说来，人们的智慧和经验在评价和选择价格方案时总是起着较大的作用。如果说小商品生产时代的决策都是依赖人们的经验进行的，那么，在电子计算机和数学分析得到广泛应用的今天，经验判断仍不失为价格决策的一个重要方法。一个或一群经验相当丰富的价格决策者，在总结过去成功经验与失败教训的基础上，通过对备选方案的审查来选取符合目标体系要求的价格方案，这种做法不仅简便易行，而且实践证明其成功率较高。

主观评价法作为价格决策方法的一种，又可细分为以下几种形式：

第一，德尔菲法。这是在专家会诊基础上发展并完善起来的一种预测方法，后来被引入决策科学，成为一种新的决策方法。

德尔菲法的要点是，将所要讨论的价格方案以某种表格的形式发送到有关专家和业务骨干手中，要求他们按要求填写表格，并在需要说明的地方作出书面补充说明。然后，决策者将收集到的不同意见和建议稍加整理，再寄送回去，如此反复，直至有关意见或建议越来越集中于某个方案为止。在价格决策中，决策者可以选定一定数量的专家和有关人员来征集意见：第一轮寄送四个或五个价格方案，经反馈，将专家们的意见整理汇总，取其意见比较集中的两个或三个方案再寄出去，如此反复两、三轮后，专家们的意见或建议会集中于某一种价格方案。这一种价格方案便可作为价格决策方案。

德尔菲法的优点在于发挥了专家即智囊团的作用，避免了只由个别人决策的盲目性。国家和企业的重大价格决策一般都应采用这一方法。

第二，恳谈会法。这种方法是指价格决策人员预先准备好各种价格方案，在一个规模适中的场合突然地向有关人员提出询问，要求他们在较短的时间内当场明确其认为比较可行的价格方案，并提出自己的建议或设想。价格决策者在集思广益的基础上，选择意向较集中的价格方案。

恳谈会法简便易行。因为参会人员事先没有任何准备，完全是即兴回答，所以其看法难免偏激。虽然各人的回答不统一，但由于没有相互驳斥的必要，这样在效果上可能起到相互补充和启发的作用。某些人的"奇谈怪论"所包含的思想火花，也可能对价格方案的选择具有意想不到的奇效。这种方法的缺点在于被询问者没有认真思考的余地，所作的回答或提出的建议往往在逻辑上不很严谨，这就需要加强研究论证工作。一般说来，重大价格问题的决策不宜采用此方法，或者更确切地说，是不宜仅仅采用这一方法。

第三，经验判断法。这种方法不同于上述两种集体智慧的判断，一般是指决策人员的个人经验判断。在价格决策中，如果方案涉及的问题不太复杂，决策人员凭经验就可看出哪个价格方案最好，选择过程也就十分简便。但是，如果价格决策方案涉及的问题多且复杂，价格备选方案也多，决策者就不能仅凭经验，而要通过对价格方案及问题进行排队或淘汰的办法来挑选最佳价格方案。

上述选择价格方案的办法既可单独使用，也可组合使用。在重大价格问题的决策上如果将上述几种方法结合起来使用，将大大提高价格决策的科学性和准确性。

四、价格决策的动态过程

确定价格目标、拟订备选方案和选定价格方案，是价格决策的三大步骤。在一般情况下，价格决策是按这三大步骤依次进行的。不过，这是从静态过程来考察决策的。实际上，同其他事物的运行过程一样，价格决策是一个动态过程。这是因为价格决策的目的是为了实现其决策目标。问题是决策方案是否能保证预期目标的实现呢？这就要将价格决策方案付诸实施，让它在实践中接受检验。

在价格方案的执行过程中，可以随时发现决策的不足和缺点，必须在实践中加以改进和完善。有时由于新情况的出现，可能需要作出新的决策。价格方案的执行过程实际上是对决策方案起反馈作用的过程。这种反馈作用主要表现在：检验价格决策目标的正确性，以修订目标或重新制定价格目标；发现和补充新的价格决策方案；检验价格决策的经济效益和社会效益。

综上所述，一个完整的价格决策程序不仅包括确定价格目标、拟订价格备选方案和选定价格方案三大步骤，而且还包括价格方案的执行和检查以及方案的修改或重订。只有这样，才能使价格决策方案始终适应客观经济环境的变化，保证和提高价格决策的正确性。

第三节　价格决策的基本原则

价格决策原则是确定价格目标、拟订价格方案、选择和执行价格方案的指导思想。要使价格决策科学、合理，必须遵循价格决策的基本原则。

一、创新原则

价格决策过程，是发现、探索、淘汰、修改、补充和选取价格方案的反复进行的过程，这个过程需要创新精神。创新是价格决策的首要原则。有了创新精神，才能破除迷信，力戒墨守陈规，大胆创造出适应新情况的价格方案。就是说，创新包括创造性思维能力。

价格决策的创新原则，并不否认人们的实践经验在决策中的地位和作用，而是要求决策者在具有丰富理论知识和实践经验的基础上，勇于创新，大胆开拓，敢于突破传统的做法，向未知的领域进行认真的探索，构思出许多与众不同的价格决策方案，为价格方案的选择奠定了坚实的基础。日本索尼公司在其创业初期的价格决策，可以说是这一原则的最好体现。第二次世界大战后，盛田昭夫联络了十几位伙伴，用500美元资金开始了艰辛的创业过程。他们研制成功了当时世界上最先进的收音机并投放市场，在美国深受欢迎。当时，一个美国商人要求批量订货，索尼公司面对这种大量订单，作出了一个同批量原则"相悖"的全新价格方案：批量越大，价格越高。美国商人被这种价格方案搞糊涂了。索尼公司解释道：一般来说，批量越大，成本越低，价格越低。但日本是一个东方国家，事实上存在着职工的"终身雇用制"。索尼面对大量订单，扩大生产当然没问题。问题是明年或后年订单减少，那些因扩大生产而购置的生产设备和雇用的工人怎么办？美国商人被说服了，接受了索尼公司的价格方案。创新精神在社会主义市场经济条件下显得尤为重要，因为价格决策者面临的大多是新情况、新问题，如果价格决策者因循守旧，就不可能制定出符合客观实际的价格方案。

价格决策的创新原则，绝不是让决策带有盲目性和片面性，而是要求针对现存的问题制定出价格方案，使之具有更好的针对性和适应性。价格决策本来就是为了解决客观现实与价格目标之间的矛盾和差距，而创新原则恰恰能较好地解决这个问题。因此，遵循创新原则，就能作出高质量的价格决策。

二、可行性原则

可行性原则是价格决策的重要原则。它要求价格方案在实践中行得通，具有实践性。一般说来，它包括三个相互联系的内容，即实用性、先进性和合法性。

（一）实用性

决策的实用性原则，是指将对应决策目标的有限资源加以合理运用，以求得最大的经济效益。就价格决策来讲，是指决策主体所选定的价格方案，应当能够给决策者带来一定的经济效益和社会效益。这里的经济效益是就一定时期（例如在产品的整个市场寿命周期内）的总情况来讲的，并不要求每一笔商品的成交价格都能给决策者带来丰厚的利润。

（二）先进性

先进性原则也称有效性原则。它是指价格目标和价格方案中的各种策略手段与措施既要具有先进水平，又能切实保证既定价格决策目标的实现。在价格决策中，我们既要反对保守落后，也要反对冒进。我们要的是有科学依据的先进水平。例如，在企业参加某项工程投标的过程中，报价越低，中标的机会虽然越大，但得到的利润可能越少、甚至亏本，这就是一种保守落后的做法。反之，报价越高，虽然可能获得的利润也越大，但这样的报价中标的机会很少，甚至根本不可能中标。这两种情况都是不符合先进性或有效性原则的。这时，正确的价格决策应以对应于最大期望利润的价格报价来参加工程投标。其他类型的价格决策也是如此。

（三）合法性

合法性原则是指价格决策必须符合国家的法律规定和有关政策。它包括三个方面的内容：

1. 价格决策者不能越权决策

任何价格决策者都应在国家法律、法规所允许的范围内活动。国家及其各级政府机关和业务、物价主管部门，应只就价格法规所规定的、属于自身职权范围内的价格问题进行决策，决不应越俎代疱，截留企业价格决策自主权，或代替企业就某些价格问题进行决策。企业也应在自己价格自主权的范围内进行决策，决不能决策政府定价的商品价格或无视政府指导价格规定的价格变动范围的限制。

2. 价格决策措施不能与现行法律规定相抵触

在价格决策中，凡是有法律规定的，决策者都应坚决贯彻执行，决不允许与法律规定相抵触。

3. 在价格方案执行过程中，不能损害国家利益和他人利益

我国实行的是社会主义市场经济制度。社会主义性质决定了任何价格决策方案都不能以损害国家利益和他人利益为前提。即使是在西方资本主义国家，由于20世纪60年代兴起的消费者运动的影响，也强调所谓社会营销观念，要求企业把利润的增长建立在满足顾客需要、增进社会福利的基础上。在价格决策实践中，社会主义性质的国家和企业完全有理由和条件做到这一点。

三、择优原则

择优是价格决策最基本的原则，因为决策本身就是择优。如果不择优，就不能算是决策。它要求价格决策者从全部备选价格方案中选择能够实现价格目标的最好方案。在价格决策实践中，择优并非易事，因为择优是有条件的，例如是否有几个可供选择的备选方案，选择方案的手段和方法是否科学，决策时是否进行了系统思考，全面权衡等。这些都取决于价格决策者自身的素质。

本 章 小 结

● 价格决策是决策者为了实现一定的政治、经济目的，在两个或两个以上的价格方案中选择一种最优方案的行为过程。

● 对应我国价格模式中政府定价、政府指导价格、市场调节价格三种价格形式，各价格决策主体在不同的价格形式中有不同的决策权限。

● 价格决策可以从不同的角度加以分类。

● 确定决策目标是价格决策的前提。

● 按价格决策主体的客观要求，价格决策目标可以归纳为：以利润或利润的增长为价格决策目标；以扩大产品销售为价格决策目标；以充分利用企业经营能力或渡过财务难关为价格决策目标；以稳定经济秩序，培养或提高企业及其产品的社会形象为价格决策目标四大类。

- 价格决策目标的确定。
- 价格决策的基本原则：创新原则、可行性原则、择优原则。

复习思考题

1. 什么是价格决策？你认为应如何改善企业价格决策机制？

2. 对应我国价格模式中的三种价格形式其价格权限如何划分？

3. 按决策问题的层次划分有哪几种价格决策？

4. 请比较确定型价格决策、不确定型价格决策、风险型价格决策三种方式的优缺点。

5. 为什么多目标决策是一种动态决策？

6. 简述价格决策的一般程序。

7. 按价格决策主体的客观要求划分，价格决策目标有哪几种？各种决策目标有什么特点？

8. 简述价格决策的基本原则。

第十四章　价 格 管 理

学习目的和要求　通过本章学习，明确价格管理的必要性和任务，掌握价格管理的基本原则；搞清政府价格管理机构的设置情况和政府管理价格的手段及政府如何用行政手段、经济手段、法律手段相互配合搞好价格管理；了解价格管理中常用的法律、法规的主要内容；掌握价格监督检查的意义和任务及形式；掌握企业价格管理的内容和企业如何搞好价格管理。

第一节　价格管理的必要性、基本原则和任务

一、价格管理的必要性

价格管理是国民经济管理的重要组成部分，是国家、企业和广大群众根据客观经济规律的要求和不同时期的政治经济形势，对商品价格和收费标准的制定、调整和执行过程所进行的组织、领导、协调和监督检查等一系列活动的总称。随着社会主义市场经济体制的确立，目前，大部分商品的价格是在市场交换中形成的。但是，价格的自发形成和价格管理并不是对立的。价格在市场交换中自发形成并不能代替，也不能排斥对价格进行一定程度和某种方式的管理。价格管理既是市场经济运行的客观要求，又是市场价格运行本身的内在要求，现阶段的价格管理包括政府有关部门的价格管理和企业内部的价格管理。其中，企业内部的价格管理是价格管理的主要部分。

（一）政府价格管理的必要性

改革开放以前，我国对价格的管理实行高度集中的管理体制，大到飞机大炮，小到鸡毛蒜皮，绝大部分商品的价格都由政府有关部门进行制定和管理。1978 年，政府定价的比重，在社会商品零售总额中占 97%，在农副产品收购总额中占 94.4%，在工业生产资料销售总额中几乎占 100%。这种政府直接管理价格的方法，虽然适应了计划经济的要求，保持了价格总水平的基本稳定，但对发展经济和扩大商品流通不利，必须进行改革。

改革开放以后，随着社会主义市场经济体制的逐步确立，绝大部分商品的价格已由市场进行调节，在这种情况下，政府是否还有管理价格的任务，这是由计划经

济向市场经济转变中人们普遍关心的问题。那种认为价格放开以后，政府就不能再管理价格，再管理价格就又变为计划经济的看法，是一个认识上的误区。应该说，价格放开并不等于政府就可以撒手不管价格，世界上没有一个国家对价格是完全放任不管的。政府对价格进行管理的必要性主要表现在以下四个方面：

1. 政府对价格进行管理是促进竞争、限制垄断、保证市场机制正常运行的需要。

竞争是市场经济的核心内容，市场经济的发展离不开公平的市场竞争。凡是市场自发调节好的领域，就要充分发挥市场竞争机制以起到优胜劣汰的作用；凡是市场发育不好，有可能产生垄断的领域。政府就应通过法律手段、行政手段对价格进行必要的管理和干预，以促进竞争、限制垄断、保证市场机制的正常运行。

2. 政府对价格进行管理是保证国民经济持续、快速和健康发展的需要。

随着市场机制的不断引入，价格在社会经济活动中的作用明显扩大，出现了从核算工具、计量工具到最有效的调节手段的转换。价格的高低涨落，关系到社会再生产的各个环节，涉及社会各阶层的经济利益。有效地进行价格管理，有利于充分发挥价格的杠杆作用，调节生产、促进交换、扩大流通、指导消费。

3. 政府对价格进行管理是维护正常市场秩序、规范价格行为，保护消费者利益，安定人民生活的需要。

随着绝大部分商品的价格和服务收费的放开，出现了一些价格行为不规范的问题：在卖方市场条件下，少数经营者为了小集体或个人利益哄抬物价、乱涨价、变相涨价；在买方市场条件下，又出现了低价倾销，进行不正当竞争的违法行为。这些问题的出现，损害了消费者和其他生产者、经营者的利益，影响了社会安定。为此，政府必须加强价格管理，以维护正常的市场秩序，规范价格行为。

4. 政府对价格进行管理是保持价格总水平相对稳定的需要。

稳定物价是中华人民共和国成立以来我国市场物价工作的基本方针。所谓稳定物价，是指保持市场价格总水平基本稳定或相对稳定，不发生大幅度的波动。价格总水平的稳定与否是反映国民经济是否健康发展的一项重要标志。物价持续大幅度上涨或持续低迷，对经济的健康发展都是不利的，人民群众的生活也必然会受到影响。因此，政府必须加强对价格的管理，既要防止价格总水平的过高增长，又要防止价格总水平的负增长，努力保持价格总水平的相对稳定。

（二）企业价格管理的必要性

在社会主义市场经济条件下，企业是自主经营、自负盈亏的独立经济实体，必然要重视和讲求经济效益，要追求最大利润。价格决策的合理与否，直接关系到企业的生存和发展。因此，企业的价格管理对企业有着十分重要的作用。

1. 企业对价格进行管理是指导企业营销活动，提高企业管理水平的需要。企业的生产经营活动包括产品的生产、销售、决策、计划、组织、控制等一系列活动，是以市场为目标导向的，企业从追求最大利润出发所组织的生产经营活动以及所制定的价格有时可能同社会需要，同社会经济效益相矛盾，特别是在价格不合理和价格管理不力的情况下，不合理的企业行为会导致国民经济比例失调，社会经济效益下降等不良后果，而价格正是企业了解市场的依据，通过企业价格管理，可以为企业决策者提供完备可靠的价格信息，对指导企业营销活动，提高企业管理水平，有着十分重要的作用。

2. 企业对价格进行管理是提高企业的竞争能力的需要。竞争是市场经济的基本特征，随着社会主义市场经济体制的初步完善，企业已经迈入依靠市场竞争才能生存和发展的时期。企业之间的竞争主要表现在产品、服务、价格上。价格可以说是竞争的一个重要手段。企业在激烈的市场竞争中能否用好价格手段，是关系到企业能否生存发展的大问题。为此，企业价格管理人员对企业自身的物价业务进行科学管理，才能制定出合理的价格，才能有效地提高竞争地位和竞争优势，以使自己在激烈的市场竞争中立于不败之地。

在初步确立了社会主义市场价格体制，大规模、大面积、大幅度的"调"、"放"基本结束后，价格改革和价格管理的重点就是按照完善社会主义市场经济体制的要求，围绕经济社会发展和参加国际市场价格竞争的需要，完善价格形成机制和价格调控体系，对极少数重要商品和服务价格进行适时的调整。对大部分商品和服务价格则主要通过市场机制的作用自发地形成。总结过去30多年的价格改革进程。我们取得了举世瞩目的成绩，展望未来，价格改革的任务仍然十分艰巨。我们深信只要高举中国特色的社会主义旗帜，深入贯彻落实科学发展观，坚持解决思想、与时俱进、创新理论、观念、方法、手段，加强统一领导，进一步转变政府职能，加强价格主管部门在价格调控、监管方面进行协调的职责，提高价格调控、监管水平，一定能够深化价格改革，完善社会主义市场价格体制，充分发挥价格的杠杆作用，促进国民经济又好又快发展和社会和谐稳定。

二、价格管理的基本原则

（一）统一领导、分级管理，给企业以定价、调价权，这是我国价格管理的基本原则

1. 实行统一领导的必要性

所谓统一领导就是全国性的物价方针、政策、法规、价格计划以及价格改革的措施都必须由国务院统一制定和批准。实行统一领导的必要性是我国社会主义制度的本质和价格在国民经济中的地位和作用所决定的。

第一，社会主义国家的国家政权是以为全体人民谋利益为宗旨的，而价格又是关系国民经济全局，涉及千家万户利益的大问题，政策性强，牵涉面广。为了保证国民经济的正常发展，保证人民生活水平的逐步提高，代表全体人民利益的国家，

必须对价格进行全面的统一领导和管理。对关系价格全局的一些重要问题，例如国家的物价方针、政策，全国物价总水平的调控，关系国计民生十分重要的少数商品和劳务价格制定以及价格改革的步骤等，都必须由中央统一领导和管理，在全社会范围内统筹安排。

第二，价格是最有效的调节杠杆，在社会主义经济中起着调节生产、分配、交换、消费的重要作用。国家只有对价格管理实行统一领导，统筹兼顾，全面安排，才能充分发挥价格的杠杆作用。

但是国家对物价实行统一领导和管理，决不是由中央包揽一切，所有的大小商品价格和收费标准都必须由中央直接控制和管理，而是指在统一物价政策、法规和价格计划下，由国家各级机构分级管理，大部分商品要给企业应有的定价权和调价权，由企业自己管理。

2. 实行分级管理的必要性

所谓分级管理是指在国家统一领导下，中央政府、中央各主管部门与地方各级政府、地方物价主管部门和企业，根据各类商品和劳务与国计民生的关系大小，生产流通的具体情况以及供求状况，合理划分各级机构的价格管理权限，实行分级负责的一种管理制度。其目的在于充分调动地方和企业的积极性，搞好企业的管理。在价格工作中实行分级管理是完全必要的。这是因为：

第一，在社会主义市场经济条件下，商品价格千千万万，市场供求千变万化，各种商品对国计民生的关系轻重不一，流通范围有大有小，自然属性各不相同，产、供、销联系错综复杂，所有的价格完全由中央管理是不合理的，那样只会把整个经济管死。过去高度集权式的物价管理体制的弊端就在于此。

第二，我国幅员广阔，人口众多，情况复杂，多种经济成分并存，各地经济发展水平差别很大。因此，只有在中央统一领导下，实行分级管理，给地方和企业一定的价格管理权限，才能从实际出发，因地制宜地搞好价格管理。

第三，由于企业是自主经营、自负盈亏的经济实体，有其自身的经济利益要求。给企业一定的定价权和价格管理权是扩大企业自主权，增强企业活力的重要内容。解决企业定价权和价格管理权应成为建立合理价格管理体制的中心问题。

3. 统一领导与分级管理的关系

实质上是中央与地方、政府与企业之间价格管理权限和职责的划分问题，是集权与分权、统一性与灵活性的关系问题，应该根据不同时期的国民经济发展状况和价格管理活动的客观规律，合理划分和适时地调整中央和地方、政府和企业各自的价格管理权限，制定和调整相应的分工管理商品价格目录，对各自的价格管理活动进行组织、指挥、监督和协调。既要防止片面强调统一领导，出现中央统得过死、管得过多，不能调动地方和企业的积极性，使社会主义经济缺乏应有的活力；又要防止片面强调分级管理，出现分散主义、地方主义、本位主义，使价格失去控制。

只有正确坚持统一领导、分级管理的原则，才能把大的方面管住、管好，小的方面放开搞活，使价格管理统而不死，分而不乱，充分调动各方面的积极性。

（二）直接管理与间接控制相结合以间接控制为主的原则

1. 直接管理的内容

其内容主要包括：（1）根据经济规律的要求，由国家直接制定和调整少数关系国计民生十分重要、十分紧缺的、垄断性经营的商品价格和劳务收费标准。（2）根据不同时期的政治经济形势和国民经济发展及人民生活安定的需要，对某些商品规定强制性的作价原则、作价办法、差率、利润率、最高限价和最低保护价。（3）根据国民经济整体利益的要求，国家制定涉及国民经济全局的价格方针、政策、计划、价格法规和职责分明、讲求效益的各级价格管理的行政机构，凭借行政手段强制贯彻实行。

2. 间接控制的内容

国家对价格实行间接控制就是对大多数价格放开，实行市场调节的商品价格和收费标准，主要运用经济的、法律的、行政的手段加以宏观间接控制，而不直接地管理其价格。

（三）建立和健全物价管理机构，实行政府系统管理与业务系统管理相结合，国家管理和群众监督相结合

为了保证国家的物价方针、政策、法规以及具体的计划价格得到贯彻实行，必须建立和健全有效的、有价格管理权的管理系统。一方面要有从中央到地方的各级物价管理机构，另一方面要充分发挥社会各方面对价格的管理、监督作用。其中包括属于各级政府机构的物价主管部门的价格检查所，属于各级业务主管部门的物价管理职能部门，属于企事业单位重要职能部门的、有价格管理权和监督权的企事业单位的价格管理机构和人员，群众性的物价监督网以及近几年来在一些中心城市出现的行业价格公议机构。随着大部分商品的价格和收费标准的放开，企事业单位的价格管理机构、行业价格公议机构、群众物价监督网在价格管理中的作用已经越来越大。在价格管理中，要做到政府系统管理与业务系统管理相结合，国家管理与群众监督相结合，充分发挥各方面的积极性，从而有效地制止各种价格欺诈和随意定价牟取暴利的行为，建立有效的价格约束机制和良好的价格秩序，切实保护广大消费者的切身利益。

（四）实施价格听证会制度，促进价格科学决策

近些年来，各级价格部门按照《价格法》的要求，积极探索建立公用事业、公益性服务、自然垄断经营的商品价格调整听证会制度。实践证明，实施价格听证会对于提高政府价格决策的科学性和透明度，促进政府价格决策的民主化和规范化具有重要作用。但是，目前社会各方面对于价格听证会看法不一，议论较多，有的甚至认为价格听证会是"逢听必涨"，"听证会成了涨价会"。因此，完善听证制

度应把握以下几个要求：（1）严格规范价格听证会程序；（2）认真选好价格听证会代表；（3）切实强化听证内容成本审核；（4）加强价格机构建设。

三、价格管理的任务

（一）政府有关部门价格管理的任务

政府有关部门的价格管理是国民经济管理的一项重要内容。它的基本任务从根本上说是要通过价格管理，使价值规律的作用得到更好的发挥，起到促进社会主义市场经济发展的作用。在大部分商品的价格和收费标准放开时，由生产者和经营者自行定价的情况下，其具体作用主要包括以下两个方面：

1. 保证计划价格的制定、调整和执行符合国民经济发展的总体要求，充分发挥价格杠杆的调节作用，使价格变化达到促进资源合理配置，兼顾社会各方面经济利益，避免不合理的利益消长，提高人民生活水平的目的。

2. 对放开了的价格进行有效的监督和检查，纠正和打击价格方面的违法行为。使生产者、经营者所制定的价格符合国家规定的物价政策和法规，以充分发挥市场机制的作用，建立良好的市场秩序，保证整个经济体制改革的顺利进行和人民生活的安定。

（二）工商企业内部价格管理的任务

1. 贯彻执行国家的物价方针、政策和纪律，并对企业职工和广大群众进行物价政策的宣传。

2. 正确执行国家规定的商品价格和收费标准，严格遵守国家对指导价格的各项规定。

3. 根据物价管理权限，合理地制定和及时调整由本企业掌握的价格，用好企业定价权。这包括制定好国家指导价格的规定范围内的具体价格和实行市场调节价格的商品价格。

4. 建立和健全企业的物价管理制度，使物价管理科学化。这包括对商品或原材料的购进价格、企业内部的结算价格、工艺协作价格等企业生产、经营中所涉及的一切价格的发生、变动及其文件依据等，都要有详细的记载和完备的管理制度。

5. 向物价主管部门、业务主管部门及时、准确、如实地提供计划价格范畴内商品的生产成本、流通费用、盈亏情况等定价、调价的有关资料，报告价格执行情况。

6. 收集、整理、积累有关价格资料，并进行科学的档案管理，经常进行市场调研和价格预测，为企业价格决策提供完整的、可靠的信息，避免和减少价格工作中的盲目性。

7. 对企业内部各职能部门执行价格情况进行监督和检查。兼顾国家、企业、消费者三个方面的经济利益，在国家政策法令的约束下，保证计划价格的贯彻落实和企业定价的价格目标的实现。

第二节　政府价格管理

一、政府价格管理机构的设置

我国的政府价格管理机构在统一领导、分级管理的原则下，经过不断的调整和完善，已经逐步形成了一个从中央到地方、从政府主管部门到业务主管部门的比较完善的组织系统，为我国的价格管理工作提供了组织保证。

（一）综合价格管理机构

1993 年国务院机构改革后，原国家物价局撤销，划归国家计委领导，并相应地设立价格管理司负责管理全国的价格工作，这是全国价格管理的最高权力机关，主管全国的价格工作。2003 年 3 月政府机构进一步改革后，国家计委改为国家发展和改革委员会。各省（直辖市、自治区）和地区（市）、县及大城市的区级人民政府根据当地政府机构设置和经济发展的具体情况，相应设立同级物价局（委）或其他专门机构，受同级地方政府和上一级综合价格管理机构的双重领导，按价格分工管理权限，管理和监督本辖区的价格工作。县级人民政府物价局（或其他专门机构）在所辖重要集镇设价格管理所，作为县物价局（或其他专门机构）的派出机构，负责本集镇的价格管理工作。一般乡镇在乡镇人民政府内设专职（或兼职）的价格管理人员，负责本乡镇的价格管理工作。

（二）业务主管部门的价格管理机构

各级政府的业务主管部门，包括主管生产和流通的各部、委、局，根据各自的机构设置情况，设立相应的价格管理机构，受同级人民政府的价格管理机构和本系统的上级价格管理机构的双重领导，负责管理和监督本部门、本系统的价格管理工作。

二、政府管理价格的手段

政府实施对价格的管理，必须借助于一定的手段。在过去高度集中的计划经济体制下，我国主要采取行政手段管理价格。随着社会主义市场经济体制的确立，除了采取行政手段管理价格外，还要采取经济手段和法律手段。

（一）政府管理价格的经济手段

政府管理价格的经济手段是指政府运用各种经济政策、经济杠杆和采取必要的经济措施，影响生产者、经营者和消费者的经济行为，从而达到间接地控制价格变动的管理方法。

价格是国民经济的综合反映。价格的变动对社会各方面的经济活动都会带来或多或少的影响；反之，各种经济活动也会对价格产生不同的影响。因此，采用经济手段管理价格可以说是政府管理价格的首要手段。经济手段管理价格的基本特征是不直接管理价格，而是通过改变影响价格运动的各种因素，协调人们的经济利益关系，从而达到调控价格的目的。在社会主义市场经济条件下，政府采用经济手段管理价格具有利益诱导性、间接性、滞后性三个显著特点。所谓利益诱导性是指，在用经济手段管理价格时，利用物质利益诱导当事人从自身利益出发作出相应的反应；所谓间接性是指，政府不直接对市场价格施加影响，而是通过改变影响价格运动的各种因素来调控市场价格，这样既可以达到政府调控价格的目的，又可以不干预生产者和经营者的自主权；所谓滞后性是指，一项经济措施出台后，并不能马上对市场价格产生影响，而是要经过一段时间后才能产生效果，所以，在采用经济手段管理市场价格的同时，还应采取行政手段、法律手段加以配合。

常用的经济手段主要有：

1. 政府采用财政、信贷、货币、工资、投资等经济杠杆，调节社会总供给和总需求，以控制价格总水平的运动。

2. 政府利用税收和价格补贴政策，调节某种商品的生产和消费，以控制其价格的变动。例如，对某种商品的生产者减免税收，可使生产者增加供给，从而促使价格下降；对某种商品征收消费税，可使其价格提高。又如通过对某种商品的生产者提供价格补贴的方法，使其能够以较低的价格向市场提供商品。

3. 政府通过重要商品的储备制度和购销活动来影响价格变动。市场价格的变动直接受到供求关系的影响。当某种商品过剩或供过于求时，就会出现低价倾销的现象；而当某种商品短缺或供不应求时，就会出现哄抬物价、牟取暴利的现象。这些现象的出现都会对生产者或消费者的利益产生损害。为此，政府对一些关系国计民生的重要商品实行储备制度，以便在价格暴涨暴跌的情况下，通过吞吐调节，平抑市场价格。

4. 建立价格调节基金是为了平抑市场物价而建立的一种基金。为了从物资和经济实力上增强政府（特别是中央政府）的调控能力，政府还应注重各地的"菜篮子"、"米袋子"建设工程，建立起副食、粮食、煤炭、石油、钢材、化肥等重要商品的价格调节基金，为政府管理价格提供可靠的物资和资金保证。价格调节基金的使用应经当地的政府批准、由物价部门具体实行。

（二）政府管理价格的行政手段

政府管理价格的行政手段是指政府的各级行政机构，凭借其行政权力，运用行政命令，采取强制方法对市场价格进行直接管理。随着社会主义市场经济体制的确立，行政手段的使用将会逐步减少。在社会主义市场经济条件下行政手段管理价格具有直接性、及时性和强制性三个显著特点。所谓直接性，是指行政手段可以直接作用于价格，使企业和个人、生产者与经营者的价格行为服从国家管理价格的需要；所谓及时性，是指运用行政手段管理市场价格可以很快收到成效，起到立竿见影的效果；所谓强制性，是指政府凭借行政权力下达的行政手段一旦付诸实施，价格主体必须不折不扣地予以执行，如果不执行，有关权力机构可以根据相关法规给予适当的处罚。

现阶段，价格管理采用的行政手段主要有：

1. 由政府直接制定和调整某些重要商品的价格和收费标准。这主要是那些垄断性强、因稀缺需要保护、不适合竞争经营、关系国计民生十分重要的商品价格和收费标准。

2. 政府在必要时可以对某些商品和收费标准限定差价率、限定利润率或规定限价。

（1）限定差价率。差价率包括进销差价率、批零差价率和地区差价率。它不是直接限定商品和服务的具体价格，而是从差价率的确定上限定经营者的定价行为。

（2）限定利润率。利润率是指利润额占商品或服务成本的百分比。通过限定利润率，可以达到控制价格水平的目的。

（3）规定限价。这就是规定价格变动的幅度，其具体形式有最高限价和最低保护价。规定限价是为了控制价格水平，对某些市场调节价商品采取的一种临时性措施。

（4）实行提价申报制度和调价备案制度。对已放开价格中比较重要的商品，在必要时实行提价申报制度，即凡属于申报范围的商品价格和收费标准，生产、经营单位如果需要提高出厂、收购、批发、零售价格和收费标准的，由生产、经营单位报请上级行业主管部门审批，再由行业主管部门向价格主管部门申报。价格主管部门收到报告之日起在规定的期限内答复，逾期不答复的视为同意。所谓调价备案制度是指放开价格中比较重要的商品价格和收费标准，生产、经营单位于调价的当天将价格变动情况、调价原因等上报行业主管部门，行政主管部门和价格主管部门有权对不合理的调价进行干预。

3. 实行"收费许可证"制度。为了加强收费管理、防止乱收费现象的发生，国家规定行政事业单位必须持有物价部门颁布的收费许可证，才能按许可证规定的项目和标准进行收费，以保护企事业单位和消费者的合法权益。

（三）政府管理价格的法律手段

政府管理价格的法律手段是指国家通过制定有关的法律规范，对经济活动中的价格行为进行管理，使价格的制定、调整、争议及裁决等行为法律化。价格法律规范是保证政府运用价格杠杆进行价格管理的法律依据，也是正确贯彻执行国家价格方针、政策以及维护价格关系中各个当事人合法权益的法律保障。政府用法律手段管理价格，既有利于规范生产者、经营者的价格行为，又有利于搞活经济，还有利于使价格的形成和运行进入法制化轨道,做到"宏观控制,微观搞活"。在社会主义市场经济条件下,政府用法律手段管理价格具有公平性、权威性、普遍性的显著特点。所谓公平性是指法律面前人人平等。不论是国有企业、集体企业和私人企业,不论是生产者还是经营者,只要违背与价格管理相关的法律、法规都会受到应有的处罚。所谓权威性是指与价格管理相关的法律、法规是由权力机构通过和颁布的。一经颁布,与之相关的价格主体就必须遵守。所谓普遍性是指价格法律手段的实施是针对所有价格主体的价格行为的,不论是政府、行政事业单位,还是企业、个体经营者都在它的约束之下。

现阶段,价格管理中常用的法律、法规主要有:

1. 价格法。《中华人民共和国价格法》从 1987 年开始起草,经过十年的研讨和修改,于 1997 年 12 月 29 日由中华人民共和国第八届全国人民代表大会常务委员会第二十九次会议通过,自 1998 年 5 月 1 日起施行。《价格法》是规范全国范围内所有价格主体行为的统一规则。它是制定其他价格规范性法律文件的依据,为规范价格行为,发挥价格合理配置资源的作用,稳定市场价格总水平,保护消费者和经营者的合法权益,促进社会主义市场经济健康发展,提供了法律保障。

2. 价格行政法规。它是由国务院及其有关机构,依据法定制度制定和颁布的有关价格行政管理活动的规范性法律文件的总称。一般采用"条例"、"规定"、"决定"、"通知"等名称。比如,由原国家计委、国家经贸委发布的《关于制止低价倾销工业品的不正当价格行为的规定》,原国家计委发布的《禁止价格欺诈行为的规定》,国务院发布的《对 20 种居民基本生活必需品和服务价格进行监审的通知》等,都属于这类法规。

3. 地方性价格法规。它是地方最高权力机关及有关机构,依据法律程序制定和发布的地方性的价格规范性法律文件。地方性价格法规不得与全国的价格法和价格行政法规相抵触,而且只在本地区范围内有效。

通过立法来规范价格行为是西方市场经济体制国家管理价格的基本方法。美国一百多年来通过了一系列反垄断、反价格歧视以及保护正当竞争的法律,对妨碍充分竞争和价格自由形成的种种行为予以严格的限制和制裁。日本也形成了一整套完善的价格法律体系。改革开放以前,我国经济立法有些滞后,在向社会主义市场经济体制转变的过程中,我国正大力加强价格法制建设,以法治价,用法律形式规范各价格主体的价格行为和经营行为,促进社会主义市场经济的健康发展。

经济手段、行政手段和法律手段虽然是在性质上各不相同的价格管理方法,但是,它们在目的上是一致的,在运用上是相互配合不可分割的。国家和政府通过灵活地运用这三种管理方法,就可以保证在社会主义市场经济条件下价格机制运行的科学性和秩序性,使之成为全面建设小康社会,开创有中国特色社会主义事业新局面的有效的经济杠杆。

三、价格的监督与检查

国家的价格方针政策的贯彻实行，必须通过严格的监督和检查予以保障。所谓价格监督是指政府、社会团体、人民群众和企事业单位对社会经济活动中价格行为的监察和督促，而价格检查则是开展价格监督工作的基本手段。价格监督和检查是不可分割的，是政府管理价格的一项重要内容。

（一）价格监督和检查的意义

加强价格监督和检查工作对建设社会主义市场经济，保证市场价格机制的正常运行有着重要的意义。

1. 有利于促进公平、公开、公正的价格竞争秩序的形成，是贯彻执行国家的价格方针、政策和法规的重要保证。通过经常的价格检查和监督，可以促使各地区、各部门、各企事业单位和个体经营者认真执行国家的价格法规、物价方针和政策，防止出现滥用价格决策权进行不正当的价格竞争，规范价格主体的价格行为，维护正常的价格秩序。

2. 有利于保护生产者、经营者和消费者在商品交换中的合法权益，揭露和打击价格方面的经济犯罪活动，建立正常的社会主义市场秩序，为商品生产和商品交换顺利进行创造良好的市场条件。

3. 有利于价格总水平的基本稳定。保持价格总水平的基本稳定是我国物价工作长期坚持的基本方针。不论是在物质短缺的经济条件下，还是在生产相对过剩的经济条件下，都不能动摇。但在不同的经济条件下，价格监督和检查的重点不同。在物资短缺的经济条件下，价格监督和检查的重点是放在乱涨价、乱收费上；而在生产相对过剩的经济条件下，价格监督和检查的重点应放在低价倾销上，通过价格的监督与检查，可以进一步保证价格总水平的基本稳定。

4. 有利于发现价格中存在的问题和弊端，为研究、制定具体的价格政策与法规以及制定和调整具体商品价格和收费标准提供资料和依据。

价格监督和检查作为政府行政执法的一个组成部分，其具体任务包括：监督和检查国家物价方针、政策、法规的执行情况；监督和检查中央和地方规定的价格原则、作价办法和各项价格调控措施的执行情况；监督和检查政府定价、政府指导价格的执行情况；发现是否存在价格违法行为，对已出现的价格违法行为予以纠正和处理；开展价格信息服务工作，帮助企业改善经营管理，端正经营方向，提高产品质量和服务质量，全面提高经济效益。

价格监督和检查工作主要由各级物价部门的物价检查机构负责进行。各级物价检查机构是有组织保证的物价监督和检查系统。各级物价检查机构依法行使价格检查和监督以及处理价格违法行为的职权，对同级人民政府业务主管部门、下级人民政府以及本地区内的企业、事业单位和个体工商户执行价格法规、政策的情况进行监督和检查。

价格监督和检查工作是市场经济条件下只能加强不能削弱的一项十分重要的工作。大量的价格监督和检查工作需要一支专门的队伍进行组织和管理。因此，加强价格监督和检查队伍的组织建设是十分必要的。从目前情况来看，多数各级物价监督和检查力量不足，难以完成日益繁重的价格监督和检查工作，使一些单位和个人的价格违法行为难以得到及时、有效的处理。为此，必须加强价格监督和检查队伍的组织建设，提高价格监督和检查人员的政治和业务素质，以便进一步提高办案的效率和质量。同时，物价检查机构还应当依靠和发动群众来监督和检查价格，对于同人民生活关系十分重要的消费品价格和服务收费标准，要开展群众性的监督和检查活动。此外，要发挥消费者协会监督价格的作用，依法查处向消费者协会反映的价格违法行为。

地方各级人民政府应当加强对价格监督和检查工作的领导，组织有关部门和社会有关方面人员定期或不定期地对价格法规、政策的执行情况进行监督和检查。

进行价格监督和检查应当注重经常性、广泛性、社会性和有效性。"经常性"是指物价检查应当持续地、定期和不定期结合地进行；"广泛性"是指价格监督和检查的商品范围、地域范围、流通领域中的范围要广泛；"社会性"即社会各阶层都要关心并以适当方式参加物价监督与检查；"有效性"就是价格监督和检查不要流于形式，要保证不论是在检查过程中还是之后，国家的物价方针都能得到切实地贯彻执行。

（二）价格监督和检查的形式

1. 价格监督的形式

价格监督的形式按照行使监督职能的主体，可分为政府监督、社会监督和企事业单位内部监督。

（1）政府监督。它是指国家价格监督机构，运用国家赋予的行政执法权力依法对价格活动进行监督。政府监督也称为专业监督，是价格监督的主要形式。

政府监督的组织机构是由国家和地方的价格监督检查机构组成的。国家发展和改革委员会设置价格监督机构，负责组织和指导全国范围内的价格监督工作；各省（市、自治区）和地、县级设立物价检查所，负责各自管辖范围内的价格监督工作。

另外，国家其他的经济管理部门，例如工商、税务、财政、审计等部门，也从各自不同的角度，协助价格监督检查机构对本行业、本系统的价格进行监督和检查。

（2）社会监督。它是指通过社会力量对价格主体的价格行为进行监督。社会监督可分为群众监督和舆论监督。群众监督主要指消费者组织、职工价格监督组织、居民委员会、村民委员会等组织以及消费者对价格的监督，具有广泛性的特点。特别是广大消费者与价格密切相关，更具有价格监督的积极性。因此，价格监督检查机构应充分发挥群众组织和广大消费者的作用，进一步做好价格监督工作。舆论监督主要指通过广播、电视、报纸等大众传播媒体，普及价格法律知识，宣传党和国家的价格方针和政策，揭露价格违法行为，增强消费者的自我保护意识。舆论监督同其他监督形式相比具有公开性、及时性和威慑性强的特点。政府价格监督和检查机构应加强与新闻单位的沟通，主动争取新闻单位的支持，为价格舆论监督提供便利条件。

（3）企事业单位内部监督。它是指从事商品生产、商品经营和劳务活动的企事业单位的价格管理机构或价格管理人员对本单位价格行为的监督。它可以从本单位内部保证国家价格方针、政策的执行和按国家的价格法律办事。由于企业是自负盈亏的经济实体，价格的高低直接关系到本单位职工的切身利益，因此，企事业单位的内部监督有一定的局限性，必须与政府监督、社会监督相结合才能收到实效。

政府监督、社会监督和企事业单位内部监督在价格监督中的作用不同、特点不同。它们之间是相互联系、相互补充的关系。三种监督形式构成了我国多层次、全方位的价格监督网络。

2. 价格检查的形式

已有的价格检查形式主要有以下几种：

（1）物价大检查。通常是指在各级政府统一领导下，由物价、工商行政管理、税收、财政、审计、各业务主管部门相互配合，并组成税收、财务、物价大检查组，大张旗鼓地进行阶段性检查。物价大检查具有规模大、动员面广、时间集中、社会影响大、效果明显的特点。因此，1978年后的20多年时间里，在商品不是很充足的情况下，曾是一种主要的价格检查形式，几乎每年都要举行。进入21世纪后，随着社会主义市场经济体制的确立，大部分商品已形成供过于求的买方市场格局，全国性的物价大检查形式已经停止使用，但它仍然是一种比较好的检查方法。

（2）专项检查。它主要是指各级物价检查机构，组织一定的力量，对某一部门、某一企事业单位或某一类商品价格、某种收费标准进行的专门检查；各级政府业务主管部门根据本身的业务特点和需要所组织的定期或不定期的物价检查也属于专项检查。专项检查重点突出、范围较小，因此，具有深入细致、针对性强、检查效果好的特点。

（3）企业自查。企业自查即由企事业单位对本单位生产和经营的商品价格和收费标准、作价办法等执行情况的检查。一般来讲，为了鼓励企事业单位进行自查，对企业自查中发现的问题，并能及时、主动地予以纠正，物价部门或工商部门在处理时可掌握从宽处理的原则。企业自身具有熟悉情况、发现问题及时纠正的特点。

（4）群众物价监督网经常性的价格检查，人大代表、政协委员、消费者协会、各种群众团体代表对物价的检查等形式，也是物价检查中一种较为有效的办法。

（三）价格监督和检查的内容

1. 价格制定的监督和检查

价格监督主要是各级物价检查部门和有关方面依法对价格进行的监督检查和对价格违法行为进行的处理。因此，价格监督的首要内容是对价格制定进行监督检查。它主要包括以下三个方面：

（1）价格的制定是否以价值为基础

商品价值是价格形成的基础和制定价格的科学依据。价格必须以价值为基础，也就是要求价格应当最大限度地接近价值或价值转化形态，价格监督就是要促进和保证这种接近达到最大限度，使商品的价格合理，同时还应反映市场供求，正确处理各方面的经济关系，统筹兼顾各方面的经济利益。

（2）价格的制定是否以成本费用为主要依据

《中华人民共和国价格法》明确规定，经营者定价的基本依据是生产经营成本和市场供求状况、商品价格构成包括生产商品的社会平均成本、税金、利润以及正常的流通费用。因此，制定价格必须以生产商品成本费用为最低界限和主要依据。

（3）价格制定是否符合国家政策、法规的要求

一般说来，在一定时期内，国家有关政策、法规与客观经济规律总体上应是一致的。但是，由于历史的、政治的、社会的因素的影响，人们对客观经济规律认识总是有一定的差距，因而某些政策、法规可能在一定程度上不能完全反映客观经济规律的要求。国家政策、法规既有一定的连续性、一致性，也有一定的时间性、阶段性。只要国家政策符合当时的现实，有利于社会安定，就应当按照这些政策、法规的要求去制定价格。所以，对价格的制定，一方面要促使各项价格政策、法规的落实，另一方面要保证价格制定体现这些政策、法规的要求。

2. 市场价格秩序的监督检查

价格活动的舞台是市场，价格制定是否合理也是通过市场进行检验的。所以，市场秩序既是市场经济发展的前提和基础，又是价格监督的内容。从目前情况来看，我国市场价格秩序还存在一些不合理的方面，因而其监督的重点主要包括两个方面：一是市场价格行为是否合理。市场价格行为是市场价格秩序的重要组成部分，是价格活动的具体表现形式。现阶段监督的主要内容既要检查是否有价格垄断行为，防止一些集团、部门和单位凭借手中掌握的行政权力或实物权力，背离市场供求规律和国家价格政策法规，进行价格垄断，使商品市场成为没有竞争的行政垄断市场；又要监督和检查有无违背市场流通原则和规律的行为，防止一些单位和部门凭借行政权力，利用价格体制交替的情况，扰乱市场哄抬物价。二是监督市场价格纪律是否正常。市场价格纪律是价格秩序的保证，因此，监督检查市场价格纪律

是市场价格秩序监督的重要方面。对市场价格纪律的监督，主要是监督和检查国家规定的价格方针政策、计价原则方法、价格管理制度等是否得到了切实认真的贯彻执行；是否有随意提价、抬价、压价、掺杂、假冒等行为。政府定价的商品价格和收费标准，更应对其遵守市场价格纪律情况进行严格的监督和检查。

3. 价格管理的监督和检查

价格监督是价格管理的重要组成部分，对于价格管理状况，也需要进行监督。对价格管理的监督主要包括以下三个方面：

（1）价格管理体制的监督和检查

通过价格管理体制的监督检查，可以发现不同时期价格管理体制的弊端和缺陷，从而促使价格管理体制的改革和完善，以适应社会主义市场经济体制下社会生产力和市场经济发展的要求。

（2）价格管理制度的监督和检查

为了保证价格管理规范化、制度化，国家对价格管理订立了许多规章制度。这些规章制度是否健全和可行，需要通过价格监督和检查去验证。只有通过价格监督，才能及时发现问题并加以矫正。

（3）价格管理者行为的监督和检查

价格管理者行为是价格管理的具体表现。对价格管理者行为的监督和检查主要是监督和检查各级各部门的价格管理机构或人员，是否严格按照国家规定的价格管理权限定价或调价，是否有越权擅自定价、调价的行为，在政府定价的商品价格和收费标准的调整时，是否有迟调、漏调、错调或乱调的行为，在价格管理中是否认真负责，积极主动，有无违反价格政策、泄露价格机密等不负责任的违法乱纪行为等。

第三节　企业价格管理

一、企业价格管理的内容

企业价格管理是指企业对自身生产经营的商品价格和收费标准的制定、调整及监督检查等一系列活动的总称。它是企业经营管理的一项重要内容，加强和改善企业的价格管理对企业作好经营决策和价格决策，提高经营管理水平有着重要的意义。

随着社会主义市场经济体制的确立，绝大部分商品价格和收费标准的定价权已下放给企业，企业真正成为价格决策的主体，因此，企业价格管理任务加重，价格管理的内容增多。现阶段，企业对价格的管理主要包括以下内容：

（一）正确执行国家的价格方针、政策，遵守国家的价格法律、法规

国家的价格方针、政策、法律、法规代表了全社会的根本利益，是宏观价格管理的重要内容。企业作为微观价格管理的主体，必须执行国家的价格方针、政策，遵守国家的价格法律、法规，服从国家的宏观价格管理，才能保证国家价格总体目标的实现。这是企业价格管理的首要内容，也是衡量企业价格是否合法的一个重要标志。

（二）准确执行政府定价的商品价格和收费标准

在社会主义市场经济条件下还有一些关系国计民生十分重要的商品价格和收费标准还需要由政府直接定价。如果企业生产或经营的商品属于政府定价的，那么，企业就必须准确地执行政府确定的价格，不能擅自变更。如果企业生产或经营的商品属于政府指导价格的，那么企业应该严格按照政府指导价格规定的标准实行，不得高出或低于规定的限度。此外，企业还有义务向价格管理部门提供实行政府定价或政府指导价格的商品或收费的定价资料（成本、收益、经营量等），以保证政府定价的科学性。

（三）合理制定和调整由本企业自主制定的商品价格和收费标准

为保证绝大部分已放开了的价格的科学性和合理性，企业应注意收集、整理与企业定价有关的资料，例如成本、市场供求、市场竞争等方面的资料。在分析有关资料的基础上，制定本企业产品的价格，并密切关注该产品的成本、市场供求、市场竞争等方面的变化情况，以便适时地调整价格，适应市场的变化。

（四）建立和健全企业的各项价格管理制度

价格管理制度的建立，有助于企业价格管理的规范化、经常化。企业的价格管理制度包括定价制度、调价制度、企业的价格资料的登记与积累制度以及价格检查制度等。这些制度构成了企业的价格管理制度体系，是搞好企业价格管理工作的可靠保证。

（五）开展企业的价格检查工作

企业的价格检查工作是企业价格管理的一项重要内容。做好这项工作有助于企业价格管理水平的提高。其重点有两个：一是检查企业所制定的价格是否合法，是否符合国家的价格方针、政策的要求；二是检查企业所制定的价格是否合理，即定价的依据是否真实、可靠，价格的高低是否有利于产品的销售等。

（六）企业价格管理的目标

建立企业内部价格管理的目标是社会主义市场经济条件下企业价格管理的首要内容。随着社会主义市场经济体制的确立，我国市场上出现了政府定价、政府指导价格、市场调节价格三种价格形式并存的局面，由于企业生产、经营的多样性，三种价格形式在企业中总有或多或少的体现，这样就形成了企业内部价格管理在社会主义市场经济条件下的基本目标：

1. 政府定价条件下企业价格管理目标

社会主义市场经济的特性及现实条件要求对少数关系国计民生或资源稀缺的商品价格和收费标准实行政府定价。这样，从事这方面经营的企业，就应本着遵守政府的价格法令规章，顺应社会宏观调控目标的原则，自觉形成政府定价在企业内部价格管理中的独特目标，即严格执行政府定价，按政府定价的具体规定从事该产品的生产和经营。这对于保证政府定价的严肃性，稳定社会经济秩序，树立良好的社会形象都具有很强的现实意义。

2. 政府指导价格条件下的企业价格管理目标

就政府指导价格而言，现实生活中通常由政府有关部门规定价格或者规定价格的上限或下限，或者规定一定的差率水平，允许企业在一定的限度内根据市场供求情况制定具体价格。为此，政府指导价格具有双重性：稳定性或变动性。企业价格管理既要适应大环境的政策要求，又要灵活反映市场状况，在宏观政策允许的条件下，达到稳定与灵活的统一。

3. 市场调节价格条件下的企业价格管理目标

社会主义市场经济条件下的市场调节价格并不是完全意义上的自由价格。市场调节价格并不是企业可以随心所欲地制定价格，而要受到一定程度的限制，这个限制就是市场的允许程度。这个市场首先是商品经济的市场，它要求价格在价值的基础上通过市场竞争自发地形成；其次，这个市场是社会主义的市场，因此，不允许采取那些不择手段的价格竞争方式。所以，在市场调节价格条件下的企业价格管理目标是：价格的制定应有一个合理的界限，其下限是价格一般不应低于正常生产、合理经营条件下的企业成本；其上限是价格不能高于市场的可销价格，影响商品的销售。

二、企业价格管理机构的设置

在市场竞争日趋激烈的情况下，企业的价格管理工作日益重要。在一定意义上，企业的价格管理关系到企业的生存和发展。而且，价格工作本身又是一项专业性、系统性、复杂性很强的工作，必须有相应的机构和人员来完成。因此，企业价格管理机构的设置是一项十分重要的工作，为了保证企业价格管理工作的正常进行，必须建立起相应的价格管理机构，以形成有效的价格管理系统。企业价格管理机构是适应企业价格管理目标、条件和企业规模建立起来的，并随着企业的发展而相应地变化。

由于生产企业和商业企业的特点不同，因此，其价格管理机构的设置也不尽相同。

（一）生产企业价格管理机构的设置

生产企业价格管理机构的设置一般有三种形式：

1. 专门的价格管理机构。这也就是设置专门从事价格管理的职能部门。与财务部门、销售部门、生产部门并存，其组成人员应是懂得成本核算、市场销售、有经济头脑的人。设置专门的价格管理机构的优点是：企业的价格管理工作能够有专人负责，人员的职责清楚，有利于培养专门人才，而且便于集中管理。其缺点在于：这种形式只强调专业化，使价格管理人员忽视了本专业以外的知识，而且在有些情况下价格管理部门和其他职能部门的工作不能很好地协调和配合。

2. 松散的价格管理机构。这也就是企业不单独设置价格管理的职能部门，而是由一位主管价格工作的企业负责人牵头，组织有关职能部门（例如财务、业务、计划、销售等部门）人员，共同管理企业的价格工作。松散的价格管理机构的优点在于：主管价格管理工作的负责人有相应的职能部门的人员作为参谋和助手，因而能够进行有效的管理，而且还可以避免协调机构过多的问题，其缺点在于：协调工作量大；难以培养熟悉全面情况的价格管理人员，而且由于一些日常的价格管理工作没有专人负责，不利于开展经常性的价格管理工作。

3. 不设专门的价格管理机构。这也就是由销售部门或财务部门、计划部门兼管价格管理工作，负责产品的定价和调价。这种形式只适应于产品品种单一、价格管理工作比较简单的企业。

生产企业价格管理机构的设置形式主要取决于三个因素：一是企业的生产规模；二是企业生产的产品品种；三是企业产品的销售渠道。一般而言，如果企业的规模大，生产的产品多元化，销售渠道也多元化，那么，就适合于设置专门的价格管理机构；如果企业的规模小，生产的产品单一化，销售渠道也单一化，那么，就适合于采取非专职的价格管理机构。

（二）商业企业价格管理机构的设置

商业企业主要负责商品的销售工作，商品的定价、调价工作是一项经常性的工作，需要由专门的机构和人员来管理。但是，由于商业企业的形式多种多样，既有大、中型的百货商店、连锁超市，又有各种类型的专卖店，还有遍布大街小巷的便民小店。因此，商业价格管理机构的设置也是多种多样。概括起来，主要有三种形式：

1. 设置专门的价格管理机构。一般大、中型的商业企业都设立专门物价管理机构（物价科）来负责管理企业的价格工作。这主要是因为大中型商业企业经营的商品成千上万种，每一种商品都需要制定价格，而且还需要根据市场的变化情况及时地调整价格、价格工作非常繁重，必须建立专门的价格管理机构才能做好这项工作。

2. 不设专门的价格管理机构，但设置专职的物价人员。这种形式适合专卖店、经营品种比较单一的中、小型百货商业企业。因为商店的规模小，人员比较少，所以不设置专门的物价管理机构，只设置专门的物价人员，一般安排有关业务部门，负责企业的日常价格管理工作。但企业必须指定一位负责人和专职物价人员共同负责企业的价格管理工作，决不能简单地搞"一口价"，以加强价格管理工作的科学性。

3. 既不设立专门的价格管理机构，也不设置专职的物价人员，只设置兼职的物价员。这种形式一般适合于那些在大街小巷的便民小店，而且这些小店多是个体商户，人手少，不可能设置专门的物价人员，只能设置兼职的物价员。

三、企业价格管理人员的素质

企业价格管理人员的素质是由企业价格工作的重要性所决定的，企业价格管理人员素质的高低，直接关系到企业在市场竞争中的生存和发展问题。作为一名合格的企业价格管理人员，应具备以下素质：

（一）热爱价格管理工作，有强烈的事业心和严肃认真的工作态度

价格管理工作具有政策性强、专业化程度高，涉及面广的特点，物价管理人员只有热爱这项工作，认真钻研业务，才能在工作中产生强烈的责任感，以严肃认真的态度做好物价管理工作。

（二）有丰富的知识面和扎实的基本功，掌握一定的价格理论和基本知识

由于物价问题是国民经济的综合反映，涉及面广，作为一名企业价格管理人员要熟悉专业知识，既从理论与实践的结合上、历史与现状的结合上、国内市场与国外市场的结合上，熟悉有关价格领域的知识，又要了解生产、流通等方面的状况以及国家有关的法律、法规、政策和规定等。此外，企业的价格工作还涉及企业定价的方法、定价策略和定价技巧的运用等基本知识，因此，企业价格管理人员必须有扎实的基本功，掌握有关的价格理论和基本知识。

（三）要具备多方面的基本技能和严谨的纪律性

企业价格管理人员应具备多方面的技能，主要有：价格资料的收集、整理能力；发现问题、分析问题、解决问题的能力；价格计算的能力和编写价格方案和报告的文字表达能力等。同时，在国家利益、企业利益、消费者利益发生冲突的时候，要求价格管理人员要有高度的政策观念、全局观念和自觉的纪律性，敢于顶住来自各方面的压力，维护国家价格法规和价格政策，防止出现价格违法行为。由于价格管理工作是一项机密性很强的工作，企业价格管理人员要遵守保密纪律、防止泄露机密现象的发生。

四、企业的价格管理制度

为了提高企业的价格管理水平，使企业的价格管理工作制度化、规范化和科学化，企业应建立起一套完整的价格管理制度，以此作为价格管理人员和企业全体职工遵守的行为准则。企业的价格管理制度主要包括：

（一）物价人员培训制度

为了促进企业正确行使定价、调价的权力，企业物价人员必须先进行物价业务培训，掌握价格的基本理论、基本知识和基本的计价技巧，合格后方能上岗工作。

（二）"收费许可证"制度

这是国家为了加强收费管理、保护企业、事业单位和公民合法权益而制定的制度。凡从事交通运输、邮政通信、建筑安装、金融保险、公安司法、城建房管、民政工商、卫生防疫、畜牧检疫、文化娱乐、公共事业以及一切通过为社会提供劳务、咨询服务、社会和经济技术管理取得行政、事业性经营收入的单位和个人，都应该申请领取收费许可证。收费许可证由物价部门审查合格后发给，企业、事业单位不能随意涂改或不按规定执行。

（三）商品价格登记制度

企业对所经营的商品应该建立价格登记簿（物价台账）或价格卡片。每次新进商品或原材料时，都应将商品名称、规格、型号、产地、厂名、出厂价、产地批发价（或进货价）、进货费用、本企业确定的销售价等项目及时进行全面完整的登记，以便进行查询。

（四）价格调整制度

凡属调整价格的商品，企业价格管理部门都应发布调整价格通知单，及时准确地通知执行单位。执行单位要及时登记，盘点调价商品库存，调换价格标签，按规定时间执行新价，并且在执行前要注意保密。

（五）审价制度

企业为了防止在价格执行中出现差错，应定期对商品价格进行审查。审价的内容包括：作价原则和计价方法是否符合规定；商品质量与价格是否相符；价格有无漏错调整等。建立审价制度是企业加强管理的重要措施之一。

（六）明码标价制度

在商业活动中，公开地标明商品价格和收费标准，称为明码标价。凡在我国境内的所有企业，有收费活动的国家机关、事业单位、个体工商户和其他组织，在市场经营活动或收取服务费时，都必须实行明码标价制度。明码标价制度化，有利于方便顾客选购商品，有利于接受消费者的监督，提高工作效率。企业的明码标价制度的主要内容如下：

1. 明码标价的内容要完整。在商品的标价签上，应标明商品的品名、产地、规格、等级、计价单位、销售价格。有偿服务项目应标明收费项目的名称、服务内容、等级或规格、计价单位、收费标准等。标价签要有专职或兼职物价员签字或盖章后方能生效。

2. 明码标价的要求。实行明码标价制度，必须做到标价签与价目齐全、标价准确、字迹清晰、货签对位、一货一签、标示醒目，价格变动时应及时更换。商品价格和收费标准一律使用阿拉伯数字标明人民币金额。对于出售商品和提供服务时收取外币的商店、宾馆、饭店等单位，可按市场汇率折算后，同时标明人民币价格和外币价格。

（七）保密制度

商品价格的变动是人民群众十分敏感的事情。对属于政府定价和实行政府指导价格的商品，在调价前要严防泄密，以免造成社会的不稳定，同时也要防止某些单位和个人利用价格进行舞弊和投机。因此，企业应建立和健全保密制度。

（八）提价申报制度

这是国家为了加强对某些关系国计民生十分重要而又已放开商品的价格管理而试行的制度。申报的内容主要包括：

1. 要求提供的商品名称、规格、型号；

2. 该商品的成本、利润变化情况；

3. 要求提价的原因；

4. 商品的产量、销量和库存量；

5. 拟调价方案和调价日期等。

申报的办法一般是按照提价申报范围，报请上级业务主管部门审核，再由该业务主管部门申报。物价主管部门接到申报应在规定期限内予以答复是否准许调价或推迟调价，逾期未作答复的可视为同意。

（九）商品削价处理制度

企业为了改善经营管理，加速资金周转，减少资金占用，必须及时处理残损商品，其中削价处理是广为采用的办法之一。对处理的商品，应根据商品进货时间、商品损坏程度及商品质量的好坏，根据按质论价的原则，本着既保护消费者利益，又尽可能减少企业损失的原则，确定削价幅度。

（十）企业价格的自查制度

企业内部的价格自查制度是保证贯彻执行国家价格方针、政策、法规的重要手段之一，也是及时发现和改进价格中存在问题的有效措施之一。此项工作应由主管价格工作的企业领导和价格管理机构具体组织有关部门进行。其具体方式如下：

1. 定期检查。每个月或每个季度定期检查一次，也可以结合月末、季度末的库存盘点逐一核对价格、发现错误后及时纠正。

2. 抽查。有针对性地对某个商品或某个柜组进行不定期的抽查，以加强柜组遵守物价纪律的自觉性。

3. 重点检查。可根据顾客反映或节假日销售高峰前重点进行检查，保护消费者利益。

除上述企业价格管理制度外，还应根据企业的实际情况建立价格资料的收集、整理、积累制度，物价纪律奖励或处罚制度等。

本 章 小 结

● 价格管理是国民经济管理的重要组成部分，是国家、企业和广大群众根据客观经济规律的要求和不同时期的政治经济形势，对商品价格和收费标准的制定、调整和执行过程所进行的组织、领导、协调和监督检查等一系列活动的总称。它包括政府价格管理和企业价格管理。

● 政府价格管理的必要性和企业价格管理的必要性。

● 价格管理的基本原则：统一领导、分级管理，给企业定价、调价权是我国价格管理的基本原则；直接管理和间接控制相结合以间接控制为主的原则；建立和健全物价管理机构，实行政府系统管理与业务系统管理相结合，国家管理和群众监督相结合的原则。

● 政府价格管理机构的设置为我国的价格管理工作提供了组织保证。它包括综合价格管理机构和业务主管部门的价格管理机构。

● 政府价格管理应该实行行政手段、经济手段、法律手段相结合的原则；价格管理的行政手段、经济手段、法律手段的主要内容。

● 价格的监督和检查是不可分割的，是政府价格管理的一项重要内容；价格监督和检查的意义、任务、形式和内容。

● 企业价格管理的内容、企业价格管理机构的设置以及对企业价格管理人员的素质要求和企业的价格管理制度。

复习思考题

1. 价格管理的必要性是什么？
2. 简述价格管理的基本原则。
3. 简述政府价格管理机构的设置。
4. 政府价格管理常用的经济手段有哪些？
5. 政府价格管理常用的行政手段有哪些？
6. 政府价格管理的法律手段有哪些？
7. 简述价格监督检查的意义、任务、形式及内容。
8. 企业价格管理有哪几个方面的内容？